国家艺术基金资助项目

文化大数据应用规划

孙一钢　主编

国家图书馆出版社

图书在版编目(CIP)数据

文化大数据应用规划/孙一钢主编. --北京:国家图书馆出版社,2018.11
ISBN 978-7-5013-6436-7

Ⅰ.①文… Ⅱ.①孙… Ⅲ.①文化产业—研究报告—中国 Ⅳ.①G124

中国版本图书馆 CIP 数据核字(2018)第 099821 号

书　　名	文化大数据应用规划
著　　者	孙一钢　主编
责任编辑	邓咏秋　王炳乾
封面设计	耕者设计工作室
出　　版	国家图书馆出版社(100034　北京市西城区文津街 7 号)
	(原书目文献出版社　北京图书馆出版社)
发　　行	010-66114536　66126153　66151313　66175620
	66121706(传真)　66126156(门市部)
E-mail	nlcpress@nlc.cn(邮购)
Website	www.nlcpress.com ——→投稿中心
经　　销	新华书店
印　　装	北京鲁汇荣彩印刷有限公司
版　　次	2018 年 11 月第 1 版　2018 年 11 月第 1 次印刷
开　　本	787×1092(毫米)　1/16
印　　张	14.25
字　　数	350 千字
书　　号	ISBN 978-7-5013-6436-7
定　　价	80.00元

编委会

主　编　孙一钢

副主编　李春明

编　委　罗云川　申晓娟　薛尧予　王秀香　敦文杰
　　　　　　温　泉　李晓鸣　任思琪　徐　燕　乔　菲
　　　　　　尹汉超　杨　帆　田　颖

目 录

1 绪论 …………………………………………………………………………（1）
　1.1 背景与意义 …………………………………………………………（1）
　1.2 研究目的和研究内容 ………………………………………………（4）
2 国内外发展现状 …………………………………………………………（7）
　2.1 文化大数据建设资源目录体系 ……………………………………（7）
　2.2 国内外大数据标准规范建设现状 …………………………………（12）
　2.3 文化大数据应用及文化行业标准规范建设现状 …………………（19）
　2.4 大数据开放共享 ……………………………………………………（21）
　2.5 文化大数据资源整合实例 …………………………………………（28）
　2.6 文化传播大数据综合服务平台 ……………………………………（32）
3 文化大数据建设资源目录体系 ………………………………………（40）
　3.1 文化资源目录体系框架设计 ………………………………………（40）
　3.2 文化资源目录体系设计 ……………………………………………（45）
　3.3 文化大数据构成与建设建议 ………………………………………（70）
4 文化大数据标准规范体系研究 ………………………………………（75）
　4.1 大数据标准与文化大数据标准理论研究概要 ……………………（75）
　4.2 文化大数据标准规范体系构建 ……………………………………（77）
5 文化大数据整合、开放与共享研究 …………………………………（87）
　5.1 文化大数据开放与共享服务意义 …………………………………（87）
　5.2 文化大数据处理流程 ………………………………………………（87）
　5.3 文化大数据开放与共享 ……………………………………………（114）
　5.4 文化大数据整合、开放与共享建议 ………………………………（119）
6 文化传播大数据综合服务平台方案研究 ……………………………（124）
　6.1 平台搭建原则 ………………………………………………………（124）
　6.2 综合服务平台体系架构 ……………………………………………（126）
　6.3 国家图书馆实例分析 ………………………………………………（133）
7 文化大数据创新开放共享支撑服务关键技术研究 …………………（153）
　7.1 第三方服务平台总体架构 …………………………………………（153）
　7.2 资源共享技术 ………………………………………………………（161）
　7.3 数据分析技术 ………………………………………………………（165）
　7.4 应用集成技术 ………………………………………………………（174）
　7.5 内容应用服务技术 …………………………………………………（176）

  7.6 系统的建设与开发 ……………………………………………………（182）
8 文化大数据创新应用与人才培养机制研究 ………………………………（186）
  8.1 文化大数据创新应用与人才培养机制的研究意义 ……………………（186）
  8.2 大数据创新应用实践与策略分析 ………………………………………（187）
  8.3 文化大数据创新应用机制 ………………………………………………（190）
  8.4 文化大数据人才培养机制 ………………………………………………（193）
结　语 …………………………………………………………………………………（196）
附　录 …………………………………………………………………………………（199）

图目录

图 1-1　本书主要研究内容体系结构 ……………………………………（ 6 ）
图 3-1　面向共享的文化资源目录体系框架 ……………………………（ 44 ）
图 4-1　以"文化标准"和"大数据标准"进行主题检索的论文数量图 ……（ 77 ）
图 4-2　文化大数据标准规范内容体系框架图 …………………………（ 79 ）
图 5-1　Hadoop 体系结构 ………………………………………………（103）
图 5-2　基于 Z39.50 协议的资源整合 …………………………………（105）
图 5-3　OAI-PMH 元数据的收割的工作原理 …………………………（105）
图 5-4　OpenURL 和链接解析器协同工作机制 ………………………（106）
图 5-5　文化大数据整合模式要素及其内在逻辑关系 …………………（109）
图 5-6　基于 XML 中间件的文化大数据整合框架 ……………………（111）
图 5-7　按需迁移 …………………………………………………………（113）
图 5-8　UVC 保存方法说明 ……………………………………………（114）
图 6-1　平台系统架构 ……………………………………………………（127）
图 6-2　平台逻辑框架 ……………………………………………………（128）
图 6-3　国家图书馆总服务量 ……………………………………………（134）
图 6-4　国家图书馆读者访问情况 ………………………………………（134）
图 6-5　国家图书馆读者人数 ……………………………………………（135）
图 6-6　国家图书馆读者人均服务次数 …………………………………（135）
图 6-7　国家图书馆到馆借阅转化率 ……………………………………（136）
图 6-8　2015 年 1 月至 3 月读者访问时间分布 …………………………（137）
图 6-9　国家图书馆实名认证读者年龄构成 ……………………………（139）
图 6-10　国家图书馆认证读者民族分布 ………………………………（139）
图 6-11　2014—2015 年总服务量年龄分布 ……………………………（140）
图 6-12　2003—2015 年各年龄读者月活跃情况 ………………………（143）
图 6-13　不同教育程度读者关注资源类型分布 ………………………（144）
图 6-14　不同教育程度读者阅读资源中外文比例 ……………………（145）
图 6-15　2002—2015 年资源访问量 ……………………………………（149）
图 6-16　言情类小说借阅和在线阅读量 TOP10 ………………………（150）
图 7-1　文化大数据第三方服务平台技术架构图 ………………………（155）
图 7-2　第三方服务平台硬件系统共享示意图 …………………………（156）
图 7-3　云管理系统关系图 ………………………………………………（157）
图 7-4　第三方服务平台功能架构图 ……………………………………（160）
图 7-5　文化数字资源建设流程 …………………………………………（162）
图 7-6　网络分发系统示意图 ……………………………………………（164）

图 7-7　文化数据资源整合的技术与方法 …………………………………（167）
图 7-8　知识发现系统技术流程图 …………………………………………（170）
图 7-9　Web 日志分析系统功能构架 ………………………………………（173）
图 7-10　应用集成系统示意图 ………………………………………………（174）
图 7-11　文化大数据开放共享服务技术体系 ………………………………（177）
图 7-12　智能决策支持系统架构 ……………………………………………（181）

表目录

表2-1	Trove整合资源的类型和数量情况	(10)
表2-2	EDL提供数据量排名前十的国家	(11)
表2-3	EDL资源类型及数量情况	(11)
表3-1	国家图书馆藏实体资源一览	(45)
表3-2	国家图书馆藏主要数字资源一览	(46)
表3-3	国家图书馆为全国文化信息资源共享工程提供的数字资源	(47)
表3-4	中国国家博物馆数据基本情况	(48)
表3-5	代表性数字博物馆资源大类体系示例	(50)
表3-6	中国美术馆藏品类目代码表	(51)
表3-7	中国美术馆数据库数字作品类别	(52)
表3-8	文化共享工程资源存储量	(54)
表3-9	非物质文化遗产类目	(55)
表3-10	网上中文信息分类大纲	(56)
表3-11	《中国图书馆分类法》的基本分类	(58)
表3-12	全国文化信息资源共享工程资源基本大类	(59)
表3-13	全国文化信息资源共享工程资源分类简表	(59)
表3-14	文化资源基本大类	(63)
表3-15	文化资源类目体系	(64)
表4-1	以"文化标准"为检索词的检索结果	(75)
表4-2	以"大数据标准"为检索词的检索结果	(76)
表4-3	需优先制定的文化大数据基础标准一览表	(80)
表4-4	需优先制定的文化大数据处理标准一览表	(81)
表4-5	需优先制定的文化大数据传输标准一览表	(82)
表4-6	需优先制定的文化大数据应用与服务标准一览表	(83)
表4-7	需优先制定的文化大数据管理标准一览表	(84)
表4-8	需优先制定的文化大数据安全标准一览表	(86)
表5-1	故宫博物院现有数据资源总结表	(89)
表5-2	重庆图书馆主要数字资源建设、开放与数据利用情况	(93)
表5-3	重庆市北碚区公共数字文化平台数字资源	(94)
表5-4	重庆图书馆用户数据情况	(97)
表6-1	单个用户服务指数	(140)
表6-2	用户群体服务指数	(141)
表6-3	不同学历人群服务指数	(141)
表6-4	不同年龄段用户学科偏好	(143)

表6-5	不同学历用户阅读偏好	(144)
表6-6	不同类型资源数量	(146)
表6-7	不同语种资源数量TOP6	(147)
表6-8	不同类型资源被利用情况	(147)
表6-9	资源紧缺情况	(148)
表6-10	不同类型馆藏中文资源使用量	(148)
表6-11	不同类型馆藏中文电子图书馆使用量	(149)
表6-12	"80后""90后"读者行为对比分析	(152)
表7-1	平台云管理系统性能要求	(159)
附录1	国内已经发布或在研的大数据标准规范一览表	(199)
附录2	国内已经发布的文化行业标准规范一览表	(201)

1 绪论

在互联互通的大背景下,我国的文化服务和文化产业将进入一个新的发展阶段。现阶段,大数据的研究和应用正成为信息时代的热点,随着技术的进步,数据的价值将被充分发掘,大数据将是引爆下一场文化领域新格局的不可忽略的重要因素。本书将结合大数据时代特点,深入分析我国文化大数据的发展现状和趋势,对文化大数据应用做出前瞻式的规划,为各文化机构提供更多有价值的理论和数据支持。

1.1 背景与意义

文化大数据,将是未来文化创新发展的最重要的变革技术,根据《国务院关于印发促进大数据发展行动纲要的通知》文件精神,文化领域要加快促进文化大数据的发展,充分利用文化大数据的资源与技术优势,为国家文化创新产业的大力发展,为大众创业、万众创新的新形势提供资源与技术的支撑,使文化大数据成为振兴中华文化、推动中华文化走向世界的重要推动力量。本书将从建设国家文化大数据出发,围绕构建"国家文化传播大数据综合服务平台"开展关键技术与文化创新应用环境的研究,支持数字图书馆、档案馆、博物馆、美术馆和文化馆等公益设施建设,加强文化资源数字化保护技术研究,充分发掘、分析、利用文化资源,为文化产业提供创新的技术与资源环境。

1.1.1 背景

近年来,国内外很多政府和文化机构已开始在大数据战略上积极布局,特别是在顶层设计、数据驱动创新和共享服务等方面做了富有成效的实践,以下对文化大数据的研究背景、研究意义和研究内容等做出阐述。

1. 文化大数据的起源与发展

"大数据"这一概念源自21世纪以来,海量产生的各种数字化数据。大数据具有数据量大(volume)、类型多(variety)、存取速度快(velocity)这三个基本特征。而"大数据分析",则是指针对庞大的数据集,不采用抽样调查的方式,而是对全部数据进行分析。从数据库到大数据,不仅仅是数据量的增加,数据的类型、模式与数据间的关系、数据处理对象和工具都在发生着根本的变化。在大数据时代,数据应当转变成一种基础资源,用数据这种资源来协同解决其他诸多领域的问题。Google的首席经济学家Hal Varian曾说过,数据是广泛可用的,所缺乏的是从中提取出知识的能力。数据收集的根本目的是根据需求从数据中提取有用的知识,并将其应用到具体的领域之中,不同领域的大数据应用有不同的特点[1]。

文化大数据产生于公共文化服务与大数据的结合。国外早有对公共文化服务数据的研究。很多国际组织发布了关于大数据的报告。例如,2011年,欧盟发布题为《开放数据:创新、增长和透明治理的引擎》的报告,指出欧盟公共机构产生、收集或承担的地理信息、统计数据、气象数据、公共资金资助项目、数字图书馆等数据资源全面开放的总经济效益预计每年将会给欧盟经济带来400亿欧元的增长。联合国在2012年发布大数据政务白皮书《大数据促发展:挑战与机遇》,总结了各国政府利用大数据更好地为民众服务的事例[2]。发达国家也将大数据视为重要的战略资源。2011年法国旅游发展局与MFG公司合作发起了一个项目,该项目旨在通过社交网络分享法国旅游及文化照片,由此可以统计出外国人最喜欢和最爱去的景点。该项目的成果可为针对外国游客宣传法国旅游提供参考。如今,欧美各国已经较为广泛地在公共文化服务中应用大数据分析。

在我国,公共文化领域的专家学者也开始重视文化大数据的应用与服务,在研究对象的界定上,不同的专家学者对文化大数据的理解也存在差别:曹磊等认为,公共文化大数据是公共文化机构的各种设备和个人智能终端形成的多维数据(如资源信息、地理位置、时间、用户行为、社交媒体等),这些数据不仅包括公共文化元数据等结构化数据,还包括网络微博及互动交流中产生的音频、视频、图片及文本等半结构化或非结构化数据[3]。嵇婷认为,公共文化大数据是指以政府部门为主导的公共部门提供的以保障公民的基本文化权益为目的、向公民提供公共文化产品与服务的制度和系统在服务运营中,通过信息化系统不断产生的数据[4]。张之益认为,文化大数据,是指文化生产者、文化经营者、文化消费者在文化实践过程中所产生的,与文化产品或文化服务的创作生产、推广传播、市场运营、最终消费过程相关的,以原生数据及次生数据形式保存下来的图片、文本(包括文字、数字和图表)、影像、声音等文件资料的总称;而从应用角度来看,文化大数据即针对文化行业海量数据的计算处理需求应运而生的一套新的数据架构的理论、方法和技术的统称[5]。

综上所述,由于"文化"本身涵盖的边界过于广泛,其所涉及的业务种类和资源数据极其丰富和复杂,为了明确研究目标,提高研究的针对性,本书结合以上公共文化大数据的界定,拟立足于公益性文化服务机构,重点研究我国公共文化领域的大数据应用。所研究的文化大数据特指我国公共文化领域中涉及文化资源的创建、传播、服务、消费等方面的数据。主要研究范围包括:我国文化馆、美术馆、图书馆、博物馆等公共文化机构以及演艺团体、非物质文化遗产等民族民间艺术文化素材的收集,文化资源的创建、加工、整合、服务和消费等过程中涉及的公共文化资源、产业运营数据、服务数据、业务数据、用户数据、行为数据,以及上述数据融合、分析中所产生的关联数据、语义数据、知识数据等。

2. 我国文化大数据的发展和地位

随着大数据时代的到来,文化和相关领域数据开放已成为国家战略之一,通过把数据对外开放,人们对于数据的关注和重视也促进了政府部门工作效率的提升,而政府效率的提高会促进社会经济的不断发展。美国大力支持和倡导数据开放,首次实现公众与政府共享数据的时候是在2009年,原始数据库得以上线在data.gov网站。到了2011年,《开放数据声明》由八个国家共同签署且成立了开放政府合作伙伴(OGP),如今这个组织的成员国已经接近七十个,2013年,《开放数据宪章》由俄罗斯、加拿大、日本、意大利、德国、法国、美国和英国联合签署。中国的数据开放也正在积极地推进中,在中国先行推广数据开放的城市有北京和上海。2012年6月国内的第一个政府数据开放项目"上海市政府数据服务网"成立,这也标志着我国数据开放计划取得了实质性的进展。在2014年的时候,上海政府确定了开放数据的重要行业和领域,其中的190项数据涉及28个政府有关部门,涵盖了社会发展的方方面面,这不仅体现了我国数据开放政策的进一步落实,也表明了我国实行数据开放的坚定信念。相比上海市,北京市也积极开展了数据开放计划,较早地开展了政府数据开放工作,2012年10月,北京市政务数据网上线试运行。为加快政府数据资源开放,促进企业事业单位、服务机构的数据开放和共享,2013年,国务院发布《关于促进信息消费扩大内需的若干意见》,要求加快公共信息数据共享和利用。政府信息的共享开放在国家政策上进一步明确了目标,吹响开放的号角,越来越多的城市开始纳入政府数据开放的范围中,比如佛山、贵阳、武汉、青岛等地已经根据当地情况开始制定并出台相关数据开放的政策和计划,以促进各地政府数据开放和分享利用。

2015年,中央和地方均已摆出了明确的开放姿态,以响应数据开放的政策趋势。在年初,《关于促进云计算创新发展培育信息产业新业态的意见》已经下发,并且在文件中着重强调了数据开放的时代意义和重要性以及相关措施。2015年7月1日,《国务院办公厅关于运用大数据加强对市场主体服务和监管的若干意见》由国务院出台,在"意见"中指出开放数据是社会发展的必然趋势,在数据开放的过程中,政府和有关部门要做到有序、有计划地开展活动,以促进社会发展。同月31日,大数据产业"十三五"发展规划编制第一次工作会议正式召开。会议的主要内容是研究大数据资源开放共享。上海市于2015年8月18日,为了进一步落实上海数据开放的计划,开放了大量的交通数据,而上海政府推进数据开放的下一步计划是考虑公开政府的负面清单。上海市作为公共信息开放的先行者之一,进一步加快研究大数据开放和共享的脚步。同时,全国政府信息已经逐步走向公开和透明化。相关部门也在加紧制定规则和法案,准备试点工作和计划方案,目的就是为了营造大数据开放的良好氛围,促使我国的数据开放和共享获得进一步发展。

1.1.2 意义

对文化大数据现状进行调研分析并挖掘其在公共文化服务中的应用价值是十分值得研究的课题。开展文化大数据规划,对于促进我国文化产业发展、提升民众文化生活水平具有重要的战略和现实意义。

1. 理论意义

当前相关数据开放服务理论体系研究仍相对薄弱。特别是在大数据体系下如何搭建数据共享平台和完善理论体系建设,其中涉及的学科也相对较广,如公共服务、信息技术、计算机科学、法律、信息科学以及行政管理等多个领域。不仅如此,学科之间有着较强的联系,这也就加大了跨学科研究的难度。就国内已搭建成功的公共数据资源共享平台的运行情形来看,良莠参半,其提供数据速度的能力和数据质量不能令人满意,离计划和理想中的水平仍存在较大差距。因此,研究处于初始发展期的事物具有一定的难度,尤其是要深入分析其特点和发展规律以及形成的初步框架方面。本书在研究过程中充分运用了已有的理论,从系统、信息、公共服务等方面对大数据开放方面的知识进行了收集和整合,建立了研究的理论基础。并且,本书对概念模型和总体逻辑框架进行研究,为平台建设提供理论基础。另外,开放公共信息资源服务平台在管理方面的特点是:稳定、连续、长期。健全平台服务不仅能够满足公益需求,还能够促进社会的发展。因此,建立完善统一的大数据信息资源共享平台,不仅有利于政府工作效率的提升,对社会的稳定和健康发展也有着积极意义。

2. 现实意义

文化产业相关部门,甚至个人各自产生并掌握着大量数据,若要做到数据统一,就要做到多个组织机构信息的共享。由于数据具有多类型、数量大、结构化、半结构化和非结构化的特点,因此仅靠一人或者单一机构很难做好数据收集的工作。在解决数据收集及相关工作时,需要做好数据的共享、人员的跨界合作和工具技术的整合。政府、企业、学术机构等基于大数据分析的需求,为了完成复杂条件下的重要数据分析任务,多开展跨界合作为主的情报分析模式。在国内,80%以上的社会数据均掌控在政府及公共机构中,公共机构开放公共信息,不但能方便公众和企业的信息查询,还将为大数据应用的产业发展做出较大的贡献。以政府开放的公共信息为基础,大数据应用的企业能掌握较为准确、真实和及时的信息,再结合互联网上手机的各类动态数据,将更为精准地对经济社会进行分析和预测。

如今,我国的文化产业通过党和国家政策的大力扶持,取得了长足发展。但是依旧存在文化内容创作水平不高、文化服务质量不好、文化产品供需脱节、文化产品价格体系扭曲等深层问题。在我国文化产业亟待升级转型的重要时期,大数据作为一种革命性的新技术发展,正引领着人类社会的深刻变革。建设文化传播大数据综合服务平台,就是将大数据技术、云计算技术与文化产业进行深入结合的良好契机。2015年1月,中共中央办公厅、国务院办公厅印发《关于加快构建现代公共文化服务体系的意见》指出,要加快推进公共文化服务数字化建设,加强公共文化大数据采集、存储和分析处理[6]。同年8月,国务院印发的《促进大数据发展行动纲要》指出,要在公用事业、文化教育和社区服务等领域全面推广大数据应用以及优先推动文化和教育等民生保障服务相关领域的政府数据集向社会开放[7]。国务院明确指出,数据已经成为我国的基础性战略资源。建设文化传播大数据综合服务平台,不仅推动了我国公共文化服务事业的不断发展,而且增强了我国的文化影响力和综合国力。

目前全国各级政府及单位均在积极地计划并开始文化产业数据资源共享平台的建设,但整体上来看,都处于发展初期、摸索的阶段,理论体系的研究还不完善。在理论体系及逻辑框架还未完善的情况下,盲目地进行平台建设,就可能会导致一些功能的不稳定甚至失调,从而浪费时间以及资源。本书通过对已有的数据进行整合和分析,找出目前存在的问题,并且对数据共享平台的经验进行总结,针对大数据环境下数据资源共享平台的建设提出建议,对进一步完善大数据环境下信息资源共享平台的建设具有现实指导的作用。

1.2 研究目的和研究内容

本书的研究目的是:通过对国内外文化大数据建设与应用现状的详细调研,梳理我国公共文化领域大数据资源体系,掌握并分析我国文化大数据的目录体系、行业标准规范、数据应用与服务现状,结合我国文化发展方向,制定我国文化大数据应用与服务战略,对文化大数据的建设、整合、开放、共享、应用与服务进行研究,并对涉及的标准规范、技术平台及人才培养等做出规划。本书的研究旨在能够为梳理我国文化大数据资源体系,促进行业资源融合,提高我国公共文化服务水平提供参考和借鉴,进而为我国公共文化机构在现代信息技术环境下的发展指出方向。

结合研究目标,本书的主要研究内容如下：

(1) 文化大数据建设资源目录体系研究

构建文化大数据建设资源目录体系,加强公共文化数据资源的开放共享工作,是文化大数据建设的基础。以图书馆、博物馆、文化馆和美术馆等文化大数据为依托,展开文化领域的公共数据开放研究,详细调研基础数据存量和待完善开发的数据增量,并摸清家底。推动各单位提出相应的文化数据资源开放目录,鼓励向社会开放共享,研究文化大数据的构成与文化大数据资源组织,提出文化大数据资源建设指导意见。

(2) 文化大数据服务标准规范方案设计

本书为开发文化大数据服务标准提出设计方案,夯实开放共享基础。针对社会治理、公共文化服务、文化产业发展、文化市场管理等领域对大数据应用的不同需求,在文化资源开放共享目录清单的基础上,针对清单所定义的各类文化大数据服务项目,制定科学的数据采集、数据加工、数据发布流程,制定统一的元数据规范和接口,制定严格的数据质量和服务稳定性要求,最终形成文化大数据服务标准,有效支撑文化大数据服务平台的建设和长期服务。

(3) 文化大数据资源整合与对外开放服务方案研究

分析全国文化资源数据与用户数据的属性与类型,建立起数据的收集政策与机制；选择部分单位,对其数据进行汇集分析,研发文化资源数据与社会数据的融合模式,研究大数据综合分析和挖掘需求。本书依托全国文化资源元数据仓储建设,对全国文化资源数据进行分析研究；研究利用大数据技术对数据进行组织与关联；研究用户数据采集标准；研究全国图书馆、档案馆、博物馆、美术馆和文化馆对用户数据进行采集与共享的机制；研究运营机制与开放标准；研究文化资源数据向社会开放的标准；研究文化大数据的长期保存架构和云保存体系；研究在国内文化大数据平台上的实现离岸文化大数据服务的机制,使其他国家的机构和组织可以在我国平台上开展自己国家的文化大数据服务。

(4) 文化大数据综合服务平台方案研究

本平台对接国家文化大数据整合平台,对接社会优质文化大数据服务平台,提供文化大数据挖掘,与社会力量共同开发与利用文化资源数据,提高文化传播效率；选择优质的社会数据与文化资源数据进行融合,利用大数据技术进行分析与挖掘,充分激发数据的潜力与活力,为政府决策提供支持,使平台在社会文化传播中起到重要推动和引导作用,并在政府决策中起到重要支撑作用。在此基础上,提出文化传播大数据综合服务平台的技术方案。

(5) 文化大数据创新开放共享支撑服务关键技术研究

针对社会上的文化生产、文化传播等领域对大数据应用的不同需求,按照数字文化资源开放共享清单目录,设计文化大数据第三方服务平台总体架构,支持服务平台系统开发；以自有数据加工和外部数据集成两种模式,分别研究图书馆、博物馆、群众文化、演出、艺术品、动漫、歌舞娱乐、游艺娱乐、网络文化、网吧和文化科技等文化细分领域维度的数据服务内容建设方案,分别研究文化素材资源、文化科技服务、文化内容生产、文化产品传播、文化消费促进等产业链维度的数据服务内容建设关键技术,为最终实现平台上线和稳定服务提供技术指导,为大众创业、万众创新提供文化数据支撑。

(6) 文化大数据创新应用与人才培养机制研究

开展大数据创新应用机制研究。作为新兴产业技术领域,文化大数据的建设需要专门研究机构与技术人才的支撑。为推动国家文化大数据的建设,在文化和旅游部层面成立相应的文化大数据领导小组和办公室,协调推动文化大数据的发展与应用。成立文化大数据研究中心,成立文化产业大数据技术创新联盟,以大数据技术创新及产业应用为基础,构建政产学研用五位一体的联合体,为相关共性技术、标准规范、数据整合、平台服务提供机制与人才支撑。

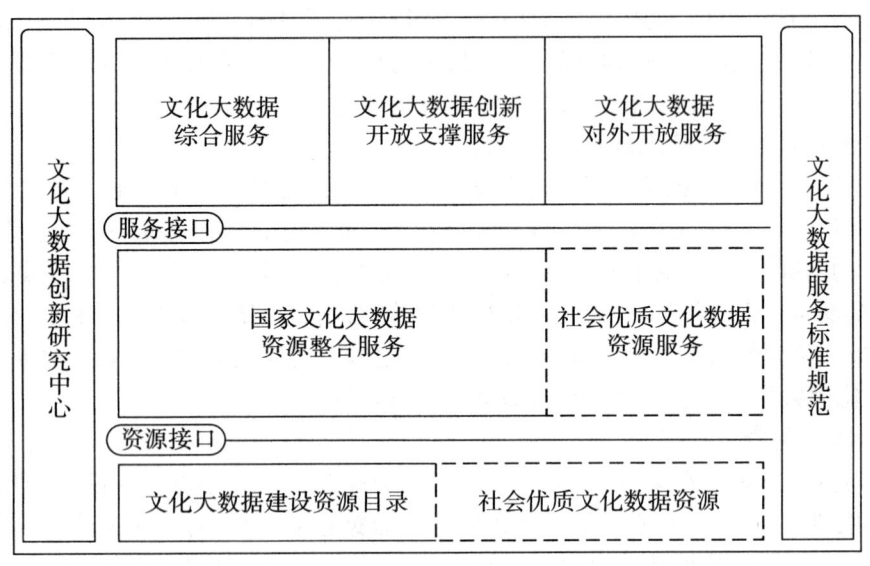

图1-1 本书主要研究内容体系结构

针对文化领域的具体需求和应用,广泛整合和吸纳文化行业的文化大数据研究力量,梳理文化资源开放共享的目录清单,研究制定文化大数据服务标准,为构建大数据传播综合服务平台开展体系机构研究,建设文化领域的大数据研究中心,研究支持文化大数据对外开放机制与平台建设的技术支撑服务环境,使文化大数据为大众创业、万众创新提供数据支撑,为建设数据强国贡献力量。

参考文献

[1] 彭岩.大数据时代下故宫博物院的数据存储保护[C]//2015年北京数字博物馆研讨会论文集.北京:故宫博物院,2015:79-83.

[2][3] 曹磊,马春.国内外公共文化大数据应用实践研究[J].图书馆杂志,2015(12):9-15.

[4] 嵇婷,吴政.公共文化服务大数据的来源、采集与分析研究[J].图书馆建设,2015(11):21-24.

[5] 张之益.文化产业创新与视觉生产力[M].北京:光明日报出版社,2016.

[6] 国务院.关于加快构建现代公共文化服务体系的意见[EB/OL].[2017-07-07].http://news.xinhuanet.com/zgjx/2015-01/15/c_133920319.htm.

[7] 国务院.国务院关于印发促进大数据发展行动纲要的通知[EB/OL].[2017-07-07].http://www.gov.cn/zhengce/content/2015-09/05/content_10137.htm.

2 国内外发展现状

在数字环境中,公共图书馆、博物馆、文化馆、美术馆等公共文化服务机构为公众提供服务的各种形式的数字资源,被称为公共文化资源[1],它包括由这些机构自建的数字资源,也包括购买的数字资源。近年来,国外的公共文化服务机构都在大规模地对各自的藏品进行数字化转换,开展公共文化资源建设。然而,随着数字资源数量的迅速增长,类型的多种多样,社会对公共文化资源的需求日益广泛复杂,各个公共文化机构以"孤岛"方式建设公共文化资源的模式已经很难满足社会公众对文化资源的需求。因此,如何对不同公共文化服务机构的数字资源进行整合,形成集成化的、便于各种用户方便快捷和高效利用的公共文化资源和服务系统,成为近年来国内外公共文化服务机构共同关注的问题。

2.1 文化大数据建设资源目录体系

2.1.1 国外公共文化资源整合与共享情况

从国外文献来看,近年来有不少学者的研究涉及了公共文化资源整合问题。如 L. A. Tedd 介绍了博物馆、档案馆和图书馆合作的范例"收藏威尔士"项目[2]。该项目由威尔士博物馆、档案馆和图书馆资助,旨在将威尔士文化遗产收藏进行数字化加工,类型包括各种多媒体文献,如:电影、图像、音频和视频片段、地图、照片和文本等。同时,该项目网站运用了全球定位系统技术,让访问者能够浏览到威尔士各地的景观以及手工艺品的三维图像。还采取了一系列革新应用,鼓励用户参与对数字内容的完善。D. G. Alemneh 等介绍了在美国得州电信基础设施基金董事会的授权下,北得州大学与得州图书馆、博物馆以及历史学家合作,共同创建了得州历史门户网站,提供各种公开出版或未出版的手稿、书信、地图照片等资源的数字版[3]。同时该文章对目前门户网站技术的作用,各种类型的语境整合、元数据保存、项目标准和指导方针以及各个机构之间的协调工作的现状和趋势进行了论述。国外公共文化资源整合可以概括为以下四种模式。

1. 以教育学习为主要目的的专题资源整合

公共文化机构提供的公共文化服务包括承担一部分辅助教育学习的职能,特别是为孩子提供家庭教育和学校教育之外的社会教育。以教育学习为主要目的的专题资源整合模式指的是公共文化机构基于促进教育和学习的共同目的,根据不同的主题,组织和整合各自的相关数字资源,通过统一平台呈现给公众。

在公共文化资源按内容类型整合的模式中,以教育学习为主要目的的专题资源整合实例很多,主要代表有美国北卡罗莱那州阿什伯勒地球实地考察项目(Field Trip Earth)、美国布鲁克林探险项目(the Brooklyn Expedition)和美国纽约布鲁克林之心项目(Heart of Brooklyn,HOB)。

美国北卡罗莱那州阿什伯勒地球实地考察项目是由北卡罗来纳动物园协会(North Carolina Zoo Society)、北卡洛莱那州动物园(NC Zoological Park)、查塔姆郡学校(Chatham County Schools)、阿什伯勒市学校(Ashebor City Schools)、VF 公司(VF Corporation)和 Web-slingerZ 合作开发,并由美国博物馆与图书馆服务协会提供资助。该项目的交互式实地考察地球网旨在鼓励教师、学生和公众参与"实地"研究野生保护。使用网页可观看录像、查看地图、研究照片、与研究人员通信并参加研讨会。该项目支持终身学习,其独特的互动性,可以使访客与研究人员进行实时交流。

美国布鲁克林探险项目于1997年由布鲁克林公共图书馆(the Brooklyn Public Library)、布鲁克林儿童博物馆(the Brooklyn Children's Museum)和布鲁克林艺术博物馆(the Brooklyn Museum of Art)合作开展,完成于2002年。贝尔大西洋基金会(Bell Atlantic Foundation)、美国国家艺术捐赠基金(the National Endowment for the Arts)、美国博物馆与图书馆服务协会(IMLS)、美国国家人文基金会(the National Endowment for the Humanities)和内森·卡明斯基金会(the Nathan Cummings Foundation)对其提供资助。该项目的布鲁克林探险教育网是为9—16周岁的学生以及他们的教师和家长设计的,利用3个合作机构提供的资源,网站组织了4个主题项目:拉丁美洲的构造、拉丁美洲的艺术和文化、墨西哥的自然世界和哥伦布时代至今的南美洲,主题课件由教师制作。该项目支持终身学习,颂扬多种文化,并使得所有访客都可以在线获得历史资源。

美国纽约"布鲁克林之心"项目由布鲁克林植物园(Brooklyn Botanic Garden)、布鲁克林儿童博物馆、布鲁克林博物馆(Brooklyn Museum)、布鲁克林公共图书馆、展望公园联盟(Prospect Park Alliance)和展望公园动物园(Prospect Park Zoo)于2001年合作成立。基于这样的伙伴关系,该项目致力于推广布鲁克林区独特的文化,吸引布鲁克林区域内外的公众关注,通过使之成为世界级的收藏和历史珍宝的展现来促进旅游与学习。具体的项目实施涵盖了教育、旅游和营销、社区发展、外联和研究等几个方面。

从上述三个例子不难看出,以教育学习为主要目的的专题资源整合模式的主体往往由同一区域的公共文化机构构成,旨在为当地群众特别是在校学生提供学习和实践平台。这类数字资源整合成果通常与机构组织的实际活动结合,通过网上的学习和线下的实践活动共同达到学习和教育的目的。

2. 以遗产保存为主要目的的有限资源整合

人类文化遗产的保存是公共文化机构的重要职能之一。对人类文明发展的历程中出现的重要文献、图片、物件等进行数字化,通过统一的平台向大众开放,不仅能够在理论上永久保存文化遗产影像,也大大加强了文化遗产的影响力。公共文化机构的数字资源整合合作具有有限性的特点。这里的有限包括两层意思:第一是指资源的数量和规模有限,文化遗产的稀有性决定了整合数字资源数量有限,最典型的例子是世界数字图书馆(WDL);第二是指地域范围有限,对同一个地域内的文化遗产和有特色的资源进行数字整合是最为常见的方式,如美国丹佛科罗拉多数字化项目(Colorado Digitization Project, CDP)和英国伦敦音乐珍藏项目。

WDL 目前已经集聚了源自非洲、中亚和南亚、东亚、欧洲、拉丁美洲和加勒比海地区、中东和北非、北美、大洋洲和太平洋地区、东南亚等地区 114 个机构贡献的 10 810 个条目。显然,对于这样一个国际项目来说,资源的数量很有限。这是因为 WDL 的内容选择工作组最初制定了广泛的选择准则,即致力收纳联合国教科文组织各个成员国的具有重大文化意义的重要内容,虽然不限地区、时代、形式和语言,但要求是重要的原始资料,包括手稿、地图、珍贵书籍、录音、电影、印刷品、照片、建筑图纸及其他各类型。WDL 申明了其在资源建设上的发展方向:"WDL 代表着数字图书馆项目的重点从数量到质量的转变;数量仍然是一项优先任务,但绝不能牺牲项目开始阶段所制定的质量标准。"这充分说明 WDL 在资源建设方面的发展是以质量为标准的,在保证质量的同时不断地突破资源数量。

CDP 开始于 1998 年,合作机构包括科罗拉多州档案馆和丹佛公共图书馆以及科罗拉多其他历史学会和博物馆,资源类型有照片、报纸、地图、乐谱、日记和其他数字文件等,目的是实现科罗拉多州历史、文化、政府和工业等相关领域资源的保存。通过整合这些公共文化机构的特色馆藏和稀有资源,不仅有利于文化遗产的保存,同时也支持地区教育和科研的发展。

英国伦敦音乐珍藏项目负责对公共演出录音并进行收藏。该项目由约克大学、圣三一音乐学院、巴比肯图书馆和伯特维克档案学院代表组成的理事会管理,项目收录了1500多个录音,包括直播和收录演出、口述访谈和录像。这一举措使普通大众能够接触到具有重要文化意义的音乐,并满足了文化遗产保护的需要。

以遗产保存为主要目的的有限资源整合模式对数字资源的内容和形式的标准比较高,在一定程度上保证了资源的高质量,整合对象的特殊性也使得这类合作的成果具有鲜明的特色和独特的价值。但是由于规模或者地域的局限性,决定了以遗产保存为目的的资源整合在成果的影响力和利用率方面会稍显不足,因此需要更广泛的渠道进行宣传。

3. 以检索利用为主要目的的馆藏数字资源整合

与前两种模式不同的是,以检索利用为主要目的的馆藏数字资源整合模式不仅只限于学习和交流,强调的是检索利用这一功能,因此这种模式最大的特点是整合了各馆藏机构的数字资源目录。结果界面不一定会直接提供对象数据,而是通过统一标准的元数据,为用户获取资源提供了便捷可靠的途径。这种模式的主要实例包括德国图书馆、档案馆和博物馆门户(Bibliotheken Archivn Museen,BAMP)、日本国立国会图书馆检索(NDL Search)和澳大利亚国家图书馆 Trove 检索等。

BAMP 于 2001 年 5 月启动,由德国研究基金会资助,项目整合了图书馆、档案馆、博物馆的数字目录、索引、清单,提供统一检索,目的是为有需求的公民提供获得文化信息资源的网络平台。检索结果界面提供数据的来源机构链接,方便用户获取更详细的信息。

2010 年,日本国立国会图书馆开始开发新的检索服务系统,其目的是改变原有国会馆旧的 OPAC 检索命中率低、检索范围小的缺憾。新版国立国会图书馆检索系统 NDL Search 旨在成为聚合日本国内各机构信息资源的接入点,让公民能够充分利用丰富的各类型资源。NDL Search 除了能检索国立国会图书馆的馆藏资源外,还能统一检索日本学术情报机关、公共图书馆、大学图书馆、专门图书馆、档案馆、博物馆、美术馆和其他民间数据库的纸质和数字资源。截至目前,NDL Search 能够检索各合作机构的大约 200 个数据库里的 7300 万条数据,资源类型包括图书、期刊、报纸、地图、手稿、图片、音频、视频等。

NDL Search 在今后预计将继续增加各种类型的数据库,通过 API(Application Programming Interface 应用程序接口)向更多的机构提供元数据,进一步提高平台的检索服务质量。

同日本国立国会图书馆一样,澳大利亚国家图书馆(NLA)也在 2010 年推出了新的搜索引擎Trove。据NLA介绍,Trove能够对一般搜索引擎的结果进行补充,涵盖的内容多数都是数字资源,包括澳大利亚1000多所图书馆、博物馆、档案馆、艺术馆、大学、历史学会以及其他文化机构教育机构的数字内容,国际性馆藏资源中与澳大利亚相关的内容也被纳入了搜索范围。Trove直接向用户提供资源,而不是相关网站的列表,允许用户查找图片、未出版的手稿、图书、口述历史、音乐、视频、研究论文、日记、信件、地图、已经归档的网站资源以及1803—1954年间的澳大利亚新闻等。目前已收录上亿条数据(具体情况见表2-1,截止日期为2014年5月2日)。Trove是为澳大利亚全体公众设计的搜索引擎,不管是研究人员、作家,还是历史学家、学生等,只要有关于澳大利亚和澳大利亚人的问题都可以来这里进行查询,在查询结果界面提供资源的具体馆藏地,方便用户进行进一步检索,为了解和研究澳大利亚提供了平台。

表2-1 Trove整合资源的类型和数量情况

资源类别	资源数量
期刊、论文和报告	135 612 779
书籍	18 574 080
地图	581 815
日记、书信和档案	557 520
列表	52 214
音乐、音频和视频	3 450 112
电子报纸	124 919 889
人和组织资料	925 757
图片、照片和物品	7 908 353
存档网站(1996年至今)	80 629 819
合计	373 212 338

以检索利用为主要目的的馆藏资源整合模式一般由图书馆主导,以整合馆藏资源目录为主,资源内容的特点是多而全,力求将馆藏目录和馆藏资源都囊括其中。这种模式类似于图书馆之间的OPAC整合,旨在为用户提供各个数据库的一站式检索入口,节省了用户的时间成本,方便用户的检索过程,也提高了数字资源的利用率。

4. 以共享交流为主要目的的大型综合资源整合

实现资源共享和交流是很多公共文化机构的共同愿景,这不仅是指不同机构之间的共享交流,而是扩展到用户与机构、用户与用户,乃至文化与文化之间的交流。大型综合的整合实践以其合作机构众多、规模较大、开放度高、资源类型丰富、受众面较广等特点成为不同文化共享与交流的绝佳平台。欧洲数字图书馆项目(Europeana Digital Library,EDL)就是比较典型的例子。

EDL于2008年11月对公众开放,由法国、德国、意大利、西班牙、波兰、匈牙利六国首脑共同创建,目的在于实现欧洲文化和科学资源的资料共享。无论是资源的数量、来源、资源的类型还是资源的内容,EDL都以丰富和全面而著称。在资源总量和来源方面,目前已经收录来自36个国家超过2300个机构的3000多万条数据。数据提供量排名前十的国家见表

2-2(截止日期为2014年4月9日)。其中德国提供的数据最多,占数据总量的14.6%,其次是法国和西班牙。

表2-2　EDL提供数据量排名前十的国家

排名	国家	数据量	百分比
1	德国	4 601 859	14.60
2	法国	3 250 176	10.32
3	西班牙	2 867 959	9.10
4	荷兰	2 823 761	8.96
5	瑞典	2 227 564	7.07
6	意大利	2 466 042	7.83
7	英国	2 099 988	6.66
8	挪威	1 202 735	3.82
9	波兰	1 456 406	4.62
10	爱尔兰	1 093 000	3.47

在资源的类型形式上,EDL将资源的类型分为五大类,分别是图片、文本、音频、视频和3D对象资源(具体类型及其数量见表2-3,截止日期为2014年4月9日),其中,最丰富的资源是图片,占资源总量的59.75%,接下来依次是文本、音频、视频和3D对象资源。其中3D资源近两年才开始作为资源类型的一部分参与统计。

表2-3　EDL资源类型及数量情况

类型	具体内容	数量	百分比
图片	油画、素描、版画、照片、博物馆藏品、地图、平面图、设计图和乐谱	18 826 810	59.75
文本	书籍、信件、档案、论文、诗歌、报纸、文章、复印件、手稿和乐谱	11 927 632	37.86
音频	音乐和来自磁带、光盘及电台广播的语音	505 257	1.60
视频	电影、新闻广播和电视节目	234 248	0.74
3D对象	物体、建筑或者地点的虚拟3D数字模型	15 052	0.05
合计		31 508 999	100

从资源内容来看,EDL收藏了大量来自于欧洲图书馆、美术馆、报刊陈列馆和档案馆的有关欧洲文化与传统的藏品,涉及文学、历史、艺术、电影和音乐等多个领域,所有数字资源都可以在网页上直接获取,吸引了全世界大量的用户前来访问和利用。据统计,仅2013年一年,就有来自299个国家的400万访客访问了EDL的网站。

EDL通过大规模的数字资源整合不仅实现了文化遗产资源的永久保存和自由共享,起到了强有力的文化传播作用,而且利用现代信息技术,借助多种传媒手段发挥公众教育服务的功能,使得这块土地的文化保持原有的形态得以繁衍生息下去,同时也为全世界人民了解欧洲历史和文化开辟了新的途径。

2.1.2 国内公共文化资源整合与共享情况

目前我国公共文化资源整合的项目较少,资源整合建设基本与项目的规划定位及公众需求相适应。如全国文化信息资源共享工程(国家数字文化网)是国家级文化重点建设工程,旨在整合加工中华民族几千年积淀下来的文化信息资源精华以及贴近大众生活的现代社会文化信息,主要服务对象是广大基层群众,尤其是广大经济欠发达地区的农民群众,因此共享工程的资源内容基本涵盖了农民群众喜闻乐见,并与农村生产、生活联系紧密的领域,包括法规政务、适用技术、文化艺术、影视曲艺、市场经营、农村教育、人居环境、科学普及、医药卫生、生活百通、人文知识、扶贫社保、体育健身、国防军事等。

再如"北京记忆"历史文化网站,主要目的在于弘扬民族精神,普及北京历史文化知识。这决定了其整合收录资源的内容大多与北京密切相关,包括1200种图书、2000余幅照片、3300幅金石拓片、600种明清及民国时期地图、13万个版次的民国时期报纸、多个艺术门类的145种音视频文献等,以数字文献的形式提供北京经典文献的全文资源、北京历史照片资源、北京地方艺术多媒体资源,以及舆图、金石拓片和艺术档案等地方文献资源。

公共文化机构应该在明确需求和目的基础上,不断扩展文化资源整合内容和类型,满足不同层次的文化需求,丰富公共文化产品和服务的内容。目前来看,我国由于在公共文化资源整合方面的实践较少,整合资源内容、形式还比较单一,远远不能满足公众不断变化的数字文化信息需求。因此应该根据用户需求和内部条件积极拓展不同模式的文化资源内容类型整合。国家层面上,由于面临资源数量庞大和服务群体范围过于宽泛等障碍,很难做到兼顾各个方面的内容。在这种情况下,限定主题或学科领域,或提高整合资源的遴选标准都是解决问题的方法之一。具体模式选择方面,既可以借鉴世界数字图书馆(WDL)的模式,采用有限的合作模式,以数字文化遗产保存和传承为基点,征集有重要历史意义的国家文化馆藏;也可以效仿欧洲数字图书馆,以共享交流为目的,建立统一的共享平台,展示我国悠久的文化历史。省级层面应该突出特色,着力整合对区域经济、文化、社会发展有支撑作用的数字资源,实现数字资源对地方发展的有效保障。基层公共文化机构的数字资源整合立足民生,从满足多样的文化需求入手共建,特别是地方特色资源的整合和宣传。

2.2 国内外大数据标准规范建设现状

由于大数据存在领域广泛、存储处理产品众多等特点,大数据的定义、相关术语、分类、架构等方面缺乏统一描述,各种大数据产品的技术要求也不尽相同,这种现状在一定程度上阻碍了大数据产业的良性发展。自2012年开始,国际标准化组织(International Organization for Standardization,ISO)与国际电工委员会(International Electrotechnical Commission,IEC)、国际电信联盟电信标准分局(International Telecommunication Union-Telecommunication Sector,ITU-T)、美国国家标准与技术研究院(National Institute of Standards and Technology,NIST)等国外标准化组织相继组建工作组开展大数据研究和标准化工作,以加强大数据标准化研制,推动大数据产业进程。

文化大数据标准体系建设是在大数据标准的基础上,结合文化大数据的资源特点、服务内容、服务需求、技术需求等构建的,可以说,文化大数据标准是大数据标准在文化行业内的体现与应用。目前,国内外相关标准化组织在大数据定义、相关术语、需求、关键技术等领域都取得了一定成果。这些标准中,有些大数据基础标准是文化大数据标准研制过程中可以直接采用或修改采用的,如大数据术语标准、参考架构标准、隐私保护标准、数据传输标准等。因此,对国内外大数据标准的建设情况进行调研与梳理,对文化大数据标准的工作方法和标准体系构建具有较大的借鉴价值。

2.2.1 国外大数据标准规范建设现状

1. 主要标准化组织的大数据标准化工作

随着大数据技术的发展与应用,大数据标准研制已成为国际各标准化组织共同关注的热点。本部分对 ISO/IEC、ITU、NIST 等国际标准化组织等国际标准化组织已经开展的标准化工作进行梳理,以资借鉴。

(1)国际标准化组织"数据管理和交换"分技术委员会(ISO/IEC JTC1 SC32)

"数据管理和交换"分技术委员会是从事大数据标准研究与制定的国际标准化组织之一。SC32 持续致力于研制信息系统环境内及系统之间的数据管理和交换标准,为跨行业领域数据管理协调提供技术性支持,其标准化工作内容涵盖:协调现有及新生数据标准化领域的参考模型和框架;负责研制数据域定义、数据类型和数据结构以及相关语义等标准;负责研制用于持久存储、并发访问、并发更新和交换数据的语言、服务和协议等标准;负责研制用于构造、组织和注册元数据及共享和互操作相关的其他信息资源(电子商务等)的方法、语言、服务和协议等标准。SC32 下设 4 个工作组和几个研究组,主要内容如下:

①工作组 1(WG1):电子业务

工作范围为:研制信息系统间全球互操作所需的开放电子数据交换方面的通用 IT 标准,包括商务和信息技术两方面的互操作标准。

②工作组 2(WG2):元数据

工作范围为:研制开发和维护有利于规范和管理的元数据、元模型和本体标准,此类标准有助于理解和共享数据、信息和过程,支持互操作性、电子商务以及基于模型和基于服务的开发,包括:建议用于规定和管理元数据、元模型和本体的框架;规定和管理元数据、元模型和本体;规定和管理过程、服务和行为数据;开发管理元数据、元模型和本体的机制,包括注册和存储;开发交换元数据、元模型和本体的机制,包括基于互联网、局域网等的语义。

③工作组 3(WG3):数据库语言

工作范围为:为动态规定、维护和描述多用户环境中的数据库结构和组件制定和维护语言标准;通过规定事务提交、恢复和安全机制提供额外的对数据库管理系统完整性的支持;为存储、访问和处理多并发用户使用的数据库结构中的数据制定和维护语言标准;为其他标准编程语言提供开发接口;为描述数据类型和行为的其他标准提供访问接口或为开发用户提供数据库组件。

④工作组 4(WG4):SQL 多媒体和应用包

工作范围为:规定各种应用领域使用的抽象数据类型包的定义。每一个抽象数据类型包的定义是使用数据库语言 SQL 标准中提供的用户定义类型机制来规定的,包括全文、空间、静态图像、静态图形、动画、视频、音频等数据包。

2013年11月,ISO/IEC JTC1建立大数据研究组BD-SG,通过调研现有信息和通信技术(Information Communications Technology,ICT)生态系统中与大数据相关的关键技术、标准、模型、用例和场景等内容,确定大数据中的关键定义和术语,评估大数据标准化市场需求。

2014年6月,SC32在北京全会上,批准了4项为大数据提供标准化支持的新工作项目:国际标准《SQL对多维数组的支持》、技术报告《SQL对JSON的支持》、国际标准《数据集注册元模型》和国际标准《数据源注册元模型》。其中《SQL对JSON的支持》工作项目由中国专家负责。此外,SC32在会议期间还举办了主题为"大数据标准化"的开放论坛,为国内外大数据领域的专家学者和产业管理部门人员、IT界的骨干企业提供了一个开放交流的平台。来自于国内外大数据研究、应用及服务提供领域的专家学者做了相关主题报告,展现了当前大数据技术与标准的发展和应用前景。

2015年5月,ISO/IEC/JTCI SC32英国哥拉斯卡全会批准了2项为大数据提供标准化支持的新工作项目:技术报告《SQL对多态表功能的支持》和技术报告《SQL对多维数组的支持》。此外,本次会议上我国提案"SQL对MapReduce及与之相关的流数据处理的支持"得到SC32专家的高度肯定,WG3会议召集人将组织国际专家参与我国工作,共同完善该提案。

JTC1 SC32的标准制定和研究工作为构建大数据标准体系打下了良好基础。

(2)国际标准化组织大数据工作组(ISO/IEC JTC1 WG9)

根据ISO/IEC JCT1 SG2的建议,ISO/IEC JTC1在2014年11月的全会上成立了负责大数据国际标准化的大数据工作组(ISO/IEC JTC1 WG9),由美国国家标准与技术研究院专家Wo Chang担任召集人。

ISO/IEC JTC1 WG9的工作重点包括:开发大数据基础性标准,包括参考架构和术语;识别大数据标准化需求;同大数据相关的JTC1其他工作组保持联络关系;同JTC1外其他大数据相关标准组织保持联络关系。

(3)国际电信联盟电信标准分局(International Telecommunication Union-Telecommunication Sector,ITU-T)

该机构是国际电信联盟管理下的专门制定电信标准的分支机构,ITU-T围绕电信网络如何操作和互通制定相关标准。ITU-T制定的标准主要是以建议书(Recommendations)的形式发布,围绕网络架构和安全、从宽带DSL到Gbit/s光传输系统到下一代网络(NGN)和IP相关问题等主题研制了超过4000项建议,这些标准属于非强制性标准。

ITU-T重点研究基于大数据的云计算相关技术,2013年11月发布了题目为《大数据:今天巨大,明天平常》的技术观察报告,该报告分析了大数据相关的应用实例,提出了大数据的基本特征和促进大数据发展的技术,同时还分析了大数据面临的挑战和ITU-T可能开展的标准化工作。在这份报告中,特别提及了NIST和JTC1 SC32正在开展的工作。

目前,ITU-T的大数据标准化工作主要是在SG13(第13研究组)开展,具体包括该研究组下设的Q2(第2课题组)、Q17(第17课题组)以及Q18(第18课题组),并由Q17牵头开展ITU-T大数据标准化指南的制定工作,并负责向电信标准化咨询委员会(TSAG)汇报。

其中,Q2涉及的研究课题包括:Y.IoT-BigData-reqts(针对大数据的物联网具体需求和能力要求),主要研究内容为描述大数据在物联网数据传输、数据处理、数据存储、访问控制、数据查询和数据验证等方面的具体需求和能力要求。

Q17涉及的研究课题有两项,一是Y.BigData-reqts(基于云计算的大数据需求和能力),主要目的是为如何使用云计算途径来解决目前大数据应用中面临的各种挑战,具体内容包括大数据定义、大数据特性、大数据功能、大数据与云计算的关系,以及从电信角度看基于云计算的大数据的优势、大数据需求、能力要求、用户案例以及应用场景等。二是Y.BigDataEX-reqts(大数据交换需求和框架),主要内容为描述大数据交换应用场景、用户案例、差异分析、需求和框架。

Q18涉及的研究课题包括:Y.BDaaS-arch(大数据业务的功能架构),主要目的是描述如何使用云计算来构建大数据业务架构的方法,具体内容包括功能架构、功能部件以及部件接口。该研究课题与Y.BigData-reqts(基于云计算的大数据需求和能力)互为姊妹篇,也是《基于云计算的大数据需求与能力标准》的后续阶段。该工作主要由中国、韩国以及波兰等国的专家来研制。

(4)美国国家标准与技术研究院(NIST)

美国国家标准与技术研究院多年以来一直参与分析联邦政府和私营部门的海量数据管理,在大数据标准化工作方面,NIST远远走在前列。

NIST于2013年6月成立了大数据工作组(Big Data Working Group),该工作组下设定义和分类(Definition and Taxonomy Subgroup)、参考架构(Reference Architecture Subgroup)、技术路线图(Road Map Subgroup)、安全和隐私(Security and Privacy Subgroup)、用例及需求(Use Case and Requirements Subgroup)、大元数据(Big Metadata Subgroup)六个子工作组。工作范围是建立产业界、学术界和政府的公共环境,共同形成达成共识的大数据定义、术语、安全参考体系结构和技术路线图,提出数据分析技术应满足的互操作、可移植性、可用性和扩展性需求,以及安全有效地支持大数据应用的技术基础设施,用于为大数据相关方选择最佳的方案。

2. 主要大数据标准成果

综合来看,在国际上,以ISO/IEC和ITU为代表的标准组织已经明确了大数据标准工作的方法和工作路线图,也已经开始着手制定系列的大数据标准,如美国国家标准与技术研究院大数据工作组已经完成了《大数据定义》《大数据分类》《大数据用例和需求》《大数据安全和隐私需求》《大数据参考架构调研白皮书》《大数据参考架构》和《大数据技术路线图》等初步成果;国际电信联盟电信标准分局第2课题组负责的《针对大数据的物联网具体需求和能力要求》已于2017年7月1日正式发布,该工作主要由中国、阿尔及利亚、俄罗斯以及法国等国的专家来研制,第17课题组的《基于云计算的大数据需求与能力标准》(编号ITU-T Y.3600)已于2015年8月正式发布,目前还在积极研制Y.BigDataEX-reqts(大数据交换需求和框架),第18课题组正在组织研制Y.BDaaS-arch(大数据业务的功能架构);国际标准化组织大数据工作组已研制 *Information Technology-Big Data-Overview and Vocabulary*(《信息技术大数据概述和术语》)、*Information technology-Big Data Reference Architecture*(《信息技术大数据参考构架》)两项国际标准;NIST围绕大数据互操作发布了系列研究报告,如《大数据互操作性框架:第一卷:定义》《大数据互操作性框架:第二卷:大数据分类》《大数据互操作性框架:第六卷:参考架构》《大数据互操作性框架:第七卷:大数据标准路线图》等。

从这些国际标准化组织的工作职责以及制定的标准来看,其大数据标准主要包含大数据基础标准(术语、架构、定义等)、大数据平台标准、大数据需求标准、大数据处理基础标准、大数据安全标准等几个方面。相对而言,围绕大数据服务、大数据管理等的标准还较为匮乏,这也与大数据标准制定工作处于起步阶段有关。从标准制定的工作方式来看,国际标准化组织在标准制定过程中,注重合作,吸纳各国的相关人才参与,如美国国家标准与技术研究院大数据工作组就是一个开放工作组,它欢迎来自于产业界、学术界和政府的各方面力量参与并贡献力量。国际电信联盟电信标准分局的几个研究组在标准制定过程中,吸纳了中国、俄罗斯、法国、韩国、波兰、阿尔及利亚等多个国家的专家参与。

2.2.2 国内大数据标准规范建设现状

国内大数据标准规范建设的现状,包括主要标准化组织的大数据标准化工作情况,及其工作成果。

1. 主要标准化组织大数据标准建设现状

(1)全国信息技术标准化技术委员会(TC28)大数据标准化工作概况

全国信息技术标准化技术委员会是目前与大数据标准化最密切相关的标准化技术委员会之一,近年来持续开展数据标准化工作,在元数据、数据库、数据建模、数据交换与管理等领域推动相关标准的研制与应用,为提升跨行业领域数据管理能力提供标准化支持。

为了推动和规范我国大数据产业的快速发展,建立大数据产业链,与国际标准接轨,2014年12月2日,全国信息技术标准化技术委员会大数据标准工作组(以下简称"工作组")正式成立。

工作组主要负责制定和完善我国大数据领域标准体系,组织开展大数据相关技术和标准的研究,申报国家、行业标准,承担国家、行业标准制(修)订任务,宣传、推广标准实施,组织推动国际标准化活动。大数据标准工作组还积极研究和参与大数据领域国际标准化工作,并全程参加ISO/IEC JTC 1 WG9大数据工作组所有会议。此外,工作组还重点关注NIST大数据工作组,同时,对ITU的动态进行研究和跟踪。为了推动大数据的发展,大数据标准工作组将加强元数据、工业大数据、数据分类、数据开放共享、安全与隐私等方面的研究与应用,着力开展相关标准体系架构搭建和重点标准研制工作,并通过标准符合性测试以及相应的评价、认证等工作,全面提高数据质量,提升数据服务能力,推动产业发展。

2015年7月,工作组正式成立7个专题组:总体专题组、国际专题组、技术专题组、产品和平台专题组、安全专题组、工业大数据专题组、电子商务大数据专题组,负责大数据领域不同方向的标准化工作。各专题组的主要工作如下:

大数据总体专题组,负责工作组基础技术和标准化保障规范研究,包括大数据术语、参考架构、用户需求研究和共性、基础标准的研制。该专题组致力于加强基础数据、大数据交易方面的研究,积极推动相关标准的研制,建立元数据仓库,并进一步完善我国大数据标准体系,完善并发布《大数据标准化白皮书V2.0》,该白皮书介绍了国内、国外主要国家在大数据发展战略、技术与应用方面的布局与实践,国内大数据应用实践,并从数据自身的角度提出在不断创新的应用与服务模式下大数据标准体系及近期急需研制的标准项目。

大数据国际专题组,负责支撑国际标准的研制工作,跟踪国际标准化活动。专题组积极参与大数据国际标准的编制,目前专题组成员已担任国际标准《信息技术大数据概述和术语》的联合编辑。未来专题组将积极推进我国大数据领域的国际标准提案,提高我国在大数据领域的国际话语权。

大数据技术专题组,主要研究与制定大数据领域的相关技术标准,深入研究大数据的收集、预处理、分析、可视化以及数据质量等相关技术。

大数据产品和平台专题组,负责大数据产品和平台相关标准化保障规范研究,包括用户需求的研究和各种技术的应用解决方案。该专题组致力于协调组织各大数据平台和产品的相关企业,对具有明显大数据特征的处理平台和相关产品及其管理、验证等系列标准进行研制,为提升跨行业领域协调数据管理能力,提供技术支持。

大数据安全专题组,负责大数据安全标准化保障规范研究,包括数据开放共享中涉及的安全、隐私保护等。安全专题组开展基础安全及监管政策类、大数据安全技术类、大数据产品和平台安全类、大数据业务安全类、大数据安全管理及业务连续性类等方面的大数据安全标准。

工业大数据专题组,负责工业领域的大数据标准化保障规范研究,包括工业大数据在工业产品、研发设计、生产过程、生产性服务等方面相关标准研制,推动制造业向智能化方向转型,将重点完善工业大数据标准体系,确定工业大数据参考架构,开展工业领域元数据、标识等相关标准的研制。

电子商务大数据专题组,将深入研究大数据在电子商务领域的应用,包括精准营销、物流与仓储优化、用户体验、市场预测等,并将积极开展在电子商务大数据采集标准、电子商务大数据仓库建设模型标准、电子商务大数据标准化指标体系等标准的研制。

(2) 中国通信标准化协会(China Communications Standards Association,CCSA)大数据标准化工作概况

CCSA 成立于 2002 年,是国内企事业单位自愿联合组织起来,经业务主管部门批准,国家社团登记管理机关登记,开展通信技术领域标准化活动的非营利性法人社会团体。其主要任务是把通信运营企业、制造企业、研究单位、大学等关心标准的企事业单位组织起来,按照公平、公正、公开的原则制定标准,进行标准的协调、把关,把高技术、高水平、高质量的标准推荐给政府,把具有我国自主知识产权的标准推向世界,支撑我国的通信产业,为世界通信做出贡献[4]。

CCSA 从 2013 年左右开始大数据标准化的相关研究工作,主要通过吸收和借鉴互联网企业以及电信运营商已有的大数据工作成果,充分考虑大数据与云计算、大数据与物联网的关联性,制定面向通信行业的大数据标准工作。主要集中在 TC11:移动互联网应用和终端、TC1:互联网与应用、TC10:物联网、TC7:网络管理与运营支撑、TC5:无线通信、TC8:网络与信息安全等几个工作组,涉及大数据质量、可视化、安全、开放、测试、运营维护以及大数据应用等多个方面[5]。

① 大数据需求、场景及架构研究

该标准项涉及大数据的应用场景、系统需求和体系架构方面的研究。

② 大数据可视化需求与技术研究

该项目关注大数据可视化的重点与难点、大数据可视化与其他大数据处理流程的关系和大数据可视化的商业价值与价值模式。

③ 大数据环境下数据质量要求与数据质量评估方法研究

该项目主要关注大数据处理流程不同阶段对数据质量的要求、数据质量评估的定义和

意义、数据质量评估指标和数据质量评估模型。

④电信互联网大数据开放平台标准化研究

该项目分析国内外大数据技术应用发展的趋势和大数据开放平台的建设实践,重点围绕数据开放、数据安全和隐私保护等目标,分析大数据开放平台建设、运营、监管中的标准化需求。

⑤大数据平台基准测试指标和测试技术要求

该项目主要阐述了大数据平台基准测试的基本原理,并对测试对象、测试负载、测试数据和指标体系做出了总体要求。

⑥移动大数据安全技术研究

该项目关注的主要方面有:大数据安全的基本定义与科学内涵;大数据安全的技术体系框架;大数据安全保障的关键技术;大数据应用安全的关键技术;大数据安全技术的实施建议;大数据安全的法律法规和标准研究;大数据安全的产业动态与最佳实践。

⑦大数据管理功能框架研究

该项目主要研究大数据管理框架,分析大数据管理所涉及的功能及活动,研究一种对大数据管理框架进行描述的方法,并采用该方法对大数据管理框架进行描述。

⑧大数据运营维护技术与标准研究

该项目提出电信运营支撑系统大数据应用总体技术要求,包括:电信运营支撑系统大数据分析应用场景,电信运营支撑系统大数据分析数据模型,电信运营支撑系统大数据分析系统参考模型、数据存储要求、数据质量管理要求、数据安全总体技术要求等。

⑨电信运营商的大数据应用业务安全技术要求

该项目主要工作为:大数据应用业务流程与安全管控框架;大数据采集安全技术要求;大数据存储安全技术要求;大数据挖掘安全处理技术要求;大数据输出审计安全技术要求;大数据传输安全技术要求;大数据运营安全技术要求。

⑩物联网大数据处理技术要求

该项目主要工作为:物联网大数据的特点和类型;物联网大数据的业务需求(从物联网业务角度提出需求);物联网大数据的技术框架;等。

⑪移动互联网大数据技术研究

该项目主要分析国内外移动互联网大数据技术发展的趋势和建设实践,探索移动互联网大数据应用中的标准化需求,梳理国内外已有研究基础。

(3)全国信息安全标准化技术委员会(SAC/TC260)

全国信息安全标准化技术委员会是在信息安全技术专业领域内,从事信息安全标准化工作的技术工作组织。委员会负责组织开展国内与信息安全有关的标准化技术工作,主要工作范围包括:安全技术、安全机制、安全服务、安全管理、安全评估等领域的标准化技术工作。全国信息安全标准化技术委员会目前正开展大数据安全技术、产业和标准研究,推进大数据及隐私保护相关标准的研制工作,包括大数据服务安全能力要求、数据分类分级指南、数据脱敏指南、大数据平台安全技术要求、数据交换共享安全要求等大数据安全标准。组织立项了《大数据平台安全管理产品安全技术要求研究》《大数据安全防护标准研究》《大数据安全标准体系研究》《大数据交易服务平台安全要求》《大数据安全能力成熟度评估模型》等5项大数据标准研究项目[6]。

2. 主要大数据标准成果概要

调研国内几个标准化组织围绕大数据标准开展的相关工作可以发现,目前我国大数据标准化工作已经驶入了快车道,从大数据的基础标准(包括术语、架构、平台、角色定义)到大数据具体处理技术的标准,再到行业大数据标准,已有和在研的标准工作基本覆盖了大数据生态系统的各个方面。2014年6月,全国信息技术标准化技术委员会大数据标准工作组发布了《大数据标准化白皮书》。2016年5月,又发布了《大数据标准化白皮书(2016版)》,该白皮书在对国内外大数据标准进行调研的基础上,提出了大数据标准化框架,包括基础标准、数据标准、技术标准、平台/工具标准、管理标准、安全和隐私标准、行业标准七个类别。该白皮书还对国内已经发布、正在研制以及拟研制的标准进行了系统梳理,整理出相关国家标准99项,其中已经发布、立项或在研的共有49项。

总体而言,我国在大数据的数据管理、信息安全等方面,已经发布和在研一些标准,但是标准规范的整体规划还比较薄弱。《大数据标准化白皮书(2016版)》在对国内大数据标准建设情况进行系统分析的基础上,指出了目前存在的几个问题:一、尚缺乏大数据开放共享方面的标准,尤其是适用于政府数据开放共享方面的标准;二、缺乏分析性、可视化类的大数据相关标准,目前发布的一些数据导入和数据库相关标准主要适用于大数据底层数据接口,对导入数据的分析、处理类标准比较缺乏;三、数据质量标准比较缺乏,虽然已有一些在研的数据质量类标准,如《信息技术数据质量评价指标》(20141203-T-469)、《信息技术科学数据引用》(20141194-T-469)等,但这些标准都尚未发布,这在一定程度上限制了大数据的质量控制与应用;四、大数据安全类标准还有待进一步的细化与完善,现有的一些网络安全、通信安全类标准虽然在大数据环境是适用的,但围绕大数据的安全框架、隐私、访问控制类的标准还是缺乏;五、针对大数据平台和工具,目前发布和在研的主要是数据库、非结构化数据管理产品类标准,缺乏大数据系统级相关产品的标准,在大数据环境下,数据也已成为产品,而针对系统级和工具级产品等新兴产品,尚缺乏相应的标准[7]。

2.3 文化大数据应用及文化行业标准规范建设现状

文化大数据的应用,离不开行业标准规范的指导和约束。文化大数据应用及文化行业标准规范的建设现状如下所述。

2.3.1 文化大数据应用实践

根据当前文化行业现状,本书认为文化大数据主要包括:

(1)文化行业自身经营、管理、服务、发展中的各项数据。借助数据平台深入挖掘消费用户数据和运营数据,基于对用户行为大数据的分析选取合适的文化娱乐信息和活动内容,基于机构运营管理大数据分析,确定适宜的经营指标,用数据驱动行业的透明化、规范化管理,使资源充分流转,促进服务效益和经营效益提升,减少投资资源的盲目和无序。

(2)用户使用或享受文化服务中的各项数据。基于文化娱乐消费的大数据分析,能够更加精准地预测用户的消费行为,并及时根据其所处时间、地理位置等向其推送量身定制的文化消费信息、产品和服务。例如,在音乐服务领域,可以通过对用户属性、搜索内容、演唱信息等行为数据的分析,结合音视频处理技术,建立基于大数据的推荐运算模型,从而实现面向最终用户的个性化音乐推荐服务。而基于用户接受公共文化服务的大数据分析,则能够更加精准地预测用户的文化需求,从而提升公共文化服务的精准化程度。

(3)用户使用与行业发展之间的关联数据分析。影视、游戏、音乐等文化产业领域合作共享,共同打造泛娱乐数据服务,通过多个应用渠道的用户行为分析及其与行业发展之间的关联,全面了解用户的兴趣和娱乐习惯,从中捕捉当下娱乐热点信息和流行趋势,将有助于文化娱乐服务商把握商机。

据统计,2015年,全国城市影院电影观众12亿人次,游戏市场用户约5.34亿,数字音乐用户数量也达到5亿以上,基于大数据的共享与分析,将有可能促进游戏、文学、动漫、电影、音乐等泛娱乐文化产品的交叉融合,从而引导人们的文化生活和消费方式,促进消费结构的转型。

文化创意产业对大数据也日益重视,以淘宝电影为代表的在线业务提前预售、在线支付、线上社区讨论、社交媒体发布预告等影视服务,正是基于对观众行为数据的搜集与分析,以及基于对预售量、用户关注度、与影片宣传的互动、收看宣传片的数量等数据的搜集与分析,在此基础上形成院线排片建议,甚至可以根据用户的持续反馈进一步形成后续排片建议。这些利用在线而非离线、自然记录而非线下收集的动态反馈数据形成的大数据驱动的排片建议,使得投资方可以实现追踪影院用户需求变化并进行精准营销,使院线实现合理排片、提高上座率,并提升行业整体运营效率。这一模式使院线、投资方、淘宝电影和潜在观众都能够获得数据流转的价值,实现互利多赢。

由此可见,文化行业已有大量数据积累,大数据与文化行业的融合将是未来重要的发展方向,不仅能够激发文化创意,培育文化消费,而且能够为文化行业的转型发展提供依据。

2.3.2 国内文化行业标准化建设情况

文化行业标准化工作,覆盖范围十分广泛,涉及文化领域的产品、管理、方法、安全、环保、基础和卫生等多个环节,覆盖图书馆、档案馆、博物馆、文化馆、美术馆、演出剧场、社会艺术教育学校、文化娱乐场所等文化服务机构。

"十一五"以来,为繁荣文化事业、发展文化产业,文化行业标准化工作组织得到重视。2007年文化部发布了《文化标准化中长期发展规划(2007—2020)》,是我国文化行业标准化工作组织中第一部发展规划。

2008年10月,国家标准化管理委员会《关于成立全国剧场标准化技术委员会(SAC/TC388)等八个全国专业标准化技术委员会和分技术委员会的复函》(国标委综合函〔2008〕111号)文件正式批准成立了文化部下属的7个标准化技术委员会和1个分技术委员会。同年12月9日,文化部文化科技司召开了8个标准化技术委员会(分技术委员会)成立大会。自此,我国文化部下属剧场、图书馆、文化馆、网络文化、文化娱乐场所、社会艺术考级领域都有了专业标准化技术委员会组织。2013年1月,"全国动漫游戏产业标准化技术委员会"成立大会在上海召开,标志着全国第9个文化行业标准化技术委员会正式成立,会议通过了《全国动漫游戏产业标准体系框架》《全国动漫游戏产业标准化技术委员会章程》等众多框架性文件,意味着中国动漫游戏产业的管理、制作、服务、产业推广等工作将逐步有"标准"可依。9个标准化技术委员会(分技术委员会)聚集了来自全国文化行业的专家学者和标准化实践的骨干力量,是我国文化行业标准化工作得以顺利开展的组织基础,肩负着艰巨的使命和任务,在文化行业标准化建设中发挥着重要作用。

综合来看,近年来,我国文化行业标准建设取得了一定的成绩,对规范文化行业行为、促进标准化发展起到了一定指导作用。但是,在大数据环境下,与文化大数据发展的需求相比,文化行业标准工作还有待进一步完善,主要体现在:

(1)目前文化行业领域并未制定文化大数据相关标准,可以说是空白状态,亟须结合文化行业及大数据标准建设的现状,从顶层设计文化大数据标准规范体系框架,整理出文化大数据标准规范建设的重点领域及需优先制定的文化大数据标准。

(2)对已有的数字资源、信息技术、信息安全等领域的文化行业标准进行分析,因为有些标准对于制定文化大数据标准是有较大的借鉴价值的,如图书馆界围绕数字资源生命周期制定的系列标准(包括数字资源的描述、组织、管理、保存、服务标准等)、元数据标准、文化服务平台的相关标准等。在制定文化大数据标准的过程中,这些标准中有些内容是有一定的适用性的,可以修改采用。

(3)从目前发布和在研的大数据标准来看,与文化标准的耦合度较低,文化行业单位应加快与大数据标准化组织的合作,积极采纳应用大数据的一些基础标准与技术标准,并结合文化大数据自身的特点,制定文化行业的大数据标准。

正如前面所述,文化大数据标准是大数据标准体系中的行业标准,其标准规范建设的重点应把握两点:一是积极采纳应用大数据标准的基础标准、技术标准、平台/工具标准、安全与隐私标准,因为这些标准在一定程度上有通用的地方;二是要紧密结合文化大数据的自身特点,如文献类型多样、重视服务等,制定一批文化大数据的资源标准、服务标准、管理标准等。

2.4 大数据开放共享

大数据时代的到来,不仅引发技术与经济的变革,更引发政府治理的变革。美、英、日、法、澳等发达国家已将大数据上升为国家战略,高度重视大数据发展过程中的顶层设计、法律规范、政策执行、发展应用和人才培养等问题。大数据的开放共享已经成为世界各国政府治理变革的新趋势。

2.4.1 大数据开放共享的发展现状

截至2014年4月,全世界范围内已有63个国家制定了开放政府数据计划。如:美、英、德、法、日、意、俄、加八国集团签署了《开放数据宪章》;欧盟发布了《公共部门信息再利用》的修订指令;美国发布了《增加联邦资助的科研超过访问的政策》,奥巴马签署了《政府信息公开和机器可读行政命令》;日本在《日本再兴战略》中提出了开放数据共享;澳大利亚颁布了《公共服务大数据战略》等。

下面介绍各国(地区)大数据开放共享的相关政策、法律及其影响。

1. 中国

目前,我国在大数据法治建设方面,与美、英、日等发达国家相比还相对滞后,明确提出大数据发展战略的中央政府部门以及地方政府相对较少,主要有北京、天津、上海、重庆、河北、贵州、广州等省市政府出台了大数据研究与发展的方案(计划)。如:上海在2012年8月启动了政府数据资源开放试点工作;2013年发布《推进大数据研究与发展三年行动计划》;2015年"政务数据资源共享和开放"被纳入上海市委关注重点,5月25日,中共上海市委十届八次全会审议通过《关于加快建设具有全球影响力的科技创新中心的意见》。再比如2013年7月,贵州省发布了《贵州省云计算产业发展战略计划》;2015年4月,中国首个大数据交易所落地贵阳,贵州成为全国"大数据"产业的战略高地。

事实上,中国国家层面的大数据建设已经在路上。2014年《政府工作报告》就指出要设立新兴产业创业创新平台,在大数据等方面赶超先进,引领未来产业发展。2015年,《国务院关于促进云计算创新发展培育信息产业新业态的意见》和《国务院办公厅关于运用大数据加强对市场主体服务和监管的若干意见》等文件的发布,均可看作国家在大数据领域的总体发展思路的部分体现。2015年8月19日,李克强总理主持召开了国务院常务会议,会议通过了《关于促进大数据发展的行动纲要》(简称《纲要》),从国家战略层面部署促进大数据发展,这意味着以后政府和企业就如何发展大数据方面有了指导性文件。2015年10月底闭幕的十八届五中全会同样提出要实施"国家大数据战略",更是开启了大数据建设的新篇章。

其中,《纲要》主要提出,要加强顶层设计和统筹协调,大力推动政府信息系统和公共数据互联开放共享,加快政府信息平台整合,消除信息孤岛,推进数据资源向社会开放,增强政府公信力,引导社会发展,服务公众企业;以企业为主体,营造宽松公平环境,加大大数据关键技术研发、产业发展和人才培养力度,着力推进数据汇集和发掘,深化大数据在各行业的创新应用,促进大数据产业健康发展;完善法规制度和标准体系,科学规范利用大数据,切实保障数据安全。《纲要》明确,推动大数据发展和应用,在未来5至10年打造精准治理、多方协作的社会治理新模式,建立运行平稳、安全高效的经济运行新机制,构建以人为本、惠及全民的民生服务新体系,开启大众创业、万众创新的创新驱动新格局,培育高端智能、新兴繁荣的产业发展新生态。

《纲要》的发布与实施,标志着我国大数据规划政策体系进一步健全完善,意味着我国地方政府和企业在如何发展大数据方面有了指导性文件,提供了更加全面的顶层规划设计,对于完善数据开放共享机制环境,提升政府治理能力,促进经济转型升级,开启"十三五"时期创新发展的新篇章,具有十分重要的战略意义。

《纲要》中提出大数据发展的若干重点方向、重点领域、重点任务乃至具体的重点工作。这种全面分析、整体考虑、系统解决的方法,有助于统一各方面意愿与行动,集中合力实现重点突破,加速我国大数据发展与应用步伐。虽然《纲要》没有提出具体的规章制度、规范,但是明确了方向,对政府行政体制改革、对企业利用大数据提供服务和应用于生产、对民众利用大数据改善生活等都有促进作用。

《纲要》的核心是政府信息的共享和开放,问题的核心也源于此。开放数据可能会给开放的政府带来一定的风险,数据的治理也是考虑开放的一个难题。

2. 美国

美国是全球最先对大数据革命做出战略反应的国家。作为世界上政府数据开放的先行者,其相关的法律法规逐渐得到完善,为政府数据开放打下了坚实的基础。美国政府 1789 年通过《管家法》,本是授权政府部门制定规章,以规范政府工作人员行为,并规范对相关信息、纸张、物品的保管的法律。该法规定行政机关必须在统一的出版物上公开政务信息,但对于公开的内容,行政长官有自由裁定权。因此,20 世纪之前的美国公民获取联邦政府的信息是被动、有限的。

1946 年颁布的《联邦行政程序法》要求政府将政府的组织、行政过程和规划向公众予以充分告知;为公众提供了参与立法的途径;设定立法和修改的标准程序;并界定了司法审查的范围。其中,规定行政机关在做出行政裁决以及行政立法时应向利益相关人告知听证的权利,在听证时尽可能保障各方陈述者的举证权利。在核发执照时也应当尽可能地参照行政立法听证的程序。由于该法存在一些严重缺陷,如标准不清、限制颇多、执行无法律保障等,实际上被政府部门用来作为限制公众合法地获知公务信息的挡箭牌。

1966 年通过的《信息自由法》主要内容是规定民众在获得行政情报方面的权利和行政机关在向民众提供行政情报方面的义务:

(1)联邦政府的记录和档案原则上向所有的人开放,但是有九类政府情报可免于公开。

(2)公民可向任何一级政府机构提出查阅、索取复印件的申请。

(3)政府机构必须公布本部门的建制和本部门各级组织受理情报咨询、查找的程序、方法和项目,并提供信息分类索引。

(4)公民在查询情报的要求被拒绝后,可以向司法部门提起诉讼,并应得到法院的优先处理。这项法律还规定了行政、司法部门处理有关申请和诉讼的时效。

这部法律的颁布彻底改变了以前的情况,在美国政务公开史上具有里程碑式的意义,是公民知情权从理念变成现实的一个重要标志。之后,美国国会对《信息自由法》进行了多次修订,并且制定了《隐私权法》和《阳光下的政府法》。

1977 年开始生效的《阳光下的政府法》是对政府会议公开制度的补充与完善。规定行政机关举行的一切会议,除十项涉及国家机密、商业秘密或个人隐私,可以免除公开举行的会议以外,都可以允许公众和新闻记者观察。在此,会议是指达到法定人数、并将做出某项决议的会;反之,凡是达不到法定人数、不做出决议的会议也不需要公开。公开举行的会议,任何人都可以观看和旁听,但不能发言,以免干扰会议议程。至此,美国数据开放制度体系比较完善地建立起来。

时间回到 2009 年,美国发布了《开放政府指令》,建立政府数据开放门户网站 www.data.gov,以公众可以自由检索并获取联邦政府数据、实现政府透明化为目的,通过网站数据开放使公众了解政府信息,促进公共对话。该网站现已能直接提供用户海量的原始政府数据,并希望用户挖掘这些数据的新价值,从而加深公众对政府活动和社会事务的认知。

2012 年 3 月,美国通过了《大数据研究与发展计划》;同年 5 月,发布了《数字政府战略》,主要包括政府数据系统的更新与 API(数据接口)的应用推广,推动政府数据开放中的创新共享、技术共享,提升政府数字服务能力与用户体验,以及保证数据的隐私及安全。该战略致力于为大众提供更好的"数字化"服务,全面推进围绕大数据进行的一系列措施,大数据对美国政府的影响逐步显现。

2013 年 5 月 9 日,奥巴马签署了第 13642 号总统行政令《政府信息的默认形式就是开放和机器可读》,对联邦大数据管理工作提出了新的准则,提出在保护好隐私安全性与机密性的同时,将数据公开化以及可读写化纳入政府的义务范围。

同年美国还发布了《开放数据政策———将信息作为资产进行管理》,提出信息是国家资源和战略资产,将数据资产开发列为国家战略行动目标。

2014年5月白宫发布了《大数据:把握机遇,维护价值》大数据白皮书,阐述了大数据带来的机遇与挑战。启动"公开数据行动",陆续公开50个门类的政府数据,鼓励商业部门进行开发和创新。该白皮书表示:"大数据正在改变世界。但是它并没有改变美国人对于保护个人隐私、确保公平或是防止歧视的坚定信仰。这份调查报告旨在鼓励使用数据以推动社会进步,特别是在市场与现有的机构并未以其他方式来支持这样的进步领域,与此同时,我们也需要相应的框架、结构与研究,来帮助保护我们的核心价值观念。"提醒在发挥正面价值的同时,应该警惕大数据应用对隐私、公平等长远价值带来的负面影响。该报告认为,大数据为美国经济、公众健康、教育、能源利用率以及包括信息安全在内的国家安全等提供了难得的机遇。同时,报告也指出了大数据为美国隐私保护、信息安全和社会发展带来了新的挑战。

在这些法律政策文件中,基本都考虑了大数据对既有法律制度的挑战和相应的对策。

3. 欧盟

2003年,欧盟《公共部门信息再利用指令》的生效是欧盟各国开放数据政策的重要动力。至2012年,某些条款已经不能再适应开放数据战略的需要。因此,欧盟决定对它进行修订。包括:所有来自于公共部门的文件均可用于任何目的(商业性或非商业性),除非受到第三方版权保护;除非有正当理由,大部分公共部门的数据都将免费或收取极少费用;强制要求提供通用机读格式的数据,确保数据的有效再利用;引入监管机制,保证原则的执行;数据开放范围将覆盖图书馆、博物馆、档案馆等更广泛的组织。2013年6月,修订后的版本获得欧洲议会通过。

2010年3月,欧盟公布了《2020战略》,该战略表示数据是最好的创新资源,开放数据将成为增加就业和经济增长的重要途径。这是继里斯本战略之后欧盟的第二个十年经济发展规划。其重点是:经济与就业的高速增长。其思路是以知识和创新驱动经济增长,创造价值,打造竞争,连接绿色经济;以教育、研究提升社会公众的素养,构建包容性的社会。

2011年11月,欧盟发布《开放数据:创新、增长和透明治理的引擎》的报告,开始推进开放数据战略:

(1)建立适应信息再利用的法律框架,对《公共部门信息再利用指令》修订的决定;

(2)动用金融工具,以支持开放数据和行动作为建立欧洲经济数据门户的部署;

(3)促进各成员国之间的协调与经验交流,为开放数据与共享提供平台。

2013年春,建立泛欧洲的数据门户网站,允许访问整个欧盟自2011年起所有成员国的数据,保证公众可以自由获取这些创新资源。

2014年发布《数据驱动经济战略》,大数据有望成为欧盟经济单列行业,为欧盟恢复经济增长和扩大就业,做出巨大贡献。欧盟在大数据方面的活动主要涉及两方面内容:一是研究数据价值链战略计划,二是资助"大数据"和"开放数据"领域的研究和创新活动。数据价值链战略计划的主要原则是:高质量数据的广泛获得性,包括公共资讯数据的免费获得;欧盟内数据的自由流动;寻求个人潜在隐私问题与其数据再利用潜力之间的适当平衡,同时赋予公民以其希望形式使用自己数据的权利。

欧盟这些战略部署成为之后欧盟及其成员国数据立法的基本路线图。

4. 英国

作为大数据的积极参与者，英国各界无论是政府、研究机构，还是公司、企业，都已经开始行动，把握机遇新变革、抢占先机。2000年《信息公开法》规定公民享有数据权；设立信息专员与专门委员会；设定信息公开豁免范围。在2011年11月，英国政府发布了对公开数据进行研究的战略政策《国家数据开放行动方案》，将大数据列为战略性技术，给予高度关注。紧随美国之后，推出一系列支持大数据发展举措。

英国政府于2012年发布《开放数据白皮书》。白皮书提出，政府各部门应增强公共数据可存取性，促进更智慧的数据利用，各政府部门均需制定更为详细的两年期数据开放策略。明确要求各政府部门每隔2—3年就要制定详细的数据开放策略，阐述他们将要对外开放的数据内容、首次开放时间、数据更新频率，以及促进市场使用这些数据的政策、原则，并定期对数据开放进行总结汇报。建立了一套对公共部门开放数据程度的评价体系，对各公共部门完成开放数据任务情况进行审计，以促进英国公共服务数据的开放性，旨在建设一个开放型的政府。紧接着发布了《英国政府数字化战略》，要求推动数字化服务，提高政府服务水平。

紧接其后，2013年，英国通过了《开放政府合作伙伴2013—2015英国国家行动方案》和《英国数据能力发展战略规划》。英国政府为了方便公众的了解认知，建立了data.gov.uk网站，将政府开支、财务报告等数据发布在互联网上，对其中的热点议题和重要开支进行进一步的解释，并对公众意见进行反馈。据相关人士估算，通过合理、高效使用大数据技术，英国政府每年可节省约330亿英镑，相当于英国每人每年节省约500英镑。

同年8月12日，英国发布了《英国农业技术战略》。该战略指出，英国今后对农业技术的投资将集中在大数据上，目标是将英国的农业科技商业化。英国技术战略委员会将协助该战略的实施，并将有高达6000万英镑的投资用于促进高新技术的开发。在该战略指导下成立的第一家"农业技术创新中心"研究焦点将投向大数据，致力于将英国打造成农业信息世界级强国。

与此同时《开放政府联盟：英国国家行动计划（2013—2015）》发布，内容包括开放数据、政府清廉、财政透明、公共参与、自然资源管理透明，同时列举了21项相关承诺。

紧接着，10月31日，英国发布了《把握数据带来的机遇：英国数据能力战略》。旨在促进英国在数据挖掘和价值萃取中的世界领先地位，为英国公民、企业、学术机构和公共部门在信息经济条件下创造更多收益。为实现上述目标，该战略从提升数据分析技术、加强国家基础设施建设、推动研究与产业合作、确保数据被安全存放和共享等几个方面做出了部署，并做出11项行动承诺，确保战略目标得以实施落地。

5. 日本

日本大数据战略，以应用开发为主，将大数据与能源、交通、医疗、农业等传统行业相结合。2012年7月提出"活力ICT日本"，将大数据应用作为关注重点，并将其作为2013年六个主要任务之一，将大数据应用于媒体技术、智能技术、新医疗技术、缓解交通拥堵等领域。

2012年6月，日本IT战略本部发布《电子政务开放数据战略草案》，公众可浏览中央各部委和地方省厅公开数据的网站。为了确保国民方便地获得政府信息，政府将利用信息公开方式标准化技术实现统计信息、测量信息、灾害信息等公共信息的公开发布。在紧急情况时可以较少的网络流量向手机用户提供信息,并尽快在网络上实现行政信息全部公开并可被重复使用,以进一步推进开放政府的建设进程。同年通过《面向2020的ICT综合战略》,推动大数据的智能化开发及其在公共服务领域的应用。还发布了"开放数据行动计划",提出通过大数据和开放数据开创新市场。到了2013年,日本发布了新IT战略宣言——"创建最尖端IT国家",将公开数据和大数据作为新IT国家战略核心内容。

日本在个人信息保护法等法律基础设施也落后于欧美国家。关于个人信息、保护隐私等问题,日本政府成立研究机构,针对法律措施的必要性等展开研究,并制定基本方针。

6. 澳大利亚

2009年起,澳大利亚就积极树立开放数据的理念,致力于打造开放政府。2011年,澳大利亚发布了《开放政府宣言》,加强公众获取政府信息的权利,创新在线方式使政府信息更易于存取和使用,营造一种信息开放的文化环境。宣言还提出要修改完善《信息自由法》并建立澳大利亚信息委员会办公室,制定更为详细的信息开放方案。Data.gov.au网站就是依据《开放政府宣言》而建立的,为查找、访问和重用来自澳大利亚政府、州政府和领地政府的公共数据集提供了一个简单的方法。截至2012年11月底,该网站已累积30个领域总共3000多个数据集。既提供可下载的数据集,在某些情况下,也可链接到其他数据目录或来源。用户还可以通过评论方式,对数据质量进行反馈,建议哪些数据需要被提供。

2011年5月发布的《开放公公部门信息原则》表示信息的默认状态应是可以开放存取的;增强在线与公众的交流;将信息作为核心战略资产进行管理,实现高效信息治理;确保信息被公众及时查找与方便利用;明确公众对信息的再利用权利等。

2012年10月,澳大利亚发布《澳大利亚公共服务信息与通信技术战略:2012—2015》,该战略强调增强政府机构的数据分析能力,从而实现更好的服务传递和更科学的决策,并将制定一份大数据战略作为战略执行计划之一。

2013年8月,澳大利亚政府发布《公共服务大数据战略》,大致内容如下:数据属于国有资产;从设计着手保护隐私;数据的完整性和程序的透明度;共享大数据开发利用中的技巧与资源;加强产业界与学术界的合作;强化开放数据。该战略旨在通过大数据分析系统提升公共服务质量,增加服务种类,并为公共服务提供更好的政策指导,用于帮助政策部门有效运转,获取公众对政府管理和数据占有的安全性的信任。制定更好的公共政策,保护公民隐私,使澳大利亚在该领域跻身全球领先水平。

7. 法国

为了抓住大数据发展机遇,把握发展新变革,促进法国大数据领域的发展,以便在经济社会发展中占据主动权,2011年5月,法国发布了《政府部门公共信息再利用》,配合法国数据开放门户data.gouv.fr的运行,规定了政府部门所掌握信息和数据的开放格式和标准、收费、开放数据集的选择以及数据使用许可。

2013年2月,法国政府发布了《数字化路线图》,宣布投入1.5亿欧元支持5项战略性高新技术,而"大数据"就是其中一项。紧接着7月,发布了《法国政府大数据五项支持计划》,包括引进数据科学家教育项目;设立一个技术中心给予新兴企业各类数据库和网络文档存取权;通过为大数据设立原始扶持资金,促进创新;在交通、医疗卫生等纵向行业领域设立大数据旗舰项目;为大数据应用建立良好的生态环境,如在法国和欧盟层面建立用于交流的各类社会网络等。

同年11月6日,法国政府出台《八国集团开放数据宪章行动计划》。在行动计划中,法国政府做出四项承诺,作为开放政府数据政策的发展重点:朝着默认公开发布数据的目标前进、建立一个开放平台以鼓励创新和提高透明度、鼓励为了创新和提高透明度的数据再利用、支持法国和全球的开放式创新。

8. 新加坡

新加坡在大数据发展过程中充当了关键角色,抓住了大数据发展的五大关键要素:基础设施、产业链、人才、技术和立法,弥补了企业的短板。新加坡政府很早就提出支持新加坡企业采用大数据技术,利用大数据提升政府服务水平。

2014年,新加坡发布了《智慧国家2025计划》,构建"智慧国平台",建设覆盖全岛数据收集、连接和分析的基础设施与操作系统,根据所获数据预测公民需求,提供更好的公共服务。

紧接着2015年8月11日,发布了《2025年资讯通信媒体发展蓝图》,为新加坡未来十年的资讯通信业(即信息通信业)与媒体业发展指明了基本方向。这是全球第一个智慧国家蓝图,成功实施后,新加坡有望成为世界首个智慧国家。

此外,韩国、德国、加拿大、新西兰、印度等国也在大数据领域进行了研究战略部署,纷纷推出本国的公共数据开放网站,以便更多的人可以使用大数据资源,并从中获得利益。目前,全球至少拥有大大小小的数据开放网站50余个。

2.4.2　大数据开放共享的发展趋势

随着大数据时代的到来,世界各国政府都拥有海量的公共数据,开始谋求从信息公开走向数据开放。大数据的开放共享也就成为世界各国政府治理变革的新趋势。美、英、日、澳等发达国家纷纷将大数据上升为国家战略。然而关于政府大数据的开放共享最关键的问题就是政府信息数据的管理、使用、再利用,以及公众可以获取相关数据的相关政策的制订与实施。

美国作为全球最先对大数据革命做出战略反应的国家以及世界上政府数据开放的先行者,有一整套不断变化的信息政策及法律法规用来管理信息的生命周期,生成、传播、处理和归档等若干问题。相关的法律法规逐渐得到完善,为政府数据开放打下了坚实的基础。然而尽管这一政策框架不断调整,但仍落后于技术的进步。这带来了许多关键性的问题。例如

(1)在大数据时代如何保护隐私?

(2)大数据时代能否发展有力的数据再利用政策?

(3)如何确保数据的质量和准确性?

(4)是否能确保数据的可获取性?

(5)在目前的归档和保存条件下,如何管理数字资产?

这不仅仅是美国大数据开放共享今后所要面临的问题,也是世界各国政府数据开放所需面临的问题。世界各发达国家例如美国今后数据开放的战略发展趋势主要会朝向解决以下几个方面问题展开:

(1)数据的可获取和发布;

(2)隐私、安全、准确性、归档和保存;

(3) 数据的再利用；

(4) 数据的监管；

(5) 数据标准的建立；

(6) 跨部门数据共享政策等。

相比发达国家来说，目前，我国大数据法治建设明显滞后，缺乏高效的大数据思维和法律框架以及界定"数据主权"的相关法律。2014年12月，全国信息技术标准化技术委员会的大数据标准工作组正式成立。目前，该工作组已发布6项国家标准。3项国家标准正在报批。15项国家标准正在研制。但从技术标准上来说，缺乏标准化整体规划。因此，未来应会加快启动数据开放的相关立法，建立公共基础数据资源标准，完善数据资源收集、共享、利用、再利用和保密等相关法规制度，完善政务信息资源体系等。

数据安全和网络安全也是我国最重要的战略安全之一，也是数据开放共享的核心基础。国家在开放数据的过程中必须高度重视数据安全这一问题。我国的信息基础设施和各种机构拥有海量的数据信息，这些数据的开放涉及隐私、机密、公共安全，乃至国家安全。未来应加强涉及国家安全数据的监管。加强顶层设计，进行战略部署，加快数据安全保障体系建设，确立监管的重点领域、数据内容及范围。制定重点领域相关的数据安全管理制度，建立国家、社会、公众数据安全保障体系。

2.5 文化大数据资源整合实例

国内外对于公共文化大数据整合进行了各种各样的尝试，本书通过对国内外公共资源整合案例的分析，进一步探索适合当下的公共文化大数据整合策略。

2.5.1 国外资源整合实例

国外公共资源整合工作开始很早，如"美国记忆"项目始于1990年，21世纪初，韩国、日本、英国等也开始了类似的项目，目的是整合本国文化资源，为公众提供更好的服务。

1. 美国："美国记忆"(American Memory)

"美国记忆"(American Memory)[8]源于1990—1994年完成的数字化试点项目。该项目主要做了如下工作：将美国国会图书馆一些珍贵的历史文件、运动图像、录音资料、纸质印刷品等馆藏进行数字化；建立了技术规程；解决知识产权问题；研究CD-ROM的分配方案；并努力在图书馆建立数字化规章制度。在此次实验项目中，来自美国的44所学校和图书馆作为试点单位接收到制作的CD-ROM。在实验项目接近尾声时，国会图书馆对这个试点进行了调查，结果反馈比较热烈，特别是来自初中和高中的师生反映需要更多的数字资源，但是当时CD-ROM的造价昂贵且效能低。幸运的是，1994年互联网和万维网开始改变人类知识的传播方式，美国国会图书馆抓住此次机会，并在1994年10月13日公布，接收到来自私营部门1300万美元的捐款，用于启动"国家数字图书馆计划"，同天，项目小组演示了作为国家数字图书馆项目旗舰产品的"美国记忆"历史藏品，其数字资源计划在国会图书馆网站上公布，供学者、教育者、学生、广大市民，乃至全球通过互联网共享。自此，国家数字图书馆建设成为全美国共同关注和努力建设的一个项目,在1994—2000年间,美国国会图书馆投入1500万美元,企业和慈善单位赞助了4500多万美元。1996年开始,国会图书馆利用从美国科技公司赞助的200万美元发起了一个为期三年的比赛,鼓励公共图书馆、科研图书馆、高校图书馆、博物馆、历史学会、档案机构(联邦机构除外)开展美国历史藏品数字化,并整合于国会图书馆"美国记忆"网站。此次比赛为"美国记忆"补充了23个系列资源,成为目前100个系列资源中的特色。

"美国记忆"网站导航栏包括主页、资源浏览、项目介绍、问题帮助、联系咨询、资源检索。资源浏览,可以按照专题、分类、时间段、内容、区域浏览;联系咨询,包括建议、咨询图书馆员、与图书馆员沟通、报错等内容。"美国记忆"资源共17个专题,分别是广告、非裔美国人历史、建筑风景、城镇、文化民俗、环境及环境保护、政府法律、移民及美国扩张、文学、美国原住民历史、表演艺术及音乐、总统、宗教、运动娱乐、工业及工业技术、战争军事、女性历史。

2. 韩国:"信息网络村"(Information Network Village,INVIL)

21世纪初,面对信息技术的发展,韩国政府率先提出了"无处不在的战略"。2002年开始启动"信息网络村"计划,以改变韩国偏远地区信息落后的局面。其主要目的是为偏远地区的群众提供帮助,使其通过获取医疗、教育、农技等丰富的媒体信息而受益。"信息网络村"建设内容主要包括6个部分:(1)线路铺设到每家每户,同时在各村成立"村庄信息中心",此外,根据已定标准,免费向部分家庭提供个人电脑,这一举措使韩国农村的计算机普及率迅速达到70%;(2)在每个村设立一个"项目运作委员会",其成员一般由15名左右村民构成;(3)为村民提供技能培训项目;(4)选取"村庄领先者",提供专门培训,以提高其见识与专长;(5)在内容建设上,要确保村民是最主要的受益者,服务内容覆盖了从模拟工业技能到商品定价、从气象预报到儿童教育资源方面的信息,此外还开发了本地化内容;(6)开展公共认知项目,以确保村民了解通过该项目可以获取哪些方面的服务。"信息网络村"项目的重点不仅是构建宽带基础设施,也建设在线社交网络,使农产品可以直接销售给城镇消费者。韩国广播通讯委员会于2003年12月成立韩国互联网安全中心。2004年,韩国又制定了缩小数字鸿沟的中长期方案。在系列政策的指导实施下,截至2016年5月,韩国"信息网络村"已经达到357个,有95%的农村家庭用上了宽带网。

韩国政府和公共机构在农村信息网络和信息基础设施的建设中起着主导作用,农村的信息主干网由政府投资建设,从主干网到中心局的管理由三大民营电信企业投资,从中心局到用户的网络,由民营电信企业负责,政府给予经费补助,此外,韩国还制定专门措施方便农民上网。而政府公共投资在通过增加社区依附、减少迁移意愿、保证农村地区可持续发展方面起着重要的作用。

3. 南非:"数字之门"(Digital Doorway)

作为非洲经济发展的"火车头",南非政府非常重视信息产业的发展,而其信息产业的发展也同时促进了其电脑与互联网的普及使用。但是,农村和偏远地区的互联网建设与城市存在差异,处于劣势发展状态。为了让互联网延伸到最贫困地区,南非大力发展了远程计算中心与多功能社区信息中心,如在黑人城镇通过建设数字村与开展计算机技能培训来满足当地群众的"信息渴望";林波波省推出的"妇女网络试验计划",旨在向本省女性提供计算机与网络技术的培训服务,通过培训而学会互联网使用的人则会把自己从网上获悉的一些最新信息在本人的社区内进行广泛传播,该计划为提高边远社区女性的科学素养、破除其迷信思想方面起到了积极的作用。

南非科学和工业研究委员会(CSIR)的主要任务是调控社会经济增长的研究和发展,将计算机教育普及和"独立学习"理念融入整个南非。2002年,南非科技部和CSIR共同推出"数字之门——充实你的大脑"(Digital Doorway—Enriching your mind)计划,目的是让农村和不发达地区的人们(尤其是儿童)可以自由访问计算机设备和开放源代码软件,通过最少的外部输入,使他们在没有正式培训情况下学习知识。该项目需要提供多终端的访问各种教育应用与信息的多媒体计算机系统,这些计算机系统内置了诸如音乐、数学、语言、理化、艾滋病预防等诸多教育科目,并在南非MTN移动通信公司的支持下实现与互联网相连。2002年11月,东开普省凯茅斯附近的一个社区第一个安装了"数字之门"。

南非通过这种方式,开通了边远社区与现代网络之间的大门,让这些社区的人们不必长途跋涉就可以学到新知识,聆听到喜欢的音乐,同时还可以通过网络了解外界信息。

4. 日本:"无处不在网络计划"(U-Japan)

日本总务省的信息通信部,在2001年1月制定了"E-Japan"战略以及《IT基本法》。"E-Japan"的首要任务就是为日本国民提供先进的IT环境,其目标包括[9]:让国民具备信息处理能力,且实现国民不受限制地进行知识与信息的交流;利用发展推动经济结构改革;尽可能多地汇集并公布世界先进创造与技术信息,实现知识共享。通过与民间组织合作,该战略在基础设施、电子政府、电子商务、人才教育等领域的发展取得了显著成效。

2003年,日本政府IT计划从"建设"转向"利用",在"E-Japan"战略的基础上,提出了在2006—2010年实施"U-Japan"战略,即建设"无处不在的网络",其中"U"的含义包括:无处不在(ubiquitous)、全体(universal)、面向用户(user-oriented)、独特唯一(unique)。

"E"(electronic)到"U"(ubiquitous)体现了日本在网络建设方面较大的战略目标转变,体现在:从宽带无处不在到建立一个人们可以随意接受信息服务的无缝的、无处不在的网络环境,信息通信部期望通过有线网络与无线网络、终端设备和网络、数据交换和网络的有机合作,实现ICT(Information Communication Technology,信息传播技术)环境渗透到基层大众日常生活的方方面面;从引入ICT到利用ICT,加强ICT利用,利用ICT解决各种社会问题,同时让人们意识到ICT是解决社会问题的一个切实有用的工具;改善用户环境,采取广泛而具体的措施规避或降低ICT的负面影响。

针对建立无处不在的ICT,日本野村综合研究所理事长村上辉康曾指出,它应由六个层面组成,即无处不在的网络基础设施层面、无处不在的终端层面、无处不在的电子器件层面、无处不在的终端层面、无处不在的内容层面和无处不在的服务层面[10]。而日本在2005年制定的计划也指出,无处不在ICT由四个层面组成,分别是网络层面、平台层面、终端层面和应用层面。

5. 英国:"文化在线"(Culture on line)

英国"文化在线"的建立主要是在文化和学习之间架起一座数字桥梁。"文化在线"与50余家机构合作,运用创新技术,旨在让普通大众特别是服务难以到达的群体接受文化艺术的熏陶。在2002—2007年间,通过网站和推广项目有1500余万公众受益。

"文化在线"的目标主要有:增加儿童和青少年对文化艺术的访问,并为他们提供发展天赋的机会;让服务机构到达更广泛的社区,提升终身学习和社会凝聚力;拓展新技术的应用和建设能力;支持和丰富成年人的学习。

"文化在线"涵盖的推广项目有 20 个,包括 Artisan Cam、City Heritage Guides、Every Object Tells A Story、Film Street、Headline History、Icons、Madforarts、My Art Space、Plant Culture、ProjectsETC、Stagework、the Dark 等。

Artisan Cam 项目通过幕后专业艺术家的指导,激发学生创作艺术和工艺品的积极性。涵盖的主题包括:编织、油画、素描、制陶、雕塑、参观展览、丝网印刷等。项目进行的方式主要是通过现场直播艺术家在个人工作室的创作活动,分步指导学生进行手工和工艺品制作,同时,学生还可以通过视频和在线艺术家讨论相关的技术。通过这项活动,让学生对艺术家的创作有所认识,并激发个人创作的积极性。

City Heritage Guides(城市文化遗产指南)可以说是一个 24 小时博物馆。为纽卡斯尔、利物浦、曼彻斯特、利兹、伯明翰、莱斯特、布里斯托尔、诺维奇、布莱顿和伦敦等 10 个城市的游客提供一个更加丰富、更具活力和可访问的地图。每个城市的文化遗产指南涵盖了如下内容:信息、新闻、评论、特征、地方历史故事和"通过孩子们为孩子们"专栏。其资源主要来源于社会团体、当地历史学会、课外俱乐部等部门的贡献。这些资源是可访问的、非排外的,且提供多种语言版本,如英语、古吉拉特语和乌尔都语。

Film Street(电影街)是一个为喜爱运动图像的孩子们提供的独特的、极富创造性资源的项目。目的是激发儿童对电影和电影制作的兴趣。该项目鼓励孩子们之间沟通协作,鼓励他们走进社区并利用电影制作工具进行交流。

My Art Space(我的艺术空间)是一个互动项目,鼓励年轻人去探索、"搜集"文物。博物馆和画廊的访客通过建立个人的虚拟馆藏、网上画廊,与家人、朋友、一般公众分享,帮助参与者理解自己的学习世界。

2.5.2 国内资源整合实例

国内也开展了许多资源整合尝试,如文化共享工程等。

1. 全国文化信息资源共享工程

全国文化信息资源共享工程(文化共享工程)是文化部、财政部共同组织与实施的一项文化知识与信息技术普及的惠民工程,正式启动于 2002 年 4 月。它的主要目标旨在实现中华优秀文化资源在全国范围的共建共享,借以解决城乡之间、发达地区与欠发达地区之间、弱势群体和"精英"之间的数字鸿沟问题,该目标的实现过程如下:

采用现代先进的信息技术,将涵盖各个生活领域的中华优秀文化信息资源特别是地方特色民族文化资源进行数字化加工与整合,依托各级公共图书馆、文化馆(站)等公共文化设施,通过互联网、广播电视网、无线通信网等新型传播载体将整合的优秀资源"传送"到全国的各个角落,实现文化信息资源的全覆盖。

文化共享工程在"十一五"期间取得了长足的进展。截止到 2011 年底,已建成 1 个国家中心,33 个省级分中心(覆盖率达 100%),2840 个县级支中心(覆盖率达 99%),28 595 个乡镇基层服务点(覆盖率达 83%),60.2 万个村基层服务点(覆盖率达 99%),累计为 11.2 亿人次提供了公共文化服务[11]。通过广泛整合图书馆、博物馆、美术馆、艺术院团及广电、教育、科技、农业等部门的优秀数字资源,全国文化信息资源共享工程数字资源建设总量已达到 136.4 TB,整合制作优秀特色专题资源库 207 个。通过多种传输渠道,实现资源的广覆盖;同时通过"五进"(走进社区、走进农村、走进学校、走进军营、走进企业)等服务方式,从一定程度上满足了基层群众"求知识、求健康、求富裕、求快乐"的文化需求。

2. "文津搜索"资源一站式检索

截至 2016 年底,国家图书馆已拥有纸本资源 3646 万册,数据资源总量达 1323.35 TB,外购数据库达 250 多个,但每种资源都属于独立系统,读者需要进入不同的系统才能获取资源,海量数据资源的现状给读者带来了诸多不便。为了解决此问题,国家图书馆进行了大量的数据整合工作,如 2005 年引进了 Exlibris 公司的 Metalib 联邦数据库整合系统等。近年来,国家图书馆对国外资源发现系统进行了调研,并结合馆藏资源情况,于 2010 年启动了基于元数据仓储整合的"文津搜索"项目。

该项目对馆藏资源整合的主要思路是:通过收割、转换、清洗、装载不同来源的元数据,构建一个超大型海量元数据仓储库;再通过元数据映射的数据整合方法,规范异构数据库;并引入先进的云计算核心技术,如跨语言的服务部署框架技术(Thrift)、分布式系统基础架构技术(Hadoop)、分布式 NoSQL 数据库技术(HBase)和大规模数据集的并行运算技术(MapReduce),以提高系统检索速度,增强系统扩展性;最终通过统一的检索界面、标准的分类方法和准确的对象数据 URL 链接,为读者提供"一站式"馆藏资源的统一获取[12]。

2.6 文化传播大数据综合服务平台

文化传播大数据综合服务平台的国内外研究现状如下所述。

2.6.1 国外发展现状

国外的文化传播大数据综合服务平台主要应用了用户文化大数据和文物文化大数据。

1. 国外理论研究

在 ProQuest、Web of Science、Emerald 等外文数据库中以标题里出现"big data"和"culture"或"cultural"为检索式,检索共获得 16 篇文献。其中 2014 年 3 篇,2015 年 6 篇,2016 年 7 篇。国外科研人员对文化大数据的研究,主要为应用研究。其中可以分为:对用户生成的文化大数据服务研究,对文化遗产生成的文化大数据服务研究。

对用户生成的文化大数据的服务研究。Bail C A[13]基于传统的定性方法和新的技术,提出了用于大量文本的迭代方式的自动化分析。Stevens L K[14]则对文化领域的资金捐赠者的大数据进行了分析,以帮助文化机构获得更多的资金赞助。Zhang H、Rui-Qi Z、Zhao Y[15]等人研究了中国微博的用户行为,包括地理位置、性别、认证、教育和年龄分析等,目的是研究这些用户最关心的内容是什么。Zhang G、Wang J、Huang W[16]对公共数字文化共享服务的大数据进行了研究,基于辅助服务数据、公共数字文化共享服务平台操作数据和用户数据,提出了一种公共文化资源的个性化推荐系统。

对文化遗产的文化大数据的服务研究。Zhang G、Wang J、Huang W[17]等人针对中国汉字数字化展开了研究,提出了基于云计算的三级层次设计的汉字文化大数据平台。该平台可以有效地存储、管理和分析数字化汉字的大规模数据,并支持汉字文化体验应用系统。另外,Cooper A、Green C[18]试图在考古学中尝试以前所未有的规模创建、整合和解释大量数据,为英国景观和同一性项目(EngLaID)整理了大量复杂数据。项目组检查数据并统一数据格式,并试图创建一个统一的考古数据管理平台。

2. 国外应用实践

国外对文化大数据的应用也包括对用户大数据的应用和对文物大数据的应用。

用户大数据的应用方面。Yang J、Yecies B[19]利用新的大数据处理框架,通过多种方式收集大量数据样本,对豆瓣网上的电影评价数据进行了分析。研究人员还阐述了如何处理原始样本的异质特征;对各种电影细节、用户评论和用户喜好进行了分析。此外,内容挖掘函数使用了基于 MapReduce 改进的 Apriori 算法。结果证明了,该大数据处理框架适用于从复杂的社交媒体数据中提取相关信息;其结果还可以供电影、电视节目等的制作者和传播者进行决策参考。Ahn J、Ma K、Lee O[20]等人分析了韩国电视剧大数据,包括数据社交平台(SNS)和可以补充先前的电视剧收视率预测研究的数据。他们分析了在韩国 20 集剧集中收集 Buzz 数据后,通过回归分析方法,研究了影响两个参数——每分钟的评分(AMR)和分数评级(SHR)的变量。该研究可以帮助电视台和厂商决策,例如确认是否持续增加电视剧的投资,或基于观众的反应调整拍摄。

丹佛公共图书馆[21]开展服务递送大数据项目获取公众需求。2013 年,丹佛公共图书馆提出了大数据项目——服务递送(Service Delivery)。该项目采用 CIVIC Technologies 公司提供的技术支撑,利用私营部门常用的市场分割(Market Segmentation)概念和数据驱动的方法(包括综合利用图书馆数据、本地数据和国家统计数据),帮助图书馆了解社区邻里,预测公众的兴趣以提供更相关的服务。通过此项目,丹佛公共图书馆将大数据主要应用于资源采购、服务提供、文化展示、制定规划、技术选型、人才培养和国内外合作。

美剧《纸牌屋》的制作充分地利用了"大数据"的优势[22]。第一,Netflix 公司摒弃了传统的电视剧和电影受众分析的方法,传统的调查活动不仅获取的数据有限,也无法更好细分受众爱好。Netflix 拥有超过 3600 万用户的观看资料,充分挖掘自身拥有的海量消费者信息,利用其庞大的数据库,全方位定位受众点播过程中的数据。对用户每天产生的搜索、评分、暂停、回放等观看行为,以及收视调查数据进行计算。从而分析出用户的个人喜好,并为其提供个性化的需求。第二,大数据时代颠覆了传统的植入式广告形式,不再像往常一样,制作方寻找与剧本的内容和目标受众相适应的广告主。在大数据时代,转变了植入式广告思维,由广告主自己对数据进行精确分析,再去找与产品用户相适应的影视产品。这样的植入方式迎合了受众喜好,更加精准直接。在此基础上,广告主还可以进行时间点营销,精确了解用户需求的时间点,及时巧妙地推送广告,满足每个用户当时的需求,并通过适时适量的方式,提升用户购买欲,最终精确有效地推进广告的成功转化率。第三,Netflix 根据大数据转变了传统收集反馈的渠道,比如,用户何时暂停会去上厕所,哪个画面会重复播放,哪里会快进。通过记录这些观看行为,进行内容和行为分析,从而综合分析研究用户的喜好。进而得知用户持用什么终端观看,喜欢哪种类型的影视产品,每天观看的时间,等等。从而在此基础上,能够及时调整后续内容,满足用户的需要。

德国明斯特电视台中国部总监周俊通过编撰德文版《黄鹤楼的童话故事》[23],研究了如何将中国文化和元素用大数据的方式传递出去。历时两年多,德文版《黄鹤楼的童话故事》编撰完成。创作过程中,针对长期困扰中国文化对外传播的瓶颈,周俊及其团队做了新的尝试和突破,一是研究如何用所在国熟悉的语言和方式讲述中国故事,二是如何营销。他们使用了大数据和垂直营销的方式,通过问卷调查,了解西方民众对中国文化认识存在哪些误解和偏差,然后通过科学的统计分析,找到问题的症结。他们还组织专家学者及小朋友们举办座谈会,倾听意见和建议。除了前期调研,在编撰的过程中,创作团队也一直在跟踪调查相关反馈,不断调整细节。最后,在保留中国传统文化原味的基础上,他们选择德国人喜爱易接受的传播方式进行介绍,而不再是将中国故事及元素简单翻译成德文。读者不仅通过故事了解到中国文化中助人为乐的传统美德,而且认识了一个城市,也消除了一些德国人心中对于中国"缺少原创"的偏见。为了增加故事的延伸价值,创作团队在设计旅游纪念品、推广特色饮食文化等方面也做了有益尝试。例如该团队设计的黄鹤酒壶只能装满三分之二的酒,寓示为人处事不可贪得无厌。《黄鹤楼的童话故事》德文版在德国产生的良好反馈和评价,与科学的传播理念及大数据和市场调研手段的运用分不开。

文物大数据的应用方面。Van der Zee E、Bertocchi D、Janusz[24]指出,用户行为数据有助于映射和了解当地的文化景观。研究人员选择了安特卫普(比利时)、博尔扎诺(意大利)和克拉科夫(波兰)三个城市,使用从 TripAdvisor 获得的数据进行分析,以便获得当地的用户行动数据,并据此来理解当地文化景观的现状,发现景点的成熟度和用户行为之间存在着一种相互关系。

Mclaughlin T R、Whitehouse N J、Schulting R[25]为爱尔兰的考古遗址进行了大数据分析。对早期新石器时代定居点初始扩张的规模和时间进行了研究。研究人员采用了大量从未发布的新数据,结合美国国家公路管理局的考古数据库、爱尔兰共和国和北爱尔兰的遗址和古迹记录、地理信息系统的数据库等,并利用贝叶斯放射碳模型和放射性碳概率来检查数据集,获得了一个精细的史前人口的繁荣和萧条模型。

Europeana Cloud[26]是 Europeana 基金会发起的项目,旨在向欧洲文化机构提供一个共享的、基于云计算的基础设施,以整合交流欧洲图书馆、档案馆和博物馆的文化遗产元数据和内容。Europeana Cloud 集成了欧洲各大图书馆所存储的文化遗产元数据和数字对象,包括 500 万条目录和其他 240 万条元数据记录,以及来自 Europeana、欧洲图书馆和波兰数字图书馆联盟的现有数据。目前,元数据的单一流动方向是从数据提供商到欧盟。Europeana Cloud 基础设施将会改变这一模式,允许元数据进行双向的交流和充实,并支持存储数字对象的实验。该基础设施有一个可持续的商业模式,可以节省时间和成本,并支持更多的数据开发和传播。目前,该项目发布了一个有潜力的应用案例:Europeana Research,这是 Europeana Cloud 提供的一个软件工具,使数字人文学科的研究团体可以利用 Europeana Cloud 中的元数据和数字对象进行工作。

美国克利夫兰艺术博物馆[27]于 2013 年推出了交互项目:gallery one。本项目旨在建设一个交互式画廊,融合艺术、技术与解说,鼓励游客探索博物馆那些举世闻名的藏品。它拥有全美最大的多点触摸屏,可以展示超过 3500 张该馆珍藏的照片。这个 40 英尺长的 Collection Wall 允许游客规划自己的博物馆之旅,探索博物馆画廊的全部宽度。该项目的成果主要包括 Collection Wall、专为儿童设计的互动娱乐工作室、触摸屏的六个互动展示(镜头)。此外,还有一个配套的应用程序 ArtLens。通过它,游客会接触到各种以动手和技术为基础的活动,得以了解博物馆的珍藏品。触摸屏互动媒体和博物馆的 iPad 应用——ArtLens 让参观者了解艺术作品是如何创作的,他们来自何处,以及他们为什么被创造出来。

伦敦博物馆[28]于 2011 年推出了 AR 手机应用 Streetmuseum(街道博物馆)。在伦敦市区,人们只要打开手中 iPhone 里的 StreetMuseum App,将摄像头对准眼前的建筑、马路,或者桥、商店等任意一处景观物体,就可以立即在手机上欣赏这一地区曾在历史各个时期所发生过的事件、人物、故事、图片等各种资料。在 3D 历史和现实场景之间穿行,房屋、街道、高楼、深巷,都在此时变身为一个巨大的历史文化博物馆。这就是利用地理位置服务(Location Based Service)和增强现实(Augmented Reality)技术基础上开发的这款"StreetMuseum"应用所带来的奇妙体验。不仅可以帮助人们了解历史景点,也搜集了人们的旅游行为数据。

英国国家美术馆[29](National Gallery)成立于 1834 年,以收藏 1260 年至 1900 年之间的绘画作品为主,藏品约为 2300 件。2012 年,英国国家美术馆在其网站 NGA images 上开放了 2 万份图像资料,供公众免费再利用。用户无须注册即可下载 1200 像素的图像资料,或者注册账户下载到高达 3000 像素的高清图像资料,并且美术馆还计划取消需注册账户才能下载高清图像的限制。NGA images 网站上线后六个月内,公众共下载了 10.4 万份图像资料。至今,NGA images 开放数字绘画 45 000 万份。

2.6.2 国内研究现状

1. 国内理论研究

"大数据"是 2013 年国内一个炙手可热的概念。笔者于 2016 年在中国知网上以"文化+大数据"词组进行检索,限定检索字段为题名,领域为信息科技,共获得 55 篇相关文献。对这些文献进行分析,可以发现,2013 年发表 6 篇,2014 年发表 13 篇,2015 年发表 19 篇,2016 年有 16 篇。目前,国内关于文化大数据的研究尚在起步阶段。其中,关于文化大数据的研究内容可以分为对文化大数据在不同文化领域的应用研究和技术研究。

对文化大数据的应用研究,主要研究了文化大数据概念的内涵、外延,文化机构应用大数据的背景、意义、应用方式、管理策略等,以及文化大数据传播对受众的影响。张春景、曹磊、曲蕴[30]认为大数据不仅影响公共文化机构的运营模式和形态,而且将改变人们的生活方式和社会结构。姜念云、张松海、谢夏[31]探讨了对文化资源进行大数据分析的管理方法,提出了我国加强文化资源管理的新思路。郑付海[32]探讨了高校图书馆在大数据环境下应当积极建设大数据图书馆文化。上海图书馆的刘炜、张奇、张喆昱[33]指出,文化大数据就是与公共文化相关的海量数据,其特征是在公共文化服务中大量需要和大量产生的数据,认为我国需要加快公共文化服务大数据发展的顶层设计。陈曦[34]研究了大数据技术对网络舆情的影响,尤其是网络舆情大数据的自由性、偏差性、互动性和多元性对青少年的影响。

对文化大数据的技术研究,主要探讨了文化大数据的数据来源和采集方式、数据处理分析方式、数据传播原理和方法。嵇婷、吴政[35]研究了公共文化大数据的主要来源、采集存储方式和分析处理技术。薛尧予[36]针对目前主流的大数据处理技术进行分析,研究了其在数字资源揭示与服务平台中的应用方式,分别研究了 Hadoop、Memcached、Cassandra、协同过滤等技术。徐文进[37]阐述了文化产品传播的统计数据节点感知层获取数据的技术,研究设备如何显式地同邻近的文化传播节点进行数据交换。

2. 国内应用实践

国内文化大数据的应用实践,包括大数据在图书馆资源建设中的应用、大数据在文化遗产保护方面的应用、大数据在民族民俗文化传播中的应用、大数据在网络评价分析中的应用等。

图书馆资源建设方面。中国地质图书馆[38]建立了全面、长期收集地质专业资源的机制,例如扩大与国土资源系统及各地勘测单位建立文化资源共享共建合作关系,与地质出版社、国土资源作家协会等产出文化成果的单位达成合作关系,在原有的馆藏图书分类基础上建立地学文化作品专区,逐步建立文化数据库等。内蒙古农业大学图书馆[39]根据自身特色,计划建设马文化信息资源库。包括不同品种的马和蒙古马的驯养、管理和马产业的教育,有关蒙古族马文化方面的习俗、经济、宗教、历史等方面的文献资料,蒙古族作家和学者撰写的有关蒙古族马文化方面的各类著作论文,蒙古马图片和饰物,蒙古族马文化和现代人类文化发展的相关资料,蒙古马和特色民族食品、用品行业发展相关资料,马术表演与赛马业相关的资料,马的生物利用价值。

文化遗产保护方面。故宫博物院[40]建立了"故宫数字沙盘",作为故宫"大数据"可视化的主要形式,将实际文保工作中形成的文化遗产数据进行可视化。其大数据来源主要包括宫殿建筑、可移动文物、日常运营管理三个方面。借助这一工具,故宫博物院可以开展规划决策、安全防范、基建设计和运营维护、文化遗产研究和管理、公众参观服务等。武汉体育学院新闻传播学院[41]的研究人员提出利用大数据传播太极拳文化。第一,利用APP等微平台传播工具,以点带面提供太极拳定制化服务;第二,运用数据挖掘细分受众层次,打造满足不同需求的高、中、低端太极拳种;第三,采用"慕课"技术,避免太极拳传承中的文化流失;第四,适度增加太极拳的娱乐化元素,打造太极拳的娱乐粉丝圈层;第五,加强整合营销与广告的精准投放,提升受众体验;第六,利用大数据技术所提供的高性能分析、最优解的计算方案、并行计算、列存储和内存计算等,同时借鉴Hadoop与OceanStor MVX大数据存储解决方案等,可以实现对于太极拳目标受众存储、分析、备份的多位一体功能,从而构筑起太极拳大数据集群存储系统,以便对太极拳进行更精准的推广和普及。中国科学院自动化研究所[42]研究了汉字数字化技术。汉字数字化的传统方法难以处理的大规模数据。为了解决这个问题,研究人员提出了基于云计算的三级层次设计的汉字文化大数据平台。该平台可以有效地存储、管理和分析数字化汉字的大规模数据,以支持汉字文化体验应用系统。

民族民俗文化传播方面。湖北民族学院图书馆[43]完成了"土家族研究"和"武陵地区民族研究特色数据库"。该馆收集土家族研究方面的文献资料、田野调查资料、图片和音像资料、学术著作、论文和调查报告、民族地方志、民族地方概况、政协文史资料、党史资料、考古发掘资料、民间文艺资料及实物资料等,包括具有较高艺术水平的土家族织锦,并对这些资料进行数字化处理,力图建设成土家族研究的资源数据中心。该馆还构建武陵地区民族研究文献数据库、非遗文物及民俗风情多媒体数据库、学者数据库等特色数据库,以现代化手段保护和传承武陵地区特色文献,全面展示武陵地区独特的民族文化、艺术、医药、政治、经济及社会等各领域的研究特色和学术积累。青岛滨海学院艺术传媒学院的李丹丹[44]研究利用大数据传播齐鲁传统民俗文化。随着时间流逝,传统民俗文化逐渐式微,利用大数据,可以更好地传播民俗文化,为弘扬优秀的民俗文化提供工具和手段。河南电视台[45]根据大数据时代的特点打造的文化娱乐节目《汉字英雄》取得不俗的收视成绩,是大数据时代电视节目细分发展的成功范例。大数据时代,各个电视台无法独占观众的收视关注,只能在各自的最优领域内纵向深挖。因此个性化发展是省级卫视,尤其是二线卫视实现竞争突围的最优发展路径。河南卫视近年来秉承"文化卫视"定位,节目走"不做第一,最好是做唯一"的特色化发展之路。

网络评价分析方面。新华社就2015年中国人海外形象进行了大数据搜索并形成分析报告[46]。据了解,为使报告内容客观、准确,新华社依托大数据云平台采集了海外3万多个站点的5亿条次舆情信息进行分析,数据采集范围涵盖200多个国家和地区,时间跨度为2015年1月1日至12月31日。数据显示,海外媒体和网民同时为中国电商、探月、互联网金融、基因技术、克隆技术等彰显中国科技创新能力的关键领域"点赞"。这个报告共在海外新闻网站和社交网站抓取与中国高铁相关信息36.5万余条,其中近20万条表达了喜爱或赞叹之情。又如,报告以"克隆技术"为关键词共捕捉了约1.5万条信息,近六成认为中国在这一科技领域的成就值得称颂。报告数据显示,涉及中国人海外形象的报道和话题共计约519万条,其中传统主流媒体报道75.5万余篇,其余为海外社交平台话题。

参考文献

[1] 肖希明,李金芮.国外公共数字文化资源整合模式及其借鉴[J].图书与情报,2015(1):9-14.
[2] Tedd L A. People's Collection Wales Online Access to the Heritage of Wales from Museums, Archives and Libraries[J]. Program - Electronic Library and Information Systems,2011,45(3): 333-345.
[3] Alemneh D G, Hartman C N, Phillips M. the Issues of Compliance and Interoperability in Integrating Heterogeneous Digital Resources: Lessons from the Texas History Portal[C]//Archiving 2005, Final Program and Proceedings. Washington, DC,2005: 149-152.
[4] 中国通信标准化协会.中国通信标准化协会简介[EB/OL].[2017-07-07]. http://www.ccsa.org.cn/about_ccsa/about_ccsa.php? No =1&title = %D0%AD%BB%E1%BD%E9%C9%DC.
[5] 杨宇,王蓉,王志军.大数据技术总结和标准化工作研究进展[J].电信网技术,2016(4).
[6] 全国信息安全标准化技术委员会.全国信息安全标准化技术委员会首页[EB/OL].[2017-07-07]. http://www.tc260.org.cn/bzcx_hList.jsp.
[7] 全国信息技术标准化技术委员会大数据标准工作组,中国电子技术标准化研究院.大数据标准化白皮书(2016版)[R/OL].[2016-07-07]. http://www.cbdio.com/BigData/2016-07/11/content_5074076.htm.
[8] 唐琼,张玫."美国记忆"与"共享工程"比较研究[J].图书馆理论与实践,2006(1):6-9.
[9] 王飞.日本:无处不在的网络社会[J].信息系统工程,2009(4):30-31.
[10] 郑济仁,韩海生,村上辉康.无处不在的网络与IT发展战略——专访日本野村综合研究所理事长村上辉康先生[J].财经界,2006(7):72-75.
[11] 全国文化信息资源共享工程介绍[EB/OL].(2012-12-12)[2018-08-03]. http://www.ndcnc.gov.cn/gongcheng/jieshao/201212/t20121212_495375.htm? kbtdgmixsbmpCVOC.
[12] 李鹏云.基于元数据仓储的图书馆数据整合实践——以国家图书馆"文津搜索"项目为例[J].图书馆学刊,2013(8):46-49.
[13] Bail C A. The cultural environment: measuring culture with big data[J]. Theory and Society,2014,43(3-4SI):465-482.
[14] Stevens L K. Making the Case: Using a Living and Historic Cultural Universe Big Data System as a Knowledge-Based Foundation for Sustaining and Recapitalizing the Cultural Sector[J]. The Journal of Arts Management, Law, and Society,2014,44(4):208-217.
[15] Zhang H, Rui-Qi Z, Zhao Y, et al. Big Data Modeling and Analysis of Microblog Ecosystem[J]. International Journal of Automation and Computing,2014,11(2):119-127.
[16][42] Zhang G, Wang J, Huang W, et al. Big Data Collection and Analysis Framework Research for Public Digital Culture Sharing Service [C]//International Conference on Multimedia Big Data. IEEE,2015:196-199.

[17] Zhang G,Jian W,Huang W,et al. A Study of Chinese Character Culture Big Data Platform[C]//International Conference on Cloud Computing and Big Data. IEEE,2016:161-168.

[18] Cooper A,Green C. Embracing the Complexities of "Big Data" in Archaeology:the Case of the English Landscape and Identities Project[J]. Journal of Archaeological Method and Theory,2016,23(1):271-304.

[19] Yang J,Yecies B. Mining Chinese Social Media UGC:A Big-data Framework for Analyzing Douban Movie Reviews[J]. Journal of Big Data,2016,3(1):3.

[20] Ahn J,Ma K,Lee O,et al. Do Big Data Support TV Viewing Rate Forecasting? A Case Study of a Korean TV Drama[J]. Information Systems Frontiers,2016.

[21] 曹磊,马春. 国内外公共文化大数据应用实践研究[J]. 图书馆杂志,2015(12):9-15.

[22] 曾姗姗. 大数据视域下美剧的跨文化传播——以《纸牌屋》为例[J]. 今传媒,2014(12):105-107.

[23] 海外华媒人周俊:巧用大数据将中国文化传递出去[EB/OL]. [2017-07-07]. http://www.chinanews.com/hr/2015/08-21/7481139.shtml.

[24] Zee E V D,Bertocchi D,Janusz K. Using Big Data to Discover How the Maturity of a Heritage Destination Influences the Use and Attractiveness of Urban Cultural Landscape. A Case Study of Antwerp,Bolzano and Kraków[C]//UNESCO UNITWIN TCL2016 conference:Tourism and Cultural Landscapes:Towards a Sustainable Approach,2016:614-628.

[25] Mclaughlin T R,Whitehouse N J,Schulting R J,et al. The Changing Face of Neolithic and Bronze Age Ireland:A Big Data Approach to the Settlement and Burial Records[J]. Journal of World Prehistory,2016,29(2):117-153.

[26] Europeana pro. Europeana Cloud[EB/OL]. [2017-07-07]. http://pro.europeana.eu/get-involved/projects/project-list/europeana-cloud.

[27] The Cleveland Museum of Art. ARTLENS Gallery[EB/OL]. [2017-07-07]. http://www.clevelandart.org/gallery-one.

[28] Museum of London. StreetMuseum[EB/OL]. [2017-07-07]. http://www.museumoflondon.org.uk/Resources/app/you-are-here-app/home.html.

[29] 曹磊,马春. 国内外公共文化大数据应用实践研究[J]. 图书馆杂志,2015,(12):9-15.

[30] 张春景,曹磊,曲蕴. 公共文化服务大数据应用模式与趋势研究[J]. 图书馆杂志,2015,(12):4-8.

[31] 姜念云,张松海,谢夏. 大数据分析技术在文化资源管理中的应用[J]. 中国基础科学,2014(1):17-20.

[32] 郑付海. 论大数据时代高校图书馆文化的构建[J]. 枣庄学院学报,2015(6):45-50.

[33] 刘炜,张奇,张喆昱. 大数据创新公共文化服务研究[J]. 图书馆建设,2016(3):4-8.

[34] 陈曦. 大数据时代网络舆情对青少年亚文化的影响[J]. 新媒体研究,2016(11):1-3.

[35] 嵇婷,吴政. 公共文化服务大数据的来源、采集与分析研究[J]. 图书馆建设,2015(11):21-24.

[36] 薛尧予. 大数据关键技术在数字文化资源统一揭示与服务平台中的应用[J]. 图书馆理论与实践,2015(12):96-99.

[37] 徐文进. 移动互联网时代文化大数据的挖掘和分析研究[J]. 才智,2015(8):327.

[38] 崔熙琳. 大数据时代背景下图书馆文化资源建设思考——以中国地质图书馆为例[J]. 管理观察,2014(13):17-19.

[39] 蔺继红. 论大数据背景下蒙古族马文化信息资源的建设——以内蒙古农业大学马兽医专业为例[J]. 内蒙古图书馆工作,2015(4):35-38.

[40] 黄墨樵. 论大数据时代下文化遗产数据的可视化——以故宫数字沙盘为例[J]. 博物馆研究,2014(4):87-93.

[41] 王雷,张德胜. 大数据时代太极拳的文化传播策略[J]. 青年记者,2016(26):127-128.

[43] 周劲. 大数据视野下民族地区生态文化发展中的文献资料建设——以湖北民族学院图书馆为例[J].

中国管理信息化,2016(18):179-180.
［44］李丹丹.大数据背景下齐鲁传统民俗文化的媒体传播[J].青年记者,2016(5):106-107.
［45］刘志峰.大数据时代的文化正能量——《汉字英雄》现象分析[J].南方电视学刊,2013(5):33-35.
［46］"一带一路"风靡世界 大数据见证中国人海外形象提升[EB/OL].[2017-07-07]. http://news.xinhuanet.com/2016-02/18/c_1118075812.htm.

3 文化大数据建设资源目录体系

3.1 文化资源目录体系框架设计

文化大数据的合理应用离不开相应的资源目录体系。目前,现存的目录体系主要适用于图书馆内部资源。为了更好地共享文化大数据,势必需要研究新的资源目录体系。

3.1.1 文化资源目录体系定义与建设内容

目录体系的研究最早出现在图书馆学领域。随着全球互联网技术的发展,信息化建设的推进,目录的概念逐步引入到计算机科学、信息科学领域中,并得到了发展和延续[1]。

例如数字图书馆的科学数据目录,它是以核心元数据为主要描述方式,按照科学数据资源分类体系或者其他方式对科学数据目录资源进行有序排列,同时通过科学数据与科技文献的有机联系,准确地了解和掌握科学数据资源的基本概况,发现和定位所需要的科学数据资源,并能快速地链接到关联的科技文献信息[2]。

再如《GB/T 21063.1—2007 政务信息资源目录体系第 1 部分:总体框架》的政务信息资源目录体系,它以国家统一的电子政务网络为基础,通过构建覆盖中央、省、市、县的多级政务信息资源目录体系技术总体架构,采用元数据对共享政务信息资源特征进行描述,形成统一规范的目录内容,通过对目录内容的有效组织和管理,形成部门间政务信息资源物理分散、逻辑集中的信息共享模式,提供政务信息资源的发现定位服务,支持全国范围内跨部门、跨地区的普遍信息共享,方便用户发现、定位和共享多种形态的政务信息资源,支持政府的经济调节、市场监管、社会管理和公共服务。

事实上,政务信息资源目录体系来源于图书馆目录体系。虽与图书馆目录体系类似,但由于资源主体和性质的多样性,它比图书馆的目录体系要复杂得多。一般来说,政务信息资源目录是指对政务信息资源内容和形式特征进行描述的工具,通过明确信息资源的本质、范围、管理要求和共享要求,实现对信息资源的组织、存储、查找和定位;政务信息资源目录体系是由多个政务信息资源目录所构成的体系,是实现信息资源物理分散、逻辑集中的框架,以政务信息资源交换、共享和查找利用为基本目标。

借鉴各领域目录体系的基本概念,结合各级文化机构中文化资源及其管理的特点,我们对文化资源目录体系的定义是:

文化资源目录体系是以国家各文化机构的各类公共文化资源为基础,明确各类文化资源的本质、范围以及管理和共享要求,形成面向共享的统一规范的目录内容,通过对目录内容的有效组织和管理,形成各类文化资源物理分散、逻辑集中的资源共享模式,提供文化资源的发现定位服务,支持全国范围内跨部门、跨地区的普遍文化资源共享,方便用户发现、定位和共享各种形态的公共文化资源。

因此,文化资源目录体系建设的目的是通过对分散于各部门和个人的公共文化资源,采用统一的可共享的规范形式进行描述,从而使得各类文化资源实现共享和准确定位[3]。通过文化资源目录体系可以解决公共文化资源管理的基本问题——3WH,即,What——有什么文化信息资源？Where——需要的信息在哪里？Who——谁提供？谁使用？How——如何发布？如何查找？如何使用？

文化资源目录体系建设主要包括三项工作:管理与规划、整合与应用、发现与定位。(1)管理与规划工作需要全面了解和掌握文化机构现有的、在建的以及规划中的文化信息资源建设情况,以及各机构现有目录体系;(2)整合与应用工作是通过分析各机构的各类文化资源,形成统一规范的目录体系,包括资源分类标准、对象数据加工标准、资源对象唯一标识符规范,以及元数据规范等,各机构的文化资源依据统一的标准规范进行整合和应用;(3)发现与定位工作是将文化资源目录对外发布并提供服务,使得用户能发现所需要的文化资源[4]。

目录体系的建设过程是对所属领域的信息资源的业务流程进行梳理的过程,通过对信息资源目录体系的构建,可以有效地发现部门与部门之间、部门内部的业务信息资源的冗余和共享程度,从而有效地支持信息资源的整合和共享。

本书将提出一套文化资源共享方案,依托各文化机构现有公共文化资源,建设文化资源目录体系,实现资源共享的目录服务功能,促进各文化机构和个人文化资源的互联互通,打通各部门间相互关联却不相通的信息系统,解决文化资源共享问题,推动跨部门、跨系统、跨数据库的数据共享,整合优化各类文化信息资源,为市民提供优质的公共服务。主要内容包括两方面:

(1)构建文化资源目录。建立信息准确、完整、规范的基础数据统一管理机制,实现文化信息资源目录的统一管理、发布、查询和定位服务。通过信息资源目录的构建工作,梳理各机构文化资源状况和业务情况;摸清跨部门应用的信息共享需求,为全面实现各系统资源共享提供基础。

(2)制定共享文化资源标准。资源共享的基础与前提是对资源统一的标准约定和认同,制定各部门共同遵守的共享标准。标准的建立可以有效解决部门资源格式的不一致性,也是建设共享数据库、资源采集与分发以及文化信息综合应用等的基础,是整个项目成功的基础。

3.1.2 文化资源目录体系建设原则

构建文化大数据建设资源目录,加强公共文化数据资源的开放共享工作,是文化大数据建设的基础。文化资源目录体系建设,即按照统一的规范标准,对分散的文化资源进行整合和组织,形成逻辑上集中,物理上分散,可统一管理和服务的文化资源目录,并以目录数据的形式发布文化资源,为使用提供统一的资源发现和定位服务,实现资源共享交换。其建设目标主要包括:

(1)在文化资源管理层,通过目录体系能够有效实现文化资源的采集、组织、加工与利用;

(2)在文化机构内部,通过目录体系能够有效实现文化资源的集成管理与重复利用;

(3)在文化机构之间,通过目录体系能够有效实现文化资源共享、决策支持与业务协同。

文化资源目录体系建设的原则主要有:

1. 科学性原则

文化资源目录体系的构建要符合科学性原则,不但要满足公共文化信息服务方面的目标,还要满足使用者的需求。目录体系建设涉及多种理念和方法,因此要在科学性原则基础上,遵循一定的构建原则,将各种信息构建、资源管理、文化传递与交流共享高效地结合起来,使参与体系构建的各级文化机构合理地开发和利用体系中的文化目录资源。

2. 可靠性与实用性原则

可靠性与实用性原则主要是针对文化资源目录。文化资源是构建目录体系的基础和来源,体系构建之前就应当保证文化资源目录真实可靠,能够客观地反映我国公共文化水平和科学研究的进展,具有一定的实用价值。

文化资源是目录体系的重要组成部分,经过了各文化机构的加工整理,资源的可靠性与实用性基本得到使用者的认可,从资源建设的角度看,能够满足大多数文化资源利用者的使用需求。以各文化机构的文化资源为基础构建的目录体系,能够保证文化资源的可靠性与实用性,从而保证整个体系的真实可靠。

3. 先进性原则

各文化机构已有诸多关于文化资源方面的系统建设,已经取得了一定的成果。因此在构建聚合的文化资源目录体系的时候,应当借鉴这些已经初具规模的数据库和信息平台,使目录体系的构建具备先进性。

4. 标准化与开放性原则

标准化原则的范围很广,包括体系构建平台的标准化、数据加工的标准化、数据表示的标准化、服务界面的标准化等。目前的目录体系存在"各自为政,选题重复"等问题,但是目录工作要求不同层次、不同方面的信息服务做到基本一致,也就是在文化资源的揭示方法与规则中,保持一致。

在执行目录体系的规范标准后,所形成的体系平台,要具有开放性,联合各个原有的资源平台,使其相互融合,实现资源共享,发挥目录体系的作用。目录体系的开放性服务意味着合作、共建、共享,这也是公共文化目录工作长期发展的需要。

3.1.3 文化资源目录体系构建方法

1. 梳理文化资源[5]

文化资源范围比较宽泛,涵盖了一切产生于文化机构内部或对文化机构活动有直接影响的信息资源。我国文化机构众多,包括图书馆、博物馆、文化馆、美术馆以及各类文化资源网站等,文化信息资源涉及的范围广、种类多、内容丰富,数量巨大。因此需要梳理各机构的基础数据存量,以及可以进行整合共享的资源种类和数量。对各个部门文化信息资源进行梳理和确定,是文化信息资源目录体系建设的基础。

2. 文化资源分类

文化资源分类是指把具有某种属性或特征的资源归并起来,通过其属性或特征来区别不同类别的信息,按文化资源的特点,组成一个具有等级性、次第性的科学合理的分类体系。即按照资源的内涵、性质及管理的要求,将系统内所有资源,按一定的结构体系,加以分门别类的整合,从而使得每个资源在相应的分类体系中都有一个对应的位置。在具体的分类工作中,还应综合考虑资源的保密程度、需求程度及现实的共享服务。最终保证文化资源分类体系达到科学性、系统性、可扩展性、兼容性和实用性。文化资源分类是文化资源采集、加工、存储、保护和使用的必要条件,是基础性工作。

3. 文化资源加工格式确定

各个文化机构的文化资源种类繁多,不仅包括文本、图像、音频和视频等形式,还包括电子图书、胶卷胶片、动画、手稿、美术作品、文物古籍等各种资源种类,不同的资源种类有不同的加工格式,不同的文化机构又会采取不同的加工标准和操作指南。为了实现资源的整合和共享,有必要对资源的加工格式进行统一,给出统一的、符合共享需求的加工格式标准规范,以便更好地开放共享。文化资源加工格式的确定必须综合考虑,应树立全局和整体观念,以系统整体最优为目标。

4. 文化资源唯一标识符确定

数字对象唯一标识符系统是对象持久标识的基础设施,对象的唯一标识符可以持久地链接到该对象的当前描述信息、存放地信息或如何发现并获取对象的有关信息。不同文化机构会根据各自的机构特点和资源特点为其文化资源设计唯一标识符命名规则、语法规则、解析规则、管理规则和扩展规则,各类资源的唯一标识符也只在其所在行业和领域内具有唯一性、识别性和可操作性。公共文化资源进行整合共享时,必须为每个资源对象提供全局(全国或全世界)唯一的标识符。该统一的对象唯一标识符必须综合考虑,树立全局和整体观念,以系统整体最优为目标。

5. 文化资源元数据的转换和映射

在数据资源目录体系中,元数据是建立数据资源目录的核心,设计合适的元数据模型是保障数字资源共享服务质量的关键。

目前,不同的文化机构从不同角度、针对不同种类的文化资源开展了各类资源的元数据规范制定,这些不同的元数据规范需要进行统一,也就是要设计面向文化资源共享的元数据规范,对原有的元数据规范进行转换和映射,或对新的文化资源按照统一的元数据规范进行编目,从而支持统一的文化资源管理和共享。

6. 文化资源目录的管理和发布

根据文化资源的分类方法,对按照统一的加工格式加工好的共享文化资源建立类目体系,每一个文化资源均给定全局唯一的标识符,而且按照统一标准定义元数据。这些文化资源以及相关信息就构成了文化资源目录体系。目录体系构建之后,还需要进行目录管理和维护,比如对有问题的元数据及时修改,必要时退回文化部门,或重新进行元数据获取。最终通过目录发布服务系统,将目录进行对外发布并为用户提供目录服务。

3.1.4 文化资源目录体系框架

文化资源目录体系可以记录文化资源的结构和属性,是文化资源共享中重要的建设内容。它可以展现文化资源之间的相互关系,并依据核心元数据描述资源的来源、去向、版本等用于控制和管理资源的属性。通过开展文化资源目录体系的建设,可以规范文化资源的采集、组织、转换、更新等过程,可以提高数据的查询效率和用户利用率,使文化资源的共享服务向更深层次发展。

面向资源整合共享的文化资源目录体系以各文化机构的业务系统为基础,通过构建覆盖多个文化机构的公共文化资源目录体系技术总体架构,采用元数据对共享文化资源特征进行描述,形成统一规范的目录内容,通过对目录内容的有效组织和管理,形成各文化机构间文化资源物理分散、逻辑集中的资源共享模式,提供文化资源信息的发现定位服务,支持全国范围内跨部门、跨地区的公共文化资源信息共享,方便用户发现、定位和共享多种形态的文化资源。

根据对上述文化资源目录体系构建方法的分析,面向资源整合共享的文化资源目录体系框架结构设计如图3-1,主要包括目录构建、目录管理和目录使用三大部分功能,其中目录构建是本书的研究重点。

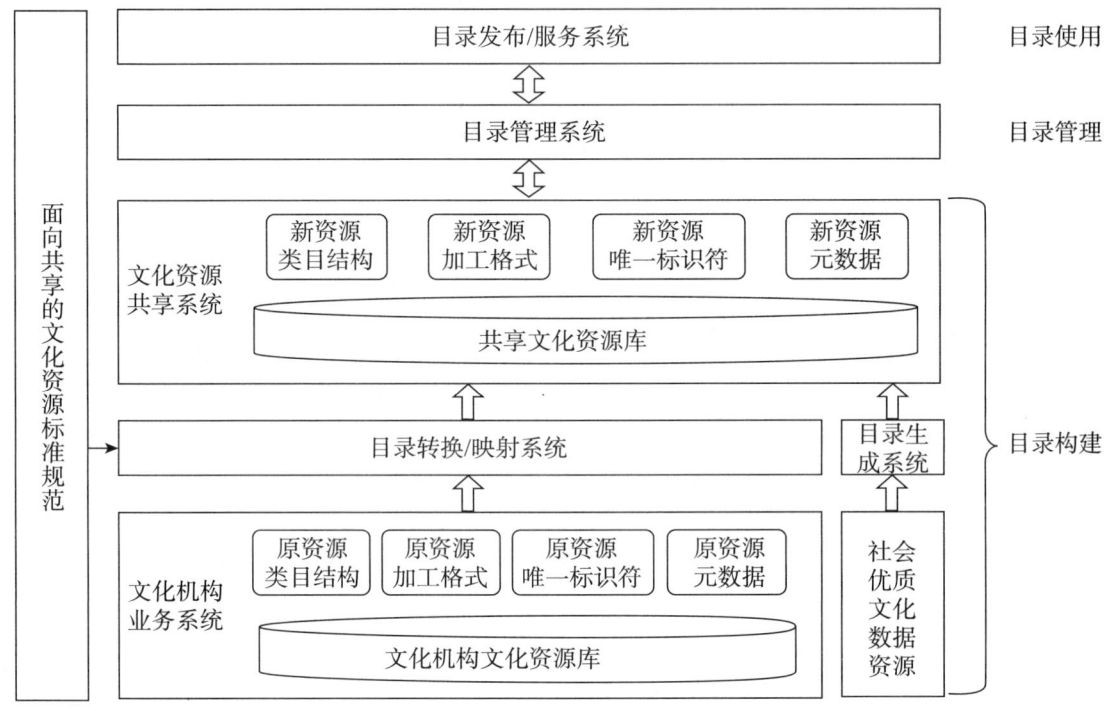

图3-1 面向共享的文化资源目录体系框架

整合共享的公共文化资源有两个来源,一是来自于博物馆、图书馆、文化馆、美术馆等文化机构,二是来自于网站等机构。博物馆等文化机构的文化资源一般都已按照一定的标准规范进行了信息组织和存储,待整合共享的资源需要进行规范的转换或映射,以转换成面向共享的文化资源标准规范;而来自网站等机构的网络资源一般没有公开的、比较一致的标准规范,资源的加工格式、资源的元数据等都需要按照统一的标准进行加工、提取和定义。因此,需要设计目录转换/映射系统以及目录生成系统以生成新的共享资源以及资源规范信息,从而构建出面向共享的文化资源目录内容。

需要进行转换映射或进行生成的标准规范主要包括四类:资源类目结构、资源加工格式、资源唯一标识符、资源元数据。本书后面章节将分析各文化机构以及网络机构的资源组织分类、各类资源的加工格式、资源的唯一标识符规范、资源的元数据规范等,并综合考虑网络环境中资源整合共享的需求,设计面向共享的文化资源组织分类标准规范、对象唯一标识符规范、对象数据加工格式规范以及资源元数据规范。

上述目录体系框架中还包括目录管理系统和目录发布/服务系统。目录管理系统将来自不同来源的资源及其目录内容进行整合,并按照目录体系标准进行存储,还可以管理资源目录信息的检查、修改、更新和删除等。目录发布/服务系统可以将资源目录按照多种方式发布到对外接口网站,以多种查询方式向用户提供目录服务,供使用者进行浏览和查询。

3.2 文化资源目录体系设计

本书将重点对上文中目录体系框架中的"新资源类目结构"进行调研和设计。首先调研现有各文化机构资源以及网络资源的类目和存量,然后基于最典型的《中国图书馆分类法》和全国文化信息资源共享工程资源分类方法,设计面向文化资源共享的目录体系。

3.2.1 现有文化资源类目及存量

下面对目前已有的文化资源类目及其存量进行梳理。

1. 国家图书馆资源

中国国家图书馆馆藏丰富,品类齐全,古今中外,集精结粹。作为国家藏书机构,中国国家图书馆依法接收各出版社呈缴的出版样书,此外还收藏非正式出版物,例如,各高校的博士学位论文均在中国国家图书馆的收藏之列,是图书馆学专业资料集中收藏地和全国年鉴资料收藏中心。从藏书量和图书馆员的数量看,中国国家图书馆是亚洲规模最大的图书馆,是世界上最大的国家图书馆之一,是世界著名的国家图书馆。

国家图书馆馆藏继承了南宋以来历代皇家藏书,最早的文献可远溯到3000多年前的殷墟甲骨。馆藏敦煌遗书、善本古籍、金石拓片、古代舆图、少数民族文字典籍、名家手稿等珍品290多万册(件)。这部分藏品闻名遐迩、世界瞩目。

国家图书馆外文书刊购藏始于20世纪20年代,123种文字的外国文献资料约占馆藏的40%,是国内最大的外文文献收藏馆,并大量入藏国际组织和政府出版物,是联合国资料的托存图书馆。

数字图书馆被当今世界各国视为国家信息基础设施建设、知识创新体系和创新能力的重要组成部分。国家图书馆从1995年起开始跟踪研发数字图书馆,1998年向文化部提出申请,要求在国家立项实施中国数字图书馆工程,同时着手进行数字资源建设,已建成相当规模的数字资源量,其中部分已经为社会提供服务。

随着信息载体的变化和电子网络服务的兴起,国家图书馆不仅收藏了丰富的缩微制品、音像制品,还拥有了大量数字资源。截至2015年底,馆藏实体资源总量为3500万册(件),数字资源总量约1161TB。具体馆藏类目及存量如下表所示。

表3-1 国家图书馆藏实体资源一览　　　　截至2015年12月

类别	文种	文献细类	册(件)数
图书	中文	普通图书(含民国平装书)	8 051 811
		普通古籍(含民国线装书)	1 690 479
		港澳台及海外出版的图书	306 371
		盲文图书	1296
		合计	10 049 957

续表

类别	文种	文献细类	册(件)数
	外文	西文图书(英文、法文、德文等)	2 183 008
		俄文图书(含其他部分斯拉夫语种)	655 792
		日文和东文书(日文及其他部分东方语种)	1 152 063
		合计	3 990 863
		图书合计	14 040 820
期刊	中文	中文期刊	7 857 847
	外文	外文期刊	6 913 445
		期刊合计	14 771 292
报纸	中文	中文报纸	154 200(合订册)
	外文	外文报纸	96 438(合订册)
		报纸合计	250 638(合订册)
特藏专藏		善本(含古籍善本、新善本及外文善本)	335 211
		中外文舆图	147 013(册、张、幅、件)
		静画资料(照片、年画、工程图等)	164 227(张、幅)
		金石文献	326 024(张、片)
		手稿书札	102 517
		民语文献	198 116
		敦煌吐鲁番资料	23 918
		家谱、地方志资料	113 039
		其他(含精装精印)	12 411
		学位论文及国内其他资料	1 987 016
		图书馆学资料	44 023
		国际组织及外国政府出版物	630 189
		特藏专藏合计	4 083 704
缩微文献		缩微胶卷、平片	1 589 119
视听文献		录音带、录像带、激光唱片、立体声唱片 MP3、LD/VCD/VHD/DVD视盘	359 083(张、盘)
电子文献		CD-ROM 等	86 816(张、盘)
馆藏总计(截至2015年12月)			35 181 472

表 3-2 国家图书馆藏主要数字资源一览　　截至 2015 年 12 月

类别	文献细类	藏量
图书	电子图书(种)	3 747 724
期刊	电子期刊(种)	55 882

续表

类别	文献细类	藏量
报纸	电子报纸(种)	15 063
特藏专藏	数字方志(种)	6937
	石刻拓片(种)	23 995
	甲骨实物(种)	6575
	甲骨拓片(种)	7774
	善本老照片(种)	7264
	新善本(种)	101
	敦煌写卷(卷)	3366
	手稿信札(种)	274
	家谱(种)	2626
	学位论文(篇)	5 829 206
	特藏专藏合计	11 482 523
视听文献	音频资料(首)	1 099 669
	视频资料(小时)	140 224
数字资源存储量(TB)		1160.98
外购数据库数量(个)		259

注:1. 音频资料包括歌曲、音乐及语言类资源等,以音频片段计量,单位是首。
2. 视频资料包括讲座、报告、课程、纪录片、影视剧、口述史资源等,以视频时长计量,单位是小时。

此外,由国家图书馆精心组织的总量达 2.62TB 的数字资源,2012 年 7 月 1 日起进入全国文化信息资源共享工程的服务网络中,通过互联网、局域网、电子政务外网、光盘、卫星等多种渠道向全国公众免费提供服务。其中包括 5 万种、330 万册电子图书以及 19 万种、38 万册电子图书的远程账号访问,送书下乡精选图书全文数据 1029 册,文津图书奖书目数据 1680 条、图书全文 34.7 万页,在线展览 41 场,在线讲座 379 场等。国家图书馆全力支持全国文化信息共享工程信息基础设施平台的建设,为其提供网络接入、资源存储、主服务器与数据库系统维护等服务。

表 3-3　国家图书馆为全国文化信息资源共享工程提供的数字资源　截至 2012 年 7 月

类别	数量
电子图书	5 万种,330 万册
电子图书远程账号访问	19 万种,38 万册
送书下乡精选图书全文数据	1029 册
文津图书奖书目数据	1680 条
文津图书奖图书全文	34.7 万页
在线展览	41 场

续表

类别	数量
在线讲座	379 场
数字资源总量	2.62 TB

2.国家博物馆资源

截至2015年底,中国国家博物馆共查核文物藏品130万余件(套),已录入电子账共964 010件(套),对文物藏品的数量、现状进行了详细的调查、认定和登记。

中国国家博物馆藏品保管一部所藏文物数量众多,类别丰富,包括石器、玉器、陶器、瓷器、铜器、铁器、金属器、骨角、砖瓦、石刻、漆木器、书画、丝织、杂项、印章、徽章、舆图、文献、碑帖、钱币、艺术品、民族文物等20余类。共藏有815 352件(套)文物,已录入电子账661 051件(套)。

藏品保管二部共藏有284 499件(套)文物,录入电子账191 830件(套)[6]。

表3-4 中国国家博物馆数据基本情况

大分类	小分类	数量
质地	石质	114
	玉质	450
	砖瓦	58
	陶质	249
	瓷质	498
	铜质	928
	铁质	152
	金银	221
	其他金属	50
	牙骨角	66
	草木竹	218
	漆质	17
	玻璃	48
	珐琅	2
	织绣	201
	皮革	18
	纸质	1923
	化学合成	18
	泥质	11
	其他	173

续表

大分类	小分类	数量
品类	生产工具	91
	生活用品	1567
	建筑构件	59
	交通工具	17
	医疗卫生	15
	书画	667
	文献	640
	雕塑造像	305
	邮品	92
	照片底片	514
	音像制品	1
	文体娱乐	62
	货币	581
	印章	49
	证章符号	83
	证件票据	67
	旗帜牌匾	31
	机械仪器	54
	高科技	4
	兵器武器	99
	民族民俗	92
	宗教用品	85
	模型	43
	丧葬用品	186
	祭器礼器	82
	其他	218

续表

大分类	小分类	数量
时代	旧石器	22
	新石器	150
	夏	11
	商	157
	西周	92
	春秋	67
	夏至春秋	12
	战国	206
	秦	29
	汉	216
	三国	28
	晋	33
	南北朝	85
	隋	48
	唐	224
	五代十国	68
	宋	328
	元	98
	明	408
	清	1318
	近代	408
	现当代	1262
	商周时期	9
	其他	0

此外,中国几个代表性数字博物馆大类体系示例如下:

表3-5 代表性数字博物馆资源大类体系示例

博物馆名称	资源大类体系
中国国家博物馆	藏品类型、质地、品类、外观形态、发现始末、介绍文件、学术研究文档
上海数字博物馆	藏品材质、藏品类型(公用)、年代、藏品外观形态、学术研究文档
北京数字博物馆	藏品学科类别(自然科学、人文科学、艺术、趣味动漫、虚拟)、藏品作者、时代、材质、规格
山西博物院	主题收藏、藏品时代、名称、发现始末、外观形态、艺术及历史价值文件、学术研究文档

续表

博物馆名称	资源大类体系
甘肃博物馆	藏品主题(甘肃佛教艺术、彩陶、丝绸之路、古生物化石)、藏品材质、外观形态、规格、学术研究文档

3. 中国美术馆资源

中国美术馆是以收藏、研究、展示中国近现代至当代艺术家作品为重点的国家造型艺术博物馆。主楼建筑面积18 000多平方米,一至五层楼共有17个展览厅,展览总面积8300平方米。1995年新建现代化藏品库,面积4100平方米。

中国美术馆收藏各类美术作品10万余件,以中华人民共和国成立前后时期的作品为主,兼有明末、清代、民国初期艺术家的杰作。藏品主要为近现代美术精品、中国当代著名美术家的代表作品和重大美术展览获奖作品,以及民间美术作品。藏品中有任伯年、吴昌硕、黄宾虹、齐白石、徐悲鸿、蒋兆和、司徒乔、李可染、吴作人、叶浅予、罗工柳、吴冠中等艺术家的作品。收藏品类有绘画、雕塑、陶艺、民间美术等数十个品类。其中包括年画、剪纸、玩具、皮影、彩塑、演具、木偶、风筝、民间绘画、刺绣等民间美术品。在馆藏品中,德国收藏家路德维希夫妇捐赠欧美国际艺术品117件,其中有毕加索作品4幅,这是中国首次大量收藏的西方艺术品,此外还有非洲木雕及其他外国美术作品数百件。

中国美术馆是向大众普及美育的重要艺术殿堂,为了更好地提供公共文化服务,中国美术馆在全国美术馆界较早组建专门职能的公共教育部,并长期吸收实习生和组织志愿者参与工作。近年来,通过举办各类公共教育活动,直接服务观众近百万人次。此外,顺应信息技术的发展,中国美术馆也注重通过网站及"数字美术馆"项目延展公众服务内容和手段,其网站及数据库日益成为广大公众欣赏美术作品、参观美术展览、了解美术资讯、学习美术知识的美术信息发布、检索与共享平台。中国美术馆藏品类目代码表如下表所示。

表3-6 中国美术馆藏品类目代码表

代码	一级类目	二级类目	代码	一级类目	二级类目
0100	绘画		0150		综合材料绘画
0101		中国画	0199		其他画种
0102		油画	0200	书法、篆刻	
0103		版画	0201		篆书
0104		漆画	0202		隶书
0105		素描速写	0203		行书
0106		水彩、粉画	0204		草书
0107		宣传画	0205		楷书
0108		漫画	0230		硬笔书法
0109		连环画	0240		少数民族文字书法
0110		插图	0250		外国文字书法
0111		壁画	0269		其他书法作品

续表

代码	一级类目	二级类目	代码	一级类目	二级类目
0271		印章	0450		陶瓷工艺
0272		印谱	0470		漆艺
0299		其他篆刻作品	0499		其他工艺美术
0300	雕塑		0500	设计艺术	
0301		木雕、木刻	0501		平面设计
0302		石雕、石刻	0502		空间设计
0303		金属雕塑	0503		工业设计
0304		漆雕	0599		其他设计艺术
0305		泥塑	0600	民间美术	
0306		陶塑、瓷塑	0601		刺绣
0307		石膏雕塑	0602		印染
0360		综合材料雕塑	0603		织物
0399		其他雕塑	0604		服装、服饰
0400	工艺美术		0605		剪纸
0401		玉、石雕	0606		皮影
0402		竹、木雕	0607		风筝
0403		牙、角雕	0608		彩塑
0430		金属工艺	0609		玩具

中国美术馆数据库中的数字作品共计8843件,如下表所示。

表3-7 中国美术馆数据库数字作品类别

分类	数量
中国画	2467
油画	1115
版画	2324
雕塑	257
素描/速写	416
摄影	646
水彩/水粉/色粉	182
漫画	207
连环画	190
漆画	8
书法	121
新年画	56

续表

分类	数量
插画	52
现代装置	2
综合艺术	19
风筝	119
陶瓷	66
刺绣/印染/织物	204
玩具	72
剪纸	113
皮影	32
面具	50
木偶	41
传统年画	84
总计	8843

4. 全国文化信息资源共享工程资源

全国文化信息资源共享工程(以下简称"文化共享工程")是我国公共文化服务体系建设的基础性工程,以下数字可以说明其实施几年来所取得的成绩:

截至2008年12月,文化共享工程全国资源总量达到73.91TB。其中,国家中心完成18.8TB,各地建设52.49TB,国家数字图书馆工程提供2.62TB。国家中心负责全国普适资源建设,各省开展地方特色资源建设。国家数字图书馆工程主要提供电子图书和电子期刊资源。资源内容包括地方戏曲、电影电视剧、知识讲座、农业专题片、文化专题片、综艺晚会、电子图书、电子期刊、专题多媒体资源库等。

截至2009年底,文化共享工程已建成1个国家中心、33个省级分中心、2814个县级支中心、15 221个乡镇基层服务点和45.7万个村基层服务点,覆盖全国44%的乡镇和75%的村;资源总量达到90TB(1TB相当于25万册电子图书或926个小时视频节目),其中视频资源72 345部/集、70 434小时;各级中心和基层服务点累计服务超过6.9亿人次。

截至2014年底,全国共建成县级以上公共图书馆3117个,文化馆(含群艺馆)3313个,乡镇(街道)文化站41 110个,公共博物馆、纪念馆3473个,工人文化宫1300多个,青少年宫700多个,科技馆350多个,青少年校外活动中心3000多个。开设广播电视播出机构2564个,广播电视传输发射台站21 000多个。各类出版物发行单位12万多家,发行网点17万多处,建设阅报栏、阅报屏7.2万余个,建成农民体育健身工程42万多个。

国家积极推进公共文化设施向社会免费或优惠开放。全国2780个博物馆、347个爱国主义教育示范基地及43 510个公共图书馆、美术馆、文化馆(站)已实现免费开放,服务人次大幅增加。

文化共享工程网站设有45个栏目、5个分版(农村版、社区版、少年版、企业版、军营版)、49个历史文化、法律法规、科普知识、医药保健和生活百科等资源库和9个文化部直属网站资源联结库。

全国公共文化发展中心资源包括视频(文艺演出、专题知识讲座、农村专题片、电影、电视剧、卡通动漫)67 025 部/集、35 220 小时,音频 93 900 部/集、23 006 小时,电子图书 54 972 种,电子期刊 3704 种,多媒体课件 1715 课时。

表 3-8 文化共享工程资源存储量   单位:TB

序号	资源种类	资源储量
1	艺术欣赏	37.08
2	知识讲座	44.908
3	电影	12.154
4	少儿动漫	18.952
5	文化教育	23.072
6	农业科技	14.42
7	多媒体资源	7.21
8	少数民族语言	27.604
9	其他资源	20.6
各地建设资源总量		155.89
国家中心建设资源总量		50.11
文化共享工程资源总量		206

5. 非物质文化遗产资源

非物质文化遗产是指各族人民世代相传的、与群众生活密切相关的各种传统文化表现形式(如民俗活动、表演艺术、传统知识和技能,以及与之相关的器具、实物、手工制品等)和文化空间(即定期举行传统文化活动或集中展现传统文化表现形式的场所,兼具空间性和时间性)。

非物质文化遗产的范围包括:

(1)口头传统,包括作为文化载体的语言。

(2)传统表演艺术。

(3)民俗活动、礼仪、节庆。

(4)有关自然界和宇宙的民间传统知识和实践。

(5)传统手工艺技能。

(6)与上述表现形式相关的文化空间。

为使中国的非物质文化遗产保护工作规范化,国务院发布《关于加强文化遗产保护的通知》,并制定"国家+省+市+县"共4级保护体系。

国家级非物质文化遗产名录,是经中华人民共和国国务院批准,由文化部确定并公布的非物质文化遗产名录。中华人民共和国先后于 2006 年、2008 年、2011 年和 2014 年命名了四批国家级非物质文化遗产名录:

(1)2006 年 5 月 20 日,第一批国家级非物质文化遗产名录,共计 518 项;

(2)2008 年 6 月 14 日,第二批国家级非物质文化遗产名录,共计 510 项;

(3) 2011年6月10日,第三批国家级非物质文化遗产名录,共计191项;
(4) 2014年7月16日,第四批国家级非物质文化遗产名录,共计153项。

此外,文化部还确定并发布了以下地方性非物质文化遗产名录:
(1) 江苏省、浙江省、安徽省、山东省等31个省级非物质文化遗产名录;
(2) 扬州市、徐州市、菏泽市等334个市级非物质文化遗产名录;
(3) 高邮市、昆山市、广德县、衡南县等2853个县级非物质文化遗产名录。

通过分析非物质文化遗产的各类形式,并参考文化部民族民间文艺发展中心拟定的文化行业标准,非物质文化遗产资源分类如下:

表3-9 非物质文化遗产类目

序号	分类	包含内容
1	民间文学	由劳动人民口头创造,构成人民文化生活的重要组成部分,是人民群众自我表达、自我娱乐、自我教育的工具,具有丰富多样的表现形式,例如:神话传说、流传故事、谚语谜语、民间歌谣、民间小戏、民间说唱、叙事史诗等
2	传统音乐	是人民在生活中经口头传唱、代代相传逐渐形成的,具有浓郁的地域色彩,其形成和发展不同程度地留有不同文化背景、音韵特点、方言特点的积淀。例如阿里郎等民歌、江南丝竹等民间器乐、佛教等宗教音乐等
3	传统舞蹈	指流传久远、目前仍在传承的传统舞蹈。中国的传统舞蹈大致可分为古代舞蹈、戏曲舞蹈和民族民间舞蹈。还可以分为汉族传统舞蹈和少数民族舞蹈
4	传统戏剧	戏曲在形成唱、做、念、打为一体的成熟的戏曲形式后,又因受不同民族、不同地区语言、风俗、民间艺术的影响而形成千姿百态的剧种,如京剧、秦腔、梨园戏、藏戏、蒙古戏等
5	曲艺	包括评书、相声、快板、大鼓等
6	传统体育、游艺与杂技	是在民间族群民俗活动、生产竞技、赛力竞技、游艺博弈、习武强身、护家卫国的战斗和民间五花八门的游戏中演变而来,例如传统武术、竞技、舞狮、武术、太极拳等
7	传统美术	包括皮影、剪纸、民间绘画、年画、木版画等
8	传统技艺	包括制陶、烧瓷、制砚、制笔、宣纸制作、织造、印染、营造、酿制、锻制、刺绣、雕刻、泥塑、编结等
9	传统医药	按照来源进行分类,可以分为中医、藏医、蒙医等;按照知识起源与传承脉络进行分类,可分为生命与疾病认知、炮制技术、正骨疗法等
10	民俗	包括巫术民俗,信仰民俗,服饰、饮食、居住之民俗,建筑民俗,制度民俗,生产民俗,岁时节令民俗,商业贸易民俗和游艺民俗等

6. 网络信息资源

网络信息资源(Network Information Resources)是通过计算机网络可以利用的各种信息资源的总和。

网络信息资源极其丰富,包罗万象,其内容涉及农业、生物、化学、数学、天文学、航天、气象、地理、计算机、医疗和保险、历史、大学介绍、法律、政治、环境保护、文学、商贸、旅游、音乐和电影等几乎所有专业领域,它是知识、信息的巨大集合,是人类的资源宝库。

关于网络信息资源的种类,许多人从各个不同的角度给予了不同的分类。按照信息资源传播的范围,可大致分为光盘局域网信息、传统的联机网络信息和近年异军突起的Internet网络信息资源;按照信息加工层次,可分为网络指南搜索引擎、联机馆藏目录、网络数据库、电子期刊、电子图书、电子报纸、参考工具书和其他动态信息;按照提供信息的机构,可将信息资源分为图书馆提供的信息资源、专业信息服务机构提供的资源、企业公司团体甚至个人提供的信息资源;按照信息内容的表现形式和用途,可分为全文数据、事实型数据、数值型数据、文献书目信息、实时交互活动型信息以及图像音乐等。

对网络资源建立分类体系,必须遵循面向网络信息资源、面向网络技术环境、面向网络用户的原则,突出其实用性和易用性,充分借鉴网上已编制的分类体系的经验和传统分类法理论、技术和成果。

以下是网上中文信息分类大纲[7]:

表3-10 网上中文信息分类大纲

序号	分类	包含内容
1	哲学与宗教	包括哲学理论、各国哲学、各科哲学、伦理学、各类宗教及信仰、占卜与巫术等
2	人文与社会科学	包括人文科学、社会学、社会发展与变迁、社会问题与分析、家庭与婚姻、民族学与民族问题、人口学与人口问题、人类学、统计学及统计资料、管理理论技术等
3	社会文化	包括语言文字、专题文化、群众文化、考古与博物馆、展览与展览馆、出版、网上书店、民俗风情、神话传说等
4	文学与艺术	包括美学、文艺理论、文艺作品、文艺团体、文艺人物、文艺奖项等
5	教育与人才	包括教育理论、教育技术、各国教育、各级教育、各类人群的教育、远程教育、学校与招生、考试与试题、教材讲义、人才与人才市场等
6	体育与健身	包括体育理论与技术、运动会与成绩、体育设施与器械、各类体育运动、武术、气功、健身运动等
7	生活与休闲娱乐	包括户外活动、家庭生活、恋爱婚姻、美容、社交与交谊、服装与时尚、家政与烹饪、居室庭院、购物、爱好与嗜好、游戏、宠物、娱乐场所、公众服务、网上交友、网上棋苑等
8	旅游与服务业	包括名胜古迹、旅游景点、旅游服务设施、旅游指南、陆路航空水路交通概况及时刻表、订票服务、气象服务、货币兑换服务等
9	医学与健康	包括医学基础科学、心理学、诊断、治疗、护理、各科疾病、药物、医疗器械、医学工程、保健与养生、心理健康与咨询、医学教育、家庭医学、紧急救护、远程诊断、医院及药店等
10	经济与金融	包括经济理论、经济计划与管理、各国经济、工业经济、农业经济、房地产经济、交通运输经济、邮电经济、信息产业经济、贸易经济、财政、税务、金融、经济开发区、市场、广告、网上贸易、企业等

续表

序号	分类	包含内容
11	政治	包括政治理论、政府机构、政党、国情与政策、外交与国际关系、政治事件、政治人物等
12	法律	包括法学理论、各国法律法规、国际法、各行业法律法规、法律咨询、司法机构、法庭与审判、仲裁及仲裁机构、律师及律师机构等
13	军事	包括军事理论、军事史、军事教育、各国军事、战略战术、武器装备、军事工程等
14	历史与地理	包括世界及各国史、各学科及行业史、人物传记、自然地理、人文地理、经济地理、专类地理、自然考察、探险等
15	自然科学	包括科学理论、数理科学、天文学、地球科学、大气科学、海洋科学、生物学与生物工程等
16	农业科学	包括农业基础科学、农业动力、农业机械、农业工程、农艺、园艺、林业、畜牧兽医、水产养殖与捕捞等
17	工程技术	包括通用技术、矿业与能源、机械工程、电力电子技术、自动化技术、化学与化工、轻工业与手工业、建筑工程、水利工程、交通运输工程、航空航天技术、环境与生态等
18	计算机与网络	包括通信技术、信息技术、多媒体技术、网络技术、Internet、计算机技术、硬件、软件、计算机应用、计算机安全、市场、个人主页等
19	新闻与媒体	包括传播理论、时事新闻、专题新闻、广播、电视、出版、电子出版物、新闻组等
20	图书馆与参考资料	包括图书馆、情报所、信息中心、搜索引擎、工具书、电子出版物、各类参考资源等
21	国家与地区	在各国和地区下,按上述各领域展开
22	综合网站	不宜用上述标准区分的

3.2.2 现有文化资源分类方法

目前已有的文化资源分类方法主要有中国图书馆分类法、全国文化信息资源共享工程资源分类方法。

1. 中国图书馆分类法

文献分类法就是按文献内容主题来分类的一种方法,它包括类目表和分类规则,是类分文献、编制分类检索工具的工具。

《中国图书馆分类法》现行最新的版本是第五版。该分类法包括马克思主义、列宁主义毛泽东思想,哲学,社会科学,自然科学,综合性图书五大部类,在五大部类基础上,形成22个基本大类,具体如下:

表 3-11 《中国图书馆分类法》的基本分类

基本部类	标记符号	基本大类
马克思主义、列宁主义、毛泽东思想	A	马克思主义、列宁主义、毛泽东思想、邓小平理论
哲学	B	哲学、宗教
社会科学	C	社会科学总论
社会科学	D	政治、法律
社会科学	E	军事
社会科学	F	经济
社会科学	G	文化、科学、教育、体育
社会科学	H	语言、文字
社会科学	I	文学
社会科学	J	艺术
社会科学	K	历史、地理
自然科学	N	自然科学总论
自然科学	O	数理科学和化学
自然科学	P	天文学、地球科学
自然科学	Q	生物科学
自然科学	R	医药、卫生
自然科学	S	农业科学
自然科学	T	工业技术
自然科学	U	交通运输
自然科学	V	航空、航天
自然科学	X	环境科学、安全科学
综合性图书	Z	综合性图书

注：各大类的分类方法请参见：《中国图书馆分类法》（第五版）。

2. 全国文化信息资源共享工程资源分类方法

文化共享工程 2014 年 6 月完成了四个标准规范草案的制定，其中《公共数字文化资源知识组织分类标准规范》按照文化部构建国家公共数字支撑平台的需要，给出了文化资源的分类方法，主要内容如下。

（1）基本大类

根据资源的类型与内容分布，考虑用户使用需要及数字检索环境特点，设置基本大类如下：

表 3-12　全国文化信息资源共享工程资源基本大类

主体类目	B 文化
	D 文学
	E 艺术
	F 历史、地理
	G 人物
	H 政治、法律、社会
	J 经济商贸
	M 医药卫生
	N 农业技术
	P 科技与服务
资源、地区及民族语言	W 资源类型
	Z 地区与民族语言

（2）简表

以下类表的标记符号采用混合号码,基本大类以一位大写字母标记,二级类目以两位数字表示。对于重复反映类目,则在类名上加@,表示其为多维揭示类目。

表 3-13　全国文化信息资源共享工程资源分类简表

基本大类	二级类目	包含内容	重复反映
B 文化	B10 公共文化	文化理论、群众文化、新闻出版、广电网络、文博事业、文化交流、外国文化等	本类可在"政治、法律、社会"大类重复反映
	B15 传统文化	主要收入传统学术和文化思想,包括孔孟、老庄、先秦诸子、各代学术思想史以及传统文化的相关研究	内容较多,可进一步展开
	B20 地方文化		
	B25 民族文化		
	B30 风俗习惯		
	B35 文物与收藏	文物、考古与收藏、有关理论如敦煌学等。古籍鉴定、文化遗产均归入本类	
	B40 文化遗产@	包括物质文化遗产、非物质文化遗产等	以重复反映的方式突出反映
	B50 宗教		
	B95 其他		

续表

基本大类	二级类目	包含内容	重复反映
D 文学	D10 文艺理论		
	D15 小说		
	D20 四大名著@		为"小说"类的重复反映
	D25 诗歌		
	D30 散文		
	D35 儿童文学		
	D40 民族文学		
	D45 外国文学		
	D50 文学史		
	D55 文学家@		"人物"类的重复反映
	D95 其他		
E 艺术	E10 艺术理论		
	E15 艺术知识与鉴赏		
	E20 绘画		
	E25 书法		
	E30 工艺		
	E35 雕塑		
	E40 音乐		
	E45 舞蹈		
	E50 戏剧		
	E55 电影		
	E60 电视剧		
	E65 动漫		
	E70 艺术史		
	E75 艺术家@		"人物"类的重复反映
	E96 其他		
F 历史、地理	F10 史学理论		
	F15 中国古代史		
	F20 中国近代史		
	F25 中国现代史		
	F30 地方史志		
	F35 民族史		
	F40 历史事件		
	F45 各科专门史		
	F50 外国史		
	F55 人物		按专业分,并在相关门类重复反映
	F80 地理		

续表

基本大类	二级类目	包含内容	重复反映
G 人物@			F55,为重复反映
H 政治、法律、社会	H10 理论与方法		
	H15 社会生活与问题	内容、常识与问题	
	H20 政治、外交		
	H25 法律		
	H30 军事		
	H35 公共文化@		语言文字入此,此类为"文化"下同名类的重复反映
	H40 教育		
	H45 体育与健身		部分子类在"医药卫生"重复反映
	H95 其他		
J 经济商贸	J10 经济理论		
	J15 职业与就业		
	J20 企业经济与管理		
	J25 农业		
	J30 工业		
	J35 房地产、市政建设		
	J40 商业贸易		
	J45 服务业、家政		
	J50 旅游		
	J55 金融、货币		
	J60 国外经济		
	J95 其他		
M 医药卫生	M10 医疗管理		
	M15 卫生与健康	包括养生、健身等	与"体育与健身"中的部分子类重复反映
	M20 中医		中西医入此
	M30 中药		
	M35 医学理论		
	M40 预防医学		
	M45 各科疾病治疗		
	M50 儿科疾病治疗@		"各科疾病治疗"子类的重复反映
	M55 老年疾病治疗@		"各科疾病治疗"子类的重复反映
	M60 妇科疾病治疗@		"各科疾病治疗"子类的重复反映
	M70 药品		
	M95 其他		

61

续表

基本大类	二级类目	包含内容	重复反映
N 农业技术	N10 农业科学		
	N15 农田水利		
	N20 农业技术		
	N25 农作物		
	N30 经济作物		
	N35 园艺		
	N40 林业		
	N45 鱼类养殖		
	N50 畜牧业		
	N55 农业经济@		"经济商贸"子类的重复反映
	N60 三农问题与农村工作@		"经济商贸"子类的重复反映
	N65 务工技能		在相关类下重复反映
	N95 其他		
P 科技与环保	P10 科技理论		
	P10 数理化		
	P15 天文学		
	P20 地球科学		
	P25 生物学		
	P30 医药卫生@		
	P35 农业技术@		
	P40 工业技术		
	P45 手工业与生活服务		
	P55 环境保护		
	P60 青少年科普		
	P95 其他		
W 资源类型	W10 文本文献	按资源类型复分表分,再在资源类型下按该资源主体类表中的分类号排列。其整体类号也可用":"作为组配符号,将资源类号与主体类号组配	例如:农田水利专题片标引为:W34:N15
	W15 音频		
	W20 电影		
	W22 电视连续剧		
	W26 舞台艺术		
	W28 动漫		
	W30 游戏		
	W32 综艺、谈话、采访、互动		
	W34 专题片		
	W36 讲座		
	W40 新闻		
	W50 特色数据库		

续表

基本大类	二级类目	包含内容	重复反映
Z 地区、民族语言	Z42 北京市	对需要进行地区区分的对象依据地区复分表分,民族语言的资源按民族语言复分表分,再按主体类表的分类号排列。地区和民族两种区分中一般只选用其中的一种,不同时使用。地区或民族语言可同时结合主体类表类目和资源类型区分使用	例如:卫藏方言的农田水利专题片可标引为 N15:W24:Z64,在农田水利下显示;同时,按 W24:N15:Z64、Z64:N15:W24 的方式在资源类型和民族语言类下提供浏览查找
	Z44 华北地区		
	Z46 东北地区		
	Z48 西北地区		
	Z50 华东地区		
	Z52 中南地区		
	Z54 西南地区		
	Z56 港澳台地区		
	Z60 藏语		
	Z64 卫藏方言		
	Z66 安多方言		
	Z68 康巴方言		
	Z70 蒙古语		
	Z72 维吾尔语		
	Z74 哈萨克语		
	Z78 朝鲜语		

3.2.3 文化资源目录体系规划

前文对图书馆采用的《中国图书馆分类法》的基本分类、全国文化信息资源共享工程资源组织分类方法,以及多个文化机构以及网络文化资源的分类进行了调查和汇总。本书将综合考虑上述资源特点和资源分类方法,考虑用户使用需要及数字检索环境的特点,编制适合各类文化资源共享的目录体系。

1. 文化资源基本大类

本书将公共文化资源设置 12 个基本大类,如下表所示。

表 3-14 文化资源基本大类

主体类目	B 文化
	D 文学
	E 艺术
	F 历史、地理
	G 人物
	H 政治、法律、社会
	J 经济商贸
	M 医药卫生
	N 农业技术
	P 自然科学与技术
资源类型、地区及民族语言	W 资源类型
	Z 地区与民族语言

上表的基本大类设置总体上分为"主体类目"以及"资源类型、地区及民族语言"两大部分。主体类目主要从三个层面进行设置,分别是文化及文学、艺术层面,社会层面,以及科技层面。这与《中国图书馆分类法》的大类基本一致,并能将美术馆、博物馆以及网络资源涵盖在内,而且与全国文化信息资源共享工程资源组织分类方法基本相同,但将其中的"P科技与服务"改为"P自然科学与技术"。

除了这三个层面的分类,"W资源类型"和"Z地区与民族语言"提供从资源类型角度、地区角度和民族语言角度的查检,可以为从特定角度使用资源的用户提供方便。

2. 文化资源类目体系展开

类目体系的展开根据各类内容对象的特点逐级进行,同时也要关注资源处理的用户视角,通过多维技术的应用,满足不同用户的使用需求。

主体类目部分,各个基本大类的类目展开采用层层划分的方式进行,通常根据该大类资源涉及的内容对象、资源分布情况及用户需求,设置二级类,然后再根据子类的资源数量和资源特点,设置三级类,如此层层划分,构成一个逐级展开的树形结构。

类目体系展开为以下二级类目:

表3-15 文化资源类目体系

基本大类	二级类目	包含内容	重复反映	编制备注
B 文化	B10 公共文化	文化理论、群众文化、新闻出版、广电网络、文博事业、文化交流、外国文化等	本类可在"政治、法律、社会"大类重复反映	
	B15 传统文化	主要收入传统学术和文化思想,包括孔孟、老庄、先秦诸子、各代学术思想史以及传统文化的相关研究	内容较多,可进一步展开	
	B20 地方文化@		在"F80 地理"子类中重复反映	
	B25 民族文化			
	B30 风俗习惯			
	B35 文物与收藏	文物、考古与收藏、有关理论如敦煌学等。古籍鉴定、文化遗产均归入本类		博物馆资源一般可归入 B35 和 B40
	B40 文化遗产	包括物质文化遗产、非物质文化遗产等	以重复反映的方式突出反映	E75 民间艺术与该项应重复反映

续表

基本大类	二级类目	包含内容	重复反映	编制备注
B 文化	B50 宗教			
	B55 哲学			《中国图书馆分类法》和网络资源都有该项
	B95 其他			
D 文学	D10 文艺理论			
	D15 小说			
	D20 四大名著@		为"小说"类的重复反映	
	D25 诗歌			
	D30 散文			
	D35 儿童文学			
	D40 民族文学			包括非物质文化遗产中的民间文学
	D45 外国文学			
	D50 文学史			
	D55 文学家@		为"人物"类的重复反映	
	D95 其他			
E 艺术	E10 艺术理论			
	E15 艺术知识与鉴赏			
	E20 绘画			美术馆以下 11 种资源可列入此类：中国画、油画、版画、素描/速写、水彩/水粉画、连环画、漆画、新年画、插画、传统年画、漫画

续表

基本大类	二级类目	包含内容	重复反映	编制备注
E 艺术	E25 书法			
	E30 工艺			
	E35 雕塑			
	E40 音乐			
	E45 舞蹈			
	E50 戏剧			
	E55 电影			
	E60 电视剧			
	E65 动漫			
	E70 摄影			
	E75 民间艺术@		与"B40 文化遗产"重复反映	美术馆的民间艺术、风筝、陶瓷、刺绣/印染/织物、玩具、剪纸、皮影、面具、木偶可列入此类
	E80 艺术史			
	E85 艺术家@		"人物"类子类的重复反映	
	E95 其他			
F 历史、地理	F10 史学理论			
	F15 中国古代史			
	F20 中国近代史			
	F25 中国现代史			
	F30 地方史志			
	F35 民族史			
	F40 历史事件			
	F45 各科专门史			
	F50 外国史			
	F55 人物		按专业分并在相关门类重复反映	
	F80 地理			
G 人物			F55,为重复反映	

续表

基本大类	二级类目	包含内容	重复反映	编制备注
H 政、法、社会	H10 理论与方法			
	H15 社会生活与问题	内容、常识与问题		
	H20 政治、外交			
	H25 法律			
	H30 军事			
	H35 公共文化@		语言文字入此,此类为"B文化"下同名类的重复反映	
	H40 教育			
	H45 体育与健身@		部分子类在"医药卫生"重复反映	
	H50 新闻与媒体			
	H55 生活与休闲娱乐			
	H95 其他			
J 经济商贸	J10 经济理论			
	J15 职业与就业			
	J20 企业经济与管理			
	J25 农业			
	J30 工业			
	J35 房地产、市政建设			
	J40 商业贸易			
	J45 服务业、家政			
	J50 旅游			
	J55 金融、货币			
	J60 国外经济			
	J95 其他			

续表

基本大类	二级类目	包含内容	重复反映	编制备注
M 医药卫生	M10 医疗管理			
	M15 卫生与健康	包括养生、健身等	与"H45 体育与健身"中的部分子类重复反映	
	M20 中医			
	M25 西医			
	M30 中药			
	M35 医学理论			
	M40 预防医学			
	M45 各科疾病治疗			
	M50 儿科疾病治疗@		"M45 各科疾病治疗"子类的重复反映	
	M55 老年疾病治疗@		"M45 各科疾病治疗"子类的重复反映	
	M60 妇科疾病治疗@		"M45 各科疾病治疗"子类的重复反映	
	M70 药品			
	M95 其他			
N 农业技术	N10 农业科学			
	N15 农田水利			
	N20 农业技术			
	N25 农作物			
	N30 经济作物			
	N35 园艺			
	N40 林业			
	N45 鱼类养殖			
	N50 畜牧业			
	N55 农业经济@		"J 经济商贸"子类的重复反映	
	N60 三农问题与农村工作@		"J 经济商贸"子类的重复反映	
	N65 务工技能@		在相关类下重复反映	
	N95 其他			

续表

基本大类	二级类目	包含内容	重复反映	编制备注
P 自然科学与技术	P10 科技理论			
	P10 数理化			
	P15 天文学			
	P20 地球科学			
	P25 生物学			
	P30 医药卫生@			
	P35 农业技术@			
	P40 工业技术			
	P45 交通运输			
	P50 航空航天			
	P5 计算机与网络技术			
	P60 安全科学			
	P65 环境科学			
	P70 手工业			
	P95 其他			
W 资源类型	W10 文本	按资源类型复分表分，再在资源类型下按该资源主体类表中的分类号排列。其整体类号也可用":"作为组配符号,将资源类号与主体类号组配	例如:农田水利专题片(视频)标引为:W25:N15	
	W15 图像			
	W20 音频			
	W25 视频			
	W30 电子图书			
	W35 电子连续性资源			
	W50 数据库			
Z 地区、民族语言	Z42 北京市	对需要进行地区区分的对象依据地区复分表分,民族语言的资源按民族语言复分表分,再按主体类表的分类号排列。地区和民族两种区分中一般只选用其中的一种,不同时使用。地区或民族语言可同时结合主体类表类目和资源类型区分使用	例如:卫藏方言的农田水利专题片可标引为 N15:W25:Z64,在农田水利下显示;同时，按 W25:N15:Z64、Z64:N15:W25 的方式在资源类型和民族语言类下提供浏览查找	
	Z44 华北地区			
	Z46 东北地区			
	Z48 西北地区			
	Z50 华东地区			
	Z52 中南地区			
	Z54 西南地区			
	Z56 港澳台地区			
	Z60 藏语			
	Z64 卫藏方言			
	Z66 安多方言			
	Z68 康巴方言			
	Z70 蒙古语			
	Z72 维吾尔语			
	Z74 哈萨克语			
	Z78 朝鲜语			

上述类目体系中,采用了超文本链接技术,对多重属性的类目重复反映、多维揭示,将多维结构贯彻到主体类表结构中,方便用户从不同角度查检。例如,"地方文化"除了在"B 文化"类下设置子类外,同时还可以根据其内容属性,在"F80 地理"下重复反映,供从地理角度查找使用;再如,有关儿科疾病治疗的内容,除了在"M45 各科疾病治疗"下的相应位置设置子目外,同时设置"M50 儿科疾病治疗"重复设置该类目,供突出反映。重复反映类目以"@"标注,通过超文本链接实现,标引时只要将资源归入非重复设置的类目就可以了。

关于"W 资源类型"类目的展开,全国文化信息资源共享工程资源组织分类方法中将其设置为文本文献、音频、电影、电视连续剧、舞台艺术、动漫、游戏、综艺、专题片、讲座、新闻、特色数据库等二级类目。但其中大部分与主体类目中的二级类目基本重复,没有必要设置复分类目。因此,本类目体系将"W 资源类型"展开为上表中的文本、图像、音频、视频、电子图书、电子连续性资源和数据库,供主体类目下复分使用,方便主体类目下按照资源类型进行有层次的揭示。

中国地区复分表,国内部分暂划分到大区,供具有地区揭示价值的相关资源标引使用;少数民族语言复分表部分,暂时只设置资源所涉及的几种语言门类,可在应用过程中根据民族语言资源情况的变化再作调整。对需要进行地区区分的对象依据地区复分表分,民族语言的资源按民族语言复分表分,再按主体类表的分类号排列。地区和民族两种区分中一般只选用其中的一种,不同时使用。地区或民族语言可同时结合主体类表类目和资源类型区分使用。

复分表的使用方法为:对涉及资源类型、地区、民族语言等资源多维度类目的标引,可以直接从资源类型的角度进行检索,也可以在其基本特征类目的基础上,引入组配号":",采用与该资源主体类号组配的形式加以揭示,改进多维揭示的效果。其号码构成为:特征类目号码+":"+该资源的主体类号。例如,农田水利专题片视频标引为:W25:N15。再如:卫藏方言的农田水利专题片视频可标引为:N15:W25:Z64,在农田水利下显示;同时,按 W25:N15:Z64、Z64:N15:W25 的方式在资源类型和民族语言类下提供浏览查找。

3.3　文化大数据构成与建设建议

大数据时代的到来改变了传统的数据收集、存储、分析和利用方式,由此而引发的一系列变革,将改变人类生活的各个领域。

作为为公众提供知识、教育和欣赏的社会公共文化机构,图书馆、博物馆、文化馆和美术馆等不可避免地会受到数据应用技术革新的影响。公共文化大数据是指与公共文化相关,尤其是在公共文化服务中所需要及所产生的数据,这些数据经过持续不断地大量积累之后,在深度和覆盖面上产生足以揭示规律和影响运作的效应。由于数据得到越来越多的分享和互联,因此在一定程度上可以揭示出产业活动所透露的价值和意义,而这种有意义的数据只要被发现,经过加工处理,就可形成一定的应用,这正是大数据产业的使命。大数据应用于文化产业,相比电商和金融等行业来说相对滞后,但影响不可小视。从商业角度讲,大数据改变了文化产业运营模式和形态;而从社会角度看,它改变着人们的生活方式及社会结构。

图书馆、博物馆、文化馆和美术馆等公共文化机构累积了大量的资源数据和用户数据,不仅有正规的资源数据和业务数据,如图书馆的书目数据、各类资源的二次文献数据,博物馆和美术馆的馆藏、活动数据,文化馆和群艺馆的多媒体数据等,而且有正在产生的、由用户创造的数据内容,种类繁多、类型复杂。虽然大数据并不能揭示每一个活动背后的理由和机缘,但能发现其中的关联关系,通过关联关系的挖掘和对象的聚类,能够为未来的个性化、人性化服务和精准推送带来无限的可能。如何找出各种类型的文化大数据,并从各类的数据中快速获得有价值的信息并加以利用,从而为公众提供更优质的服务,是文化机构面临的新课题和新的发展机遇。

3.3.1 文化大数据的构成

通过对各种类型的大数据进行归类,本书将公共文化大数据分为文化资源数据、资源访问量数据、应用访问量数据和用户信息数据。

1. 文化资源数据

随着公共文化数字化工程的不断深入与完善,各文化机构已经拥有了大量的数据资源及相关信息。例如,图书馆馆藏丰富,数据量庞大,包括善本古籍、名人手稿、地方志等各种类型的珍品特藏,还包括学位论文、期刊论文、报纸等文献资料,以及视频、音频、光盘资料等;博物馆拥有的藏品信息不仅包括对藏品名称、时代、地点、质地、外形尺寸、流传经过、所属关系、用途、保存情况、评价、征集者和征集时间等文字类描述,还包括图片、视频、平面扫描、三位立体扫描等影像类信息;美术馆收藏了各类美术作品,包括近现代美术精品、著名美术家的代表作品、重大美术展览获奖作品,以及年画、剪纸、皮影、刺绣等民间美术作品。

藏品信息是文化机构最基础的数据。同时,在历次展览陈列和各种研究成果中所形成的文本、图片、音频和视频等数据也是文化机构基础数据的重要组成部分。文化机构的这些基础数据数量庞大,而且随着藏品和展览数量的增加以及新研究成果的产生,数据量也将不断增长。

本书上文详细列出了图书馆、博物馆、文化馆和美术馆等文化机构的文化资源基础数据的类目和存量,并提出了面向共享的文化资源目录体系。

2. 资源访问量数据

用户对图书馆、博物馆、文化馆和美术馆等公共文化机构的各类文化资源的访问行为主要包括点击和下载。因此,资源访问量数据可分为资源点击量和资源下载量,这两类数据可以说明用户对某类资源的感兴趣程度,也说明了该类资源的可推广趋势。此外,对于某类资源,随着时间的变化,用户对它的感兴趣程度可能会发生变化,资源访问量变化趋势也可以作为评价资源的重要指标。

3. 应用访问量数据

图书馆、博物馆、文化馆和美术馆等公共文化机构在信息化过程中,形成了多种多样的应用系统。例如,国家图书馆为了通过多种渠道为用户提供服务,构建了中国国家数字图书馆网站、掌上国图、手机门户、微信公众号等应用系统;国内不少博物馆建立了网站、数字化博物馆、智能导览系统等,其中,国家博物馆的数据开放方式就包括网站、手机 APP、微博、微信公众号等;全国文化信息资源共享工程支撑平台的应用集成系统包括支撑特色应用公共文化交流平台、心声·音频馆系统、边疆万里数字文化长廊系统、问卷调查系统、数字学习港系统及中国文化网络电视等。

文化机构的各类应用系统在运行过程中接受用户的访问量会各有区别,这些访问量反映了用户对各类应用的兴趣所在,从而也体现了各类应用的服务工作效能情况。此外,针对同一类应用系统,不同时间的访问量变化情况,也可以体现该服务的发展势头。因此,应用访问量数据可以作为公共文化服务评价的重要指标。

4. 用户信息数据

用户是公共文化机构的服务对象,也是文化机构赖以生存的社会基础。文化机构要更好地服务用户,必须调查了解用户,研究用户的需求。因此,用户信息大数据是与公共文化资源数据同等重要的战略性大数据资源,是建立公共文化大数据服务所必须掌握的核心资源。

用户信息数据主要包括以下几类:

(1) 用户个人特征。主要包括用户年龄、性别、职业、文化层次、地理位置、消费情况等。

(2) 用户活动。用户参与了什么活动,在什么展品前停留了多长时间,购买了什么纪念品,浏览了什么页面,在应用系统上浏览时间长短,用户的留言或评论,等等。

(3) 用户数量。例如,某文化机构的年用户数量,每个展览的用户数量,参与活动的用户数量,不同时间段的用户数量等。

以上用户信息数据既可以来源于文化机构的应用系统,又可以来源于博客、微博、微信、论坛等社交网络。这些数据的作用终端包括电脑、手机、数字机顶盒、阅读器、触摸屏等。

3.3.2 文化大数据建设建议

大数据时代文化机构的文化大数据建设是时代发展的必然要求。文化大数据资源建设应考虑采取以下措施。

1. 加快大数据基础设施建设

互联网(包括移动互联网)是公共数字文化服务的主要平台,服务系统和应用终端是大数据供需的两端,抓住它们就抓住了各类大数据的来源。当前,文化机构首先要加紧建设各类文化云平台,并升级改造"十二五"期间建设的公共文化数字化平台,使之满足大数据采集和运行的需要;还要想办法借助通用的互联网基础服务,如腾讯的微信、QQ,阿里的淘宝、支付宝,百度的搜索,以及优酷、豆瓣等各类内容服务或媒体服务,通过数据交换、交叉认证等方式获得更大范围的大数据来源。其中,用户信息大数据是与公共文化资源大数据同等重要的战略性大数据资源,是建立公共文化大数据服务所必须掌握的核心资源。另一个核心基础设施是大数据挖掘和分析平台。如何使各类机构有更大的积极性激活和开发他们所拥有的大数据,从而建立完整的公共文化大数据基础设施,是公共文化大数据战略能否实施的关键所在。

2. 建立支持大数据基础设施的技术标准规范

基于互联网的大数据应用平台不可能是一个统一的、集中式的系统,数据也不可能建立"总库",而只能是渐进式逐步建立的、适应分布式环境的、依据协议进行数据交换的应用平台,甚至不可能完全由政府或一家机构来掌控,因此建立一套标准规范体系和协议标准就显得尤为重要。这套标准规范包括大数据应用标准、数据格式和访问接口、交换标准等,涉及资源形式、平台管理、服务流程、质量控制、用户体验、界面规范和可视化,以及各类设计规范、互操作规范等。

3. 充分发挥大数据对学术研究的支持作用

大数据一直在科学研究领域发挥着强大的作用。应用大数据技术,对海量的公共文化数据和以往的研究数据进行分析和挖掘,大量非结构化数据的补充,将会给文化机构的资源管理和研究以及其他专业研究带来新的发现。此外,来自互联网、移动设备和智能系统的大数据使得公众参与和跨领域合作成为可能,更广泛的参与性也将为文化机构的学术研究带来新的资源和启示,从而提升文化机构的学术研究水平,推动文化机构各项业务工作的开展。

4. 充分利用大数据分析进行文化活动创新

很多文化机构经常对外提供展览等文化传播活动。例如,博物馆经常通过展览向社会提供服务,而2011年国家一级博物馆运行评估报告指出,全国83家一级博物馆的原创性临时展览存在选题雷同、形式缺少创意、数量不足的情况。博物馆等文化机构不妨尝试应用大数据技术,在对海量数据的分析中,挖掘出既能体现文化机构的文化内涵,又符合公众关注点的文化宣传主题,适合不同公众特点的体验方式等素材,推出受公众欢迎的原创性文化活动,进而用这样的文化活动来带动文化机构的学术成果、文化产品和社会教育活动。

5. 充分利用大数据分析为用户提供个性化服务

主动适应用户个性化的需求,是时代对文化机构的要求。文化机构网站、官方微博、各种智能系统所产生的大量与用户相关的非结构化数据,是实现文化机构为用户提供个性化服务的数据资源。基于对用户数据的分析,大数据技术可以帮助文化机构开展跟踪服务、精准服务、知识关联服务和宣传推广服务,针对不同的用户提供更有针对性的服务。事实上,文化机构缺少的并不是数据,而是数据分析的手段。大数据的意义也不在于掌握庞大的数据信息,而在于对这些有意义的数据进行专业化处理。让沉寂的数据活起来,从纷繁凌乱的数据中挖掘用户的行为习惯和喜好,预测用户未来的需求,进而对服务进行有针对性的调整和优化,这才是大数据对文化机构服务的价值之所在。

6. 寻求技术合作,提升文化机构综合实力

大数据的应用必须有大数据技术来支撑:海量数据的采集和存储能力,高速的数据处理和分析能力,系统的扩展和集成能力。要完成对海量数据高效的采集、存储、处理、挖掘和利用,不仅需要强大的硬件和软件支持,而且对人力投入和操作人员的技术水平都要有相当高的要求。对于绝大多数依靠国家财政支持的公益性文化机构来说,其资金投入是有限的,不可能与资金实力雄厚的大公司相匹敌,想要独立开展大数据项目有相当大的难度,不妨采取与第三方专业技术公司合作的方式,推动文化机构的大数据建设,通过释放文化机构的大数据潜力,提升文化机构的综合实力。

7. 加强大数据人才培养

如何从海量数据中发现价值,如何寻找隐藏在大数据中的模式、趋势和相关性,揭示其中的事物现象和发展规律,都需要我们拥有更好的数据洞察力。由于大数据的应用是技术难度极高的集成应用,涉及多个学科领域,因此,在大数据时代,数据管理人才成为数据密集型科研环境下的稀缺人才。文化机构无论是独立运行大数据项目,还是与第三方合作开发,都不能缺少一支具备较强专业知识同时又懂得数据管理的人才队伍。只有通过相关人才队伍的建立,才能保证文化大数据项目的顺利开展。

8.有效解决大数据安全和隐私问题

数据安全和数据隐私问题是大数据时代不可回避的问题。数据让我们面向更开放社会的同时,也让我们面临着时刻暴露在"第三只眼"的困境之下。文化机构在应用大数据技术为公众提供更优质服务的过程中,获取并分析了大量的数据。这些数据有相当一部分必然会涉及公众的个人隐私,如何有效地管理这些数据是文化机构在应用大数据技术时需要谨慎考虑的问题。这需要文化机构在应用大数据时建立安全的数据收集、保存、利用机制,而文化机构工作人员也应具备更高层次的职业道德和专业素养,在保护公众个人隐私的前提下,为公众提供优质的个性化服务。

随着大数据热潮的不断升温,先知、先行者既可能率先受益,也可能率先迷失,关键在于能否看清创新方向并找准应用模式。面对大数据时代的来临,关于大数据技术的应用,盲目推崇和不屑一顾都是不明智的态度。目前,我国的大数据技术应用尚处于在起步阶段,还面临着许多问题和难题,文化机构的数据处理还缺少深入细致的科学研究和可行有效的实践探讨。随着大数据技术在各个行业领域的不断发展与成熟,相信文化机构也将在大数据时代释放巨大的潜能,进一步提升文化机构的整体工作水平,更好地服务于社会,为公众创造更大的价值。

参考文献

[1] 肖希明,李金芮.国外公共数字文化资源整合模式及其借鉴[J].图书与情报,2015(1):9-14.
[2] 王永隆.基于企业架构和本体的灾害应急信息资源目录体系研究[D].南昌:南昌大学,2012.
[3] 涂勇,彭洁,郭晓峰.数字图书馆中科学数据目录体系建设方案探讨[J].数字图书馆论坛,2012(11):64-68.
[4] 牛燕.一种电子政务目录体系中服务发现机理的研究与设计[D].长沙:湖南大学,2009.
[5] 范卓佳.城市应急指挥资源共享交换平台的设计与实现[D].厦门:厦门大学,2011.
[6] 国家文物局.交一份满意的普查文物清单——中国国家博物馆一普工作纪实[EB/OL].[2017-07-07].http://www.sach.gov.cn/art/2016/1/11/art_722_127677.html.
[7] 陈树年.搜索引擎及网络信息资源的分类组织[J].图书情报工作,2000(4):31-37.

4 文化大数据标准规范体系研究

4.1 大数据标准与文化大数据标准理论研究概要

文化大数据是各公共文化机构大数据的集合,由于数据维度、数据类型等的不同,各单位文化大数据的建设与应用阶段都会呈现出不统一、不同步,甚至数据失真等问题,解决这个问题的关键,便是规则和标准。制定文化大数据标准的目的便是解决文化大数据在采集、组织、应用、管理、保存等各阶段所产生的不统一、不规范问题。国务院 2015 年 8 月印发的《促进大数据发展行动纲要》也将标准规范建设作为大数据发展的一个机制保障,明确提出:"建立标准规范体系。推进大数据产业标准体系建设,加快建立政府部门、事业单位等公共机构的数据标准和统计标准体系,推进数据采集、政府数据开放、指标口径、分类目录、交换接口、访问接口、数据质量、数据交易、技术产品、安全保密等关键共性标准的制定和实施。积极参与相关国际标准制定工作。"在结合文化大数据特点的基础上,本书力图构建一个完整的文化大数据标准规范体系,分析文化大数据标准标准规范建设的重点及近期内需要研制的文化大数据标准。

对于国内涉及文化大数据标准规范研究的著作,笔者先以"文化大数据标准"为检索词在国家图书馆联机公共目录查询系统中进行检索,并未检索到相关成果;后以"大数据标准"为检索词进行题名检索,可检索到 7 个检索结果(专著),但这 7 部专著主要是电力建设标准大数据系统以及农业资源的描述和著录标准,与我们课题的"大数据标准"有较大差异;又以"文化大数据"在系统中进行检索,有 2 个检索结果,分别为《大数据大文化》和《文化大数据 2015》。

对于国内涉及文化大数据标准化的学术论文,笔者选择 CNKI 系列数据库中的中国期刊全文数据库、中国博士学位论文全文数据库、中国优秀硕士学位论文全文数据库、中国重要会议论文全文数据库作为检索库,先以"文化大数据 and 标准"进行题名检索和关键词检索,皆没有检索到相关研究成果,后又分别以"文化标准"和"大数据标准"为检索词,从篇名和主题这两个检索项中搜索论文文献,检索年份为 2006 年至 2016 年,检索结果见下表。

表 4-1 以"文化标准"为检索词的检索结果

检索年份	学术期刊		博士论文		硕士论文		会议论文		特色期刊[①]		总计	
	篇名	主题	篇名	主题	篇名	主题	篇名	主题	篇名	主题	篇名	主题
2006	26	1126	—	203	1	1291	2	147	4	228	33	2995

---

① CNKI 中资源来源列表中所说的特色期刊是指"非学术期刊",是相对于"学术期刊"而言的。这类期刊报刊包括党建期刊、政报公报期刊、文艺作品期刊等。

续表

检索年份	学术期刊		博士论文		硕士论文		会议论文		特色期刊		总计	
	篇名	主题	篇名	主题	篇名	主题	篇名	主题	篇名	主题	篇名	主题
2007	19	1377	—	348	2	1980	2	144	12	472	34	4321
2008	30	1520	—	399	4	1877	1	104	9	530	44	4430
2009	27	1593	—	352	1	1799	—	89	4	609	32	4442
2010	30	1747	—	390	3	2077	2	120	3	690	38	5024
2011	40	2070	—	501	4	2724	1	132	16	1064	61	6509
2012	44	2572	—	478	3	2845	1	176	10	1334	58	7405
2013	44	2799	—	445	6	3141	2	165	8	1661	60	8211
2014	37	3098	—	381	1	3085	2	125	8	1820	48	8509
2015	43	3000	—	278	2	2824	4	153	20	1671	69	7926
2016	22	1360	—	4	—	35	1	26	3	694	30	2119
总计	362	22 262	0	3779	27	23 678	18	1381	97	10 773	507	61 891

注:检索时间为 2016 年 7 月份,所以 2016 年的文献数量仅涵盖 1—7 月份。

表 4-2 以"大数据标准"为检索词的检索结果

检索年份	学术期刊		博士论文		硕士论文		会议论文		特色期刊		总计	
	篇名	主题	篇名	主题	篇名	主题	篇名	主题	篇名	主题	篇名	主题
2006	—	531	—	379	—	2015	—	76	1	18	1	3019
2007	2	553	—	797	—	3037	—	74	—	17	2	4478
2008	—	652	—	793	—	3122	—	83	—	19	0	4669
2009	—	726	—	837	—	3383	—	105	—	15	0	5066
2010	1	850	—	944	—	3691	—	101	—	16	1	5602
2011	—	904	—	1098	—	4655	—	162	—	32	0	6851
2012	2	1148	—	1175	—	5317	—	116	—	53	2	7809
2013	2	1412	—	1181	—	5599	3	184	—	54	5	8430
2014	9	1775	—	1204	—	6093	—	247	—	81	9	9400
2015	24	2065	—	949	—	5540	6	178	1	89	31	8821
2016	15	1064	—	21	—	186	—	5	1	31	16	1307
总计	55	11 680	0	9378	0	42 638	9	1331	3	425	67	65 452

注:检索时间为 2016 年 7 月份,所以 2016 年的文献数量仅涵盖 1—7 月份。

从表4-1和4-2可以看出,与"文化标准""大数据标准"相关的研究逐渐得到了学界的关注,不管是从期刊论文和会议论文的发文数量上,还是从博硕论文的总数上来看,论文文献的数量均呈逐年增长的态势。

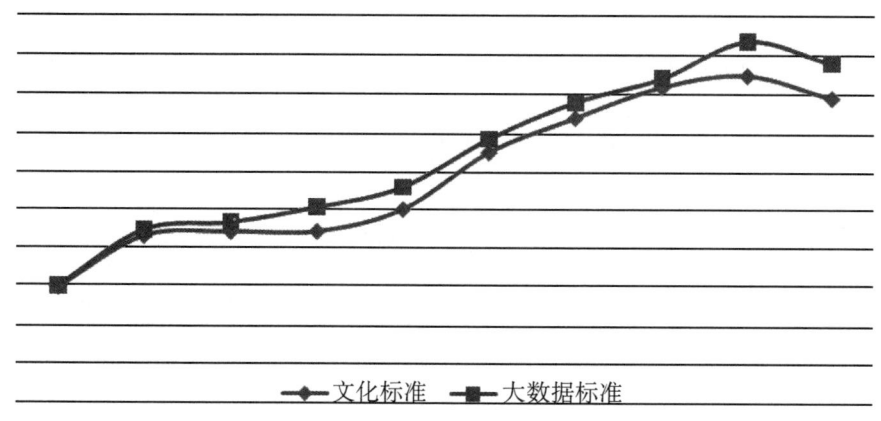

图4-1　以"文化标准"和"大数据标准"进行主题检索的论文数量图

从这些学术论文和著作的研究广度、深度以及关注视角来看,学者们主要围绕以下几个方面来进行理论和实践的探讨,包括公共文化服务、文化产业发展、文化市场管理等领域标准化的现状和发展路径,标准化体系构建的必要性、可行性及应用途径,大数据标准化的现状及标准研制以及这些领域在大数据方面的应用实践和标准化策略等。但综合来看,这些成果或以文化标准为研究对象,或以大数据标准为研究对象,而专门研究文化大数据标准的成果还比较少,特别是对文化大数据标准规范体系研究关注度不够。

4.2　文化大数据标准规范体系构建

4.2.1　构建依据与原则

构建科学、适用的文化大数据标准规范体系,首先应以国家各项法律法规及规章制度为依据,特别是与标准化工作密切相关的法律法规及规章制度,如《中华人民共和国标准化法》《中华人民共和国标准化实施条例》《国家标准管理办法》《行业标准管理办法》等。

在此基础上,文化大数据标准规范体系的构建还应当重点遵循如下原则:

一是应为国家大数据发展政策和文化发展政策提供全方位标准规范支撑;二是应与已有相关国家标准与行业标准尽可能保持一致;三是应充分借鉴国外大数据标准规范体系框架;四是应符合我国文化事业与大数据事业发展规律,并满足其未来发展需要。

4.2.2　文化大数据标准规范体系结构

文化大数据标准规范体系构建是开展文化大数据工作的基础,也是文化服务网络互联互通、信息共享和业务协同的基础,更是提高文化事业建设、管理和服务水平,加快推进事业发展的一项基础性工作。

从工作环节看,文化大数据标准涉及文化产品生产、服务、安全、质量、工艺、功能、权益保护等;从专业领域看,文化大数据标准覆盖图书馆、文化馆、美术馆、演出场所、社会艺术教育、文化娱乐场所、网络文化、动漫游戏、工艺美术等。构建文化大数据标准规范体系框架首先要从内容上建立一套联系紧密、相互协调、层次清晰、构成合理、满足需求的文化行业大数据标准,从而为我国文化大数据事业的科学发展提供标准支撑,为解决一定时期事业发展的关键问题提供标准依据,为提高事业发展水平提供标准保障,并通过建立标准的有效宣贯机制和评估机制,加强标准的宣传推广与贯彻执行,从而最终支持文化大数据事业长远、科学、规范发展。

在对国内外大数据标准规范体系进行充分调研的基础上,本书立足我国文化标准化工作与大数据标准化工作已有基础,根据文化与大数据事业现状、未来发展趋势及对标准化工作的需求,结合大数据技术框架和文化大数据自身特点,借鉴当前各领域推动大数据应用的初步实践,构建了一个多层次的文化大数据标准规范内容体系框架。根据该框架,文化大数据标准体系由六个部分组成,分别为:基础标准、文化大数据处理标准、文化大数据传输标准、文化大数据应用与服务标准、文化大数据管理标准和文化大数据安全标准(详见图4-2)。

1. 基础标准

该类标准为整个文化大数据标准体系提供术语、参考模型等基础性标准。主要包括以下三个方面的标准:

一是大数据应用基础标准。作为大数据标准体系中行业应用的组成部分,文化大数据标准体系除具有本行业特点以外,同时也应符合大数据标准中用于指导应用的基础通用类标准的规范要求。

二是术语标准。此类标准是对文化大数据体系内涉及的基础通用型术语及其定义、内涵、外延等进行规范。文化大数据集合了文化领域各行各业的数据信息,其数据资源丰富、资源类型各异、数据处理方法多样,具有数据资源规模庞大、数据结构复杂多样、数据更新速度快、数据价值高等特点,在进行数据处理的过程中,需规范、统一文化大数据的基础术语内容。只有首先建立文化大数据领域的基础术语标准,形成统一的、可交流的文化大数据管理"语言",才能使数据共建共享与交互利用成为可能。因此,作为文化大数据基础标准的重要组成部分,术语标准是整个文化大数据标准体系的基础,应覆盖各类型、各领域文化大数据资源的生产、管理、利用等各环节的共性术语。

三是参考架构标准。此类标准主要针对大数据应用层、平台层、传输层、服务层的逻辑架构给出规范指导。鉴于不同领域大数据在数据更新频率、数据规模、数据类型、数据安全性等方面具有不同的特征,在处理这些数据时,需要综合考虑数据采集与加工、数据组织与整合、数据挖掘与分析、数据传输与应用以及数据安全、数据质量评价与运营管理方式等的选择。参考架构标准,就是建立适用于文化大数据的结构化和基于模式的方法,以此简化定义完整的大数据架构任务。

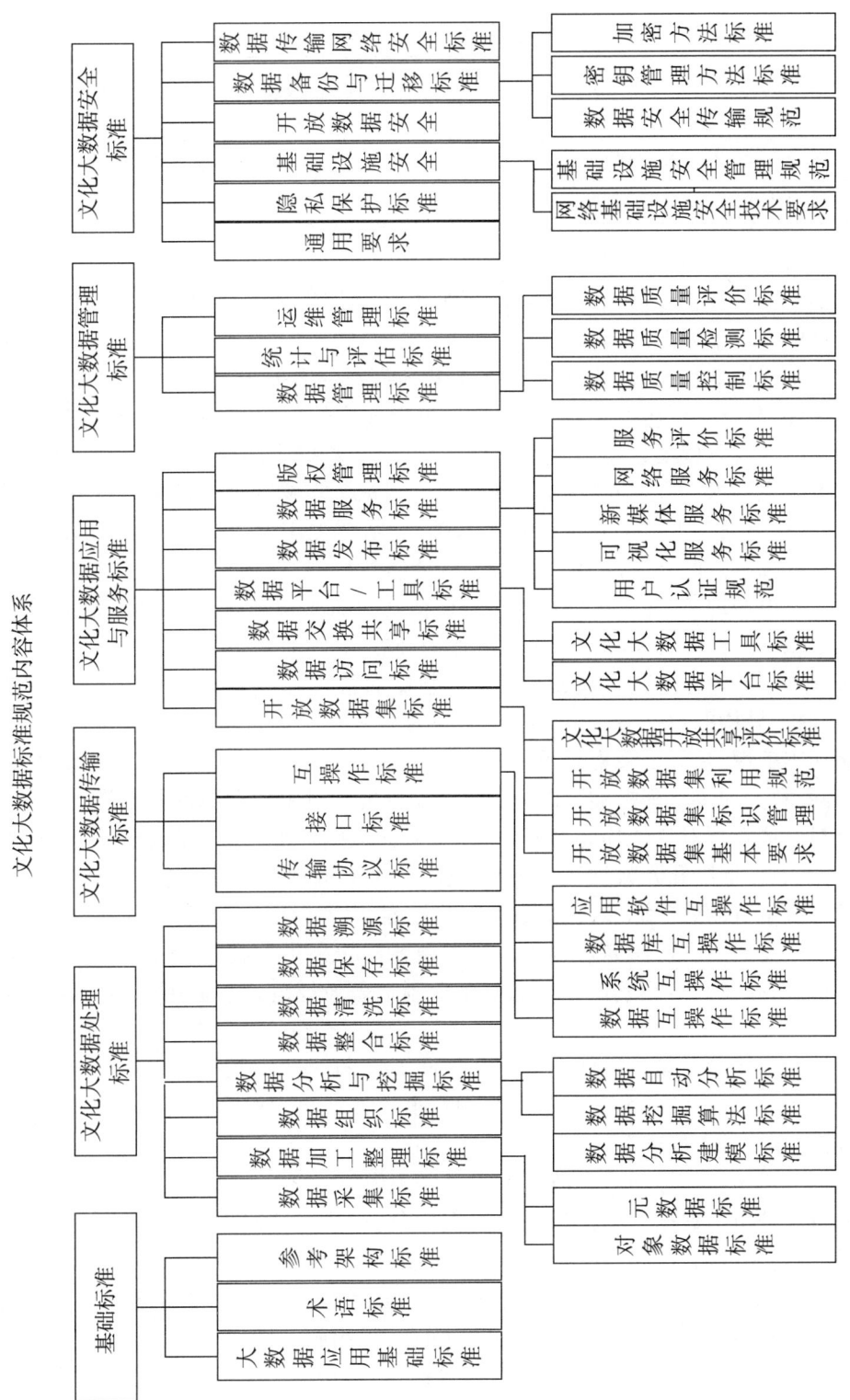

图4-2 文化大数据标准规范内容体系框架图

考虑到文化大数据工作的需要及已有工作基础,建议优先制定如下基础标准:

表4-3　需优先制定的文化大数据基础标准一览表

序号	标准主题	序号	标准主题
1	文化大数据:术语	4	文化大数据:参考架构用例和需求
2	文化大数据:技术参考模型	5	文化大数据:基于参考架构的接口规范
3	文化大数据:参考架构框架和应用指南		

2. 文化大数据处理标准

该类标准主要是基于文化大数据的生命周期,为其提供加工处理各环节应当遵循的标准。主要包括以下八个方面的标准:

一是数据采集标准。大数据时代的数据采集所面对的数据来源更为广泛,数据类型、数据格式更为多样,数据更新速度加快,数据总量爆发式增长。同时,大数据采集需要从不同的数据源中实时或及时搜集数据,并发送给存储系统或数据中间件系统进行后续处理。这些特点对数据采集技术、方法与过程提出了更高的要求。需要针对设备采集、Web数据爬取等不同方式,在现有通用大数据采集标准的基础上,结合文化大数据的特点,研制适用于文化大数据采集的标准。此外,数据采集阶段还应对各机构或组织、个人申报的数据制定文化大数据基本信息申报规范,使得申报数据也能保持其准确性和规范性,以便于数据采集后的整理、加工、组织、整合、保存及溯源管理等工作的开展。

二是数据加工整理标准。大数据系统中的数据通常具有一个或多个数据源,这些数据源可以包括同构/异构的数据库、文件系统、服务接口等。对来自不同数据源的数据进行必要的规范化加工整理,是数据采集后的首要工作,也是其他后续数据处理工作的基础。按加工对象的不同,数据加工整理标准可以分为元数据标准和对象数据标准两大类。其中,元数据标准是针对具体资源对象的描述规则,包括核心元数据标准、专门元数据标准、管理元数据标准、保存元数据标准和元数据注册规范、元数据质量管理规范等;对象数据标准则是针对具体资源对象本身的处理标准,包括数据编码标准、内容标记标准、格式体系标准、应用级别分类标准、加工流程规范、命名规则等。对类型各异的文化大数据,还需要制定文化大数据目录体系标准,并在专门元数据标准的基础上制定著录规范以及适用于不同数字对象的加工管理规范。

三是数据组织标准。对采集到的大数据资源,应根据文化大数据管理和服务的需求,进行有序化组织,其所依据的标准就是数据组织标准。数据组织标准主要包括文化大数据的分类标引标准、主题标引标准等。

四是数据分析与挖掘标准。大数据分析是对规模巨大、更新速度快、类型多样、价值密度低的数据进行分析。数据分析过程涉及可视化分析、数据挖掘算法、预测性分析能力、语义引擎、数据质量和数据管理。数据挖掘又称数据的知识发现,是从大量、不完全的、模糊的随机数据中,提取隐含在其中的、有价值的信息。数据挖掘一般基于机器分析、人工智能、数据库、模式识别等技术,通过对大量数据的自动分析,做出归纳性推理,并从中挖掘潜在方案提供使用。文化大数据挖掘则是通过专门的数据挖掘算法对海量文化大数据资源进行分析,提供数据分析与预测结果,同时也提供开放接口允许用于自建模型分析数据。数据分析与数据挖掘标准主要包括数据挖掘算法标准、数据自动分析标准、数据分析建模标准等。

五是数据整合标准。数据整合主要是通过数据转换和通信,使数据结构和数据含义统一,以消除"信息孤岛",实现"分布式异构数据的全方位共享"[1]。"大数据时代的数据数量庞大,进行实质的物理整合既不现实也没必要。其最终解决思路应该是进行虚拟整合,整合模型和整合效率成为关键。"目前数字资源整合的机制包括 Mediator Wrapper 整合机制(中介器封装器整合机制)、Agent 整合机制(代理整合机制)、P2P 整合机制(对等网整合机制)以及数据仓库整合机制四种类型。前三种一般针对图书馆数字资源、校园数字资源等数据类型,对处理多类型、多标准、多结构、空间属性时态并存的数据整合存在一定的局限性。而数据仓库整合机制则更适用于这类复杂数据整合。数据整合标准主要包括数据格式转化标准、异构数据结构调整标准、数据仓库整合标准、中介器封装器整合标准、代理整合标准、对等网整合标准等。

六是数据清洗标准。数据清洗是对数据进行重新审查和校验的过程,目的在于纠正数据文件中可识别的错误,删除重复信息、纠正存在的错误,处理无效值和缺失值等,以确保数据的一致性。对于价值密度低的大数据来说,数据清洗尤为重要。数据清洗标准主要包括数据查重过滤标准、数据一致性标准、数据错误处理标准、数据清洗报告标准等。

七是数据保存标准。大数据的出现以及数据结构的改变使常规数据存储面临极大挑战。目前主要的大数据存储技术包括:存储海量非结构化数据的分布式文件系统、存储海量半结构化数据的数据库系统以及存储海量结构化数据的分布式并行数据库系统等。数据保存标准主要包括数据保存字典、数据保存策略、保存模型标准等。

八是数据溯源标准。数据溯源是一种溯本追源的技术,根据追踪路径重现数据的历史状态和演变过程,实现数据历史档案的追溯。建立一个有效的数据模型来确定数据溯源的工作思路和工作步骤是数据溯源的技术关键所在。大数据的数据溯源属于分布式异构数据的数据溯源,其基本数据模型一般包括信息采集部分、信息存储部分、异构数据处理部分。为保证文化大数据中涉及各类机构或个人的信息安全,数据溯源也需建立完备的标准化管理机制。数据溯源标准主要包括数据溯源描述模型、数据溯源安全技术规范、数据溯源安全操作规程、数据溯源技术使用指南等标准。

考虑到文化大数据工作的需要及已有工作基础,建议优先制定如下文化大数据处理标准:

表4-4 需优先制定的文化大数据处理标准一览表

序号	标准主题	序号	标准主题
1	文化大数据:数据采集标准	9	文化大数据:数据加工流程规范
2	文化大数据:数据基本信息申报规范	10	文化大数据:数据命名规则
3	文化大数据:核心元数据标准	11	文化大数据:数据挖掘算法标准
4	文化大数据:专门元数据标准	12	文化大数据:数据分析建模标准
5	文化大数据:元数据注册规范	13	文化大数据:数据格式转化标准
6	文化大数据:元数据质量管理规范	14	文化大数据:数据仓库整合标准
7	文化大数据:目录体系标准	15	文化大数据:数据查重过滤规范
8	文化大数据:格式体系标准	16	文化大数据:数据错误处理标准

续表

序号	标准主题	序号	标准主题
17	文化大数据:数据保存策略	19	文化大数据:数据溯源技术使用指南
18	文化大数据:数据保存模型	20	文化大数据:数据溯源描述模型

3. 文化大数据传输标准

该类标准主要是基于数据传输过程的要求,为其提供传输、接口和互操作标准。主要包括以下三个方面:

一是传输协议标准。网络传输协议是计算机通信的共同语言,在大数据时代,开放性网络传输的发展速度快,数据类型多样,网络传输协议标准一方面应与国际通行的大数据传输协议标准兼容,另一方面还应满足文化大数据服务与管理中特殊设备、应用情境等对数据传输、处理和展示的特殊要求。

二是接口标准。文化大数据接口标准的制定旨在统一文化大数据服务与管理平台的信息输出、输入格式,便于系统自动处理和数据开放共享,也利于文化大数据体系中不同信息系统的整合。鉴于文化大数据类型较多、来源复杂,在制定接口标准时,应考虑到云存储、数据库等不同模式下大数据传输接口标准的差异性和兼容性。文化大数据接口标准主要包括数据导入接口规范、非结构化数据访问接口规范、智能硬件接口规范等。

三是互操作标准。为实现不同信息系统之间的信息交互,从而使这些系统能够为一个共同目标而协调工作,就需要制定互操作标准。文化大数据互操作标准主要包括数据互操作标准、系统互操作标准、数据库互操作标准、应用软件互操作标准等。

考虑到文化大数据工作的需要及已有工作基础,建议优先制定如下文化大数据传输标准:

表4-5 需优先制定的文化大数据传输标准一览表

序号	标准主题	序号	标准主题
1	文化大数据:数据传输协议指南	3	文化大数据:非结构化数据访问接口规范
2	文化大数据:数据导入接口规范	4	文化大数据:互操作技术指南

4. 文化大数据应用与服务标准

该类标准主要是基于文化大数据应用与服务的要求,为其提供数据开放、共享与发布服务等标准。主要包括以下七个方面:

一是开放数据集标准。开放数据集标准主要对向第三方提供的开放数据包中的内容、格式以及使用等进行规范。当前,随着文化事业和文化产业的繁荣发展,文化事业、产业领域生成、获取和保存了大量数据,这些数据既有产品数据和服务数据,也有贸易数据和管理数据,与公众生产生活息息相关,是大数据不可或缺的重要组成部分。如能促进这些文化大数据的开放,使社会各界能够利用这些数据集进行增值开发和创新应用,将促进大数据发展和文化事业与产业自身的发展,使数据创造更大的公共价值。文化大数据开放数据集标准主要包括开放数据集基本要求、开放数据集标识管理、开放数据集利用规范、文化大数据开放共享评价标准等。

二是数据访问标准。数据访问标准是指对第三方用户访问文化大数据操作进行的规范化和统一化要求,主要包括数据访问范围与深度、数据访问方式、数据脱密、数据脱敏等标准。

三是数据交换共享标准。文化大数据交换共享旨在通过应用现代信息技术手段,使政府部门、科技教育工作者、企事业单位和社会公众可以广泛、有效、便捷地获取和交易所需文化数据。标准是数据能够交换共享的前提和基础。文化大数据交换共享标准主要包括数据共享模型标准、共享数据使用规范、交易数据描述标准、交易数据管理规范、数据交易流程等。

四是数据平台/工具标准。数据平台/工具标准是对文化大数据应用与服务中的相关平台和工具进行规范,包括文化大数据平台标准和文化大数据工具标准两类。文化大数据平台标准是针对文化大数据服务平台以及数据处理平台所提出的功能性、维护性和管理性标准,其中文化大数据服务平台标准是对服务平台的服务内容、服务效率、服务方式等进行规范,而数据处理平台标准则侧重于数据处理平台的运行管理,主要对平台的稳定性、兼容性及响应速度等进行规范。随着多媒体技术的发展以及公众信息获取途径的改变,多终端服务平台建设是必然的发展趋势,因此,在制定文化大数据服务平台相关标准时,需将智能服务的相关内容考虑在内。文化大数据工具标准是对平台基础设施、预处理类产品、存储类产品、分布式计算工具、数据库产品、应用分析智能工具、平台管理工具类产品的技术、功能、接口等进行规范。

五是数据发布标准。数据发布标准是指围绕文化大数据的发布内容、发布质量、发布机制、发布时效等进行的规范,主要解决针对谁来发布数据,发布什么样的数据,哪些人群应该得到数据这三个问题进行规范和统一。发布数据在提供服务、带来社会效益的同时,也存在着泄密的风险,对此也应当有相应标准规定。

六是数据服务标准。数据服务标准是面向最终用户提供文化大数据服务的过程中,通过标准化手段对服务内容、服务形式、服务标准、服务流程、服务评价等进行的规范。数据服务标准主要包括用户认证规范、可视化服务标准、新媒体服务标准、网络服务标准、服务评价标准等。

七是版权管理标准。版权管理标准是围绕文化大数据保护、数据所有人权益保护等制定的相关标准。版权管理标准主要包括版权管理技术规范、版权注册登记规范等。

考虑到文化大数据工作的需要及已有工作基础,建议优先制定如下文化大数据应用与服务标准:

表4-6 需优先制定的文化大数据应用与服务标准一览表

序号	标准主题	序号	标准主题
1	文化大数据:开放数据集基本要求	7	文化大数据:交易数据描述标准
2	文化大数据:开放数据集标识管理	8	文化大数据:通用数据存储结构规范
3	文化大数据:数据访问规范	9	文化大数据:服务平台通用功能要求
4	文化大数据:数据脱敏处理规范	10	文化大数据:数据发布标准
5	文化大数据:数据共享模型标准	11	文化大数据:用户认证规范
6	文化大数据:数据交易流程	12	文化大数据:可视化服务标准

续表

序号	标准主题	序号	标准主题
13	文化大数据:智能服务平台通用要求	15	文化大数据:版权管理技术规范
14	文化大数据:服务评价标准	16	文化大数据:版权注册登记规范

5. 文化大数据管理标准

该类标准主要是基于对文化大数据生命周期各阶段的管理需要,为其提供数据管理标准、统计与评估标准和运维管理标准。

一是数据管理标准,主要指围绕数据质量进行规范管理的相关标准,包括数据质量控制标准、数据质量检测标准和数据质量评价标准等。

二是统计与评估标准,是对文化大数据进行统计与评估时所依据的标准。数据体量大、数据类型多是大数据的典型特征,对这些海量、复杂的信息进行统计与评估是分析、挖掘文化大数据价值的基础。文化大数据统计标准就是围绕统计工作的需要,对统计流程、统计内容、统计方法、统计结果处理等进行规范。文化大数据评估标准是对文化大数据的服务绩效、内容结构、基础设施等进行量度所依据的标准。

三是运维管理标准,是针对文化大数据建设与应用中需要对相关业务软件、平台、基础设施等进行管理与维护而制定的标准,其目标是保证这些软件、平台或基础设施能够高效运转,同时最大限度降低运行成本,保障运行安全。

考虑到文化大数据工作的需要及已有工作基础,建议优先制定如下文化大数据管理标准:

表 4-7　需优先制定的文化大数据管理标准一览表

序号	标准主题	序号	标准主题
1	文化大数据:质量控制标准	4	文化大数据:统计标准
2	文化大数据:质量评价标准	5	文化大数据:服务绩效指标
3	文化大数据:质量检测标准	6	文化大数据:基础设施管理标准

6. 文化大数据安全标准

与其他信息一样,文化大数据在数据采集、传输、存储、管理、分析、发布、交易、使用、销毁等生命周期各阶段,也面临安全威胁,主要包括以下几个方面[2]:

一是隐私泄露威胁。现有隐私保护法律法规不健全,隐私保护技术手段不完善,个人隐私在数据的传输、存储、处理、使用过程中无法得到有效控制,大数据滥用在对个人隐私权造成侵犯的同时,也增加了企业、政府敏感信息泄露的风险。此外,大数据环境中多源数据的汇聚,使得攻击者容易通过数据之间的关联,获得更多的用户隐私信息,加重了隐私泄露的风险。

二是数据资产安全威胁。文化大数据必然产生相应的数据资产,随着文化大数据应用越来越多,数据拥有者、管理者、经营者与使用者分离,造成数据权属不明确,安全监管责任不清晰,使得大数据中数据资产的所有者权益不能得到保障,其安全受到威胁。

三是文化大数据存储安全威胁。海量和多源异构数据的汇聚,对文化大数据分析平台提出了更高要求。面对复杂多样的文化大数据存储,数据存储管理安全防护措施漏洞难以避免,容易造成数据失窃和篡改。同时,公共文化资源和商业文化资源的集中存储也使得大数据存储系统更容易成为黑客的攻击目标。

四是文化大数据网络安全威胁。随着网络节点数量的增加,文化大数据应用网络安全面临更大风险,网络防御形势更加严峻,尤其是网络数据传输安全更加难以保证,攻击者常利用传输协议的漏洞进行数据窃取、数据拦截。

五是文化大数据基础设施安全威胁。大数据基础设施是确保大数据安全运行的基础。若攻击者计划阻碍大数据的正常运行,往往会通过非授权访问、在网络传输过程中破坏数据完整性、造成信息泄露和丢失、拒绝服务攻击、网络病毒传播等方式对大数据基础设施造成安全威胁,进而破坏大数据基础设施的正常运行。

因此,文化大数据安全标准应满足数据生命周期各阶段的数据安全管理需求。文化大数据安全标准主要包括通用要求、隐私保护标准、基础设施安全标准、开放数据安全标准、数据备份与迁移标准、数据传输网络安全标准。

通用要求,是指文化大数据行业所应遵循的一般性、普遍性和共性安全规范,主要包括根据大数据行业有关数据安全标准,结合文化大数据特征制定的文化大数据安全分级指南、文化大数据安全使用通用规范等。

隐私保护标准,是指围绕文化大数据的采集、发布、利用、开发,为对用户敏感信息、数据所有者权利、数据间关联关系、数据交易商业信息等进行保护而制定的相关标准。在隐私保护标准制定中应重点考虑两个问题,一是如何实现对动态数据的隐私保护;二是如何在不暴露用户敏感信息的前提下进行有效的数据发布利用和分析挖掘。隐私保护标准主要包括文化大数据隐私保护框架、文化大数据服务系统个人信息保护指南、智能移动终端个人信息保护技术等。

基础设施安全标准,是指围绕文化大数据基础设施安全运行所制定的相关标准,这些基础设施包括网络基础设施(如互联网、移动通讯网、公共无线网络、物联网等)、数据存储设施、服务器等。基础设施安全标准主要包括文化大数据网络基础设施安全技术要求、文化大数据基础设施安全管理规范等。

开放数据安全标准,是对文化大数据中开放数据的获取方式、传播范围、使用途径等进行规范。平衡数据安全与开放是文化大数据发展的关键问题,应在确保数据安全的前提下尽可能开放数据,为社会所用,为此,可考虑制定数据开放安全指南。

数据备份与迁移标准,是针对通过数据备份和迁移手段保护文化大数据安全而制定的标准。数据备份标准主要围绕数据备份中的备份方式、备份内容、备份策略、备份工具与设备等制定规范;数据迁移标准主要围绕数据迁移的工具、方法、数据抽取和转换以及数据迁移后的数据校对等制定标准。

数据传输网络安全标准是指为保证数据在网络环境以及网络传输中的安全性而制定的标准,其目的是保证数据在网络传输时的机密性、完整性和不可篡改性。数据传输网络安全标准主要包括数据安全传输规范、密钥管理方法、加密方法等。

考虑到文化大数据工作的需要及已有工作基础,建议优先制定如下文化大数据安全标准:

表 4-8 需优先制定的文化大数据安全标准一览表

序号	标准主题	序号	标准主题
1	文化大数据:安全分级指南	5	文化大数据:数据迁移标准
2	文化大数据:安全使用通用规范	6	文化大数据:隐私保护框架
3	文化大数据:数据开放安全指南	7	文化大数据:数据备份标准
4	文化大数据:基础设施安全管理规范	8	文化大数据:数据安全传输规范

文化大数据标准化工作是支撑文化大数据采集、保存与应用的基础。应充分发挥产、学、研、用各方力量,借助文化行业标准化组织,调动一切积极因素,加强文化大数据标准规范的顶层设计,建立文化大数据标准规范体系。在采纳应用其他行业相关标准的基础上,研制一批文化大数据重点领域或亟须应用的标准。此外,还应完善文化大数据标准化应用环境,注重对标准的宣传与落地实施,建立并推广标准的试点示范,推动文化大数据标准化的可持续发展。

参考文献

[1] 刘明亮,雷海平.基于空间数据整合的湖南省开发区土地集约利用评价成果数据[J].安徽农业科学,2013,41(11):5140-5143.
[2] 叶润国,胡影,韩晓露,等.大数据安全标准化研究进展[J].信息安全研究,2016,2(5):404-411.

5 文化大数据整合、开放与共享研究

我国的文化产业通过党和国家政策的大力扶持,得到了长足发展。但是依旧存在文化内容创作水平不高、文化服务质量不佳、文化产品供需脱节、文化产品价格体系扭曲等深层问题。在我国文化产业亟待升级转型的重要时期,大数据作为一种革命性的新技术发展,引领着人类社会的深刻变革。在当今数字化网络化时代,公共文化服务需要向数字化转变,提供数字形式的公共文化服务才能推动基本公共文化服务均等化、便利化。

5.1 文化大数据开放与共享服务意义

2015年1月,中共中央办公厅、国务院办公厅印发了《关于加快构建现代公共文化服务体系的意见》,提出"吸引社会资本投入公共文化领域,建立健全政府向社会力量购买公共文化服务机制。鼓励和支持社会力量通过投资或捐助设施设备、兴办实体、资助项目、赞助活动、提供产品和服务等方式参与公共文化服务体系建设"。这一政策表明国家鼓励公共文化机构与社会力量合作提供公共文化服务,为公共文化服务的社会合作提供了政策保障。在当今数字化网络化时代,公共文化服务需要向数字化转变,提供数字形式的公共文化服务才能推动基本公共文化服务均等化、便利化。由于政府的资源与能力有限,政府作为唯一供给主体提供公共数字文化服务存在"政府失灵"问题,因此需要与社会力量合作,优化公共数字文化服务供给模式,提高社会参与度。这一政策表明国家鼓励公共文化机构与社会力量合作提供公共文化服务,为公共文化服务的社会合作提供了政策保障。同年8月,国务院印发《促进大数据发展行动纲要》指出,要在公用事业、文化教育和社区服务等领域全面推广大数据应用以及优先推动文化和教育等民生保障服务相关领域的政府数据集向社会开放[1],国务院明确指出,数据已经成为我国的基础性战略资源。在当今数字化网络化时代,公共文化服务需要向数字化转变,提供数字形式的公共文化服务才能推动基本公共文化服务均等化、便利化。

5.2 文化大数据处理流程

文化大数据产生于公共文化服务与大数据的结合,以《文化部2015年文化发展统计公报》为例:2015年末全国共有公共图书馆3139个,图书总藏量8.38亿册,古籍0.27亿册,电子图书8.30亿册,全年全国公共图书馆总流通人次5.88亿。全国共有群众文化机构44 291个,藏书2.62亿册,组织开展各类文化活动166.39万场次,服务人次5.48亿,全国文物机构拥有文物藏品 4139.19 万件,其中博物馆文物藏品 3044.14 万件,占文物藏品总量的 73.5%,全年全国文物机构共安排基本陈列 10 859 个,举办临时展览 11 805 个,接待观众 9.2508亿人次,其中博物馆接待观众 7.8112亿人次[2]。通过《文化部 2015 年文化发展统计公报》可以看出,文化大数据除了自藏文化资源如图书文献、文物藏品相关数据外,根据公共服务性质,还蕴含着海量的机构和个人行为所产生的动态数据。如果这些文化资源和公众的数据能够被广泛整合及开放共享,必将凸显公共文化大数据价值,进一步提升公共文化服务效能。

5.2.1 数据调研

大数据整合基础是数据,因此对于数据的选择极其重要,本书对国家图书馆、故宫博物院、上海图书馆等文化行业代表单位数据进行了调研与分析,希望以此为例进行文化大数据整合分析。

1. 调研范围选择及资源数据来源和组成

国家图书馆作为社会重要的信息资源中心,不仅仅担负着保存人类文化遗产、传承人类文明的重要责任,还担负着传播文化知识、参与社会教育的重要职责。随着信息技术的高速发展,国家图书馆的信息服务也受到移动互联网、云计算、大数据等技术的冲击,在社会数据化和数据社会化的大环境中,图书馆需要加强新技术的应用以创新服务模式,从而提升服务水平。国家图书馆依照数字资源生命周期建设,保存了大量的数字信息资源,例如电子图书、书目信息、期刊、论文、图片、音视频等,同时,国家图书馆还积累了海量的运营数据。将大数据与国家图书馆业务相结合,分析图书馆的发展及现阶段数据组织、分析、挖掘的发展状况,以及大数据时代国家图书馆用户对信息资源的利用需求,这对大数据在国家图书馆建设服务中的应用具有重要意义。同时,在借助大数据思维创新国家图书馆的信息服务模式、扩大信息服务范围和提高信息服务质量的基础上,也可为其他社会组织提供大数据源和创造信息价值。

经过多年的信息化建设,国家数字图书馆已经拥有类型丰富、数量繁多的数据资源,并且还在持续的建设之中,资源数据主要来自 Aleph 系统、文津搜索系统及外购数据库等。截至 2015 年 12 月,馆藏主要数字资源包括电子图书 3 747 724 种、电子期刊 55 882 种、电子报纸 15 063 种、数字方志 6937 种、石刻拓片 23 995 种、甲骨实物 6575 种、甲骨拓片 7774 种、善本老照片 7264 种、新善本 101 种、敦煌写卷 3366 卷、手稿信札 274 种、家谱 2626 种、学位论文 5 829 206 篇、特藏专藏合计 11 482 523、视听文献音频资料 1 099 669、视频资料 140 224 小时,数字资源存储量 1160.98 TB,外购数据库数量 259 个。

故宫博物院是在明、清两代皇宫及其收藏的基础上建立起来的世界级综合性博物馆,1987 年被列入"世界文化遗产"名录,是中华传统文化和艺术的宝库。故宫博物院极其丰富的文化遗产和博物馆的巨大体量蕴藏着海量的数据。故宫"大数据"有三个主要来源:一是故宫的不可移动文物,即建筑面积约 15 万平方米,世界现存规模最大、保存最为完整的木质结构古建筑之一。二是可移动文物,主要以清宫旧藏及遗存的文物藏品为主。根据故宫博物院第 5 次(2004 年至 2010 年)藏品清查工作的统计,故宫藏品共有 25 个大类,即铜器、金银器、珐琅器、玉石器、雕塑、织绣、雕刻工艺、其他工艺、文具、生活用具、钟表仪器、珍宝、宗教文物、武备仪仗、帝后玺册、铭刻、外国文物、其他文物、古籍文献、古建藏品、漆器、陶瓷等大类。总计 1 807 558 件,其中珍贵文物 1 684 490 件、一般文物 115 491 件、陶瓷标本 7577 件。三是作为世界上最为重要的公共文化机构之一,故宫博物院日常管理和运营所产生的各种数据,涉及安全防范、决策管理、基建规划、文博业务、参观服务及宣传展示等方面。随着数字技术在故宫博物院的大规模运用,产生了越来越多的各类型数据。

经过多年的信息化建设,故宫博物院已经拥有类型丰富、数量繁多的数据资源,并且还在持续的建设之中,逐渐呈现出大数据的特征。这些数据资源可以分成文物基础数据、文物管理数据、文物保护监测数据、行政管理数据、归档数据和环境监测数据几大类。文物基础数据是与文物属性和资源有关的数据,是故宫重要的数据资源。业务流程数据是内部系统运行依赖的管理和流程数据。故宫博物院各类数据资源类型见表 5-1。

表 5-1 故宫博物院现有数据资源总结表[3]

数据大类	具体类别	存储技术
文物基础数据	180 万件文物底账和编目	数据库表
	古建数据	数据库表
	文档图纸	磁盘文件
	二维影像	磁盘阵列
	三维影像	磁盘文件
	视音频	磁盘阵列
	历史影像档案	磁盘文件
文物管理数据	文物流通数据	数据库表
	资源利用数据	数据库表
文物保护监测数据	监测数据	数据库表
	附属文件数据	磁盘文件
行政管理数据	办公自动化数据	数据库表
	财务管理数据	数据库表
	附属文件数据	磁盘文件
归档数据	PDF 办公档案	数据库表/磁盘文件
	文档数据	数据库表
		磁盘阵列
环境监测数据	环境监测数据	数据库表

据不完全统计,仅由故宫博物院资料信息部(以下称资信部)采集、加工、保存和管理的各类文物影像资源数据就有 740 979 张、清代历史档案《奏案》《奏销档》等数字影像资源数据 371 341 张、电子扫描图纸资源数据 11 331 张、1949 年至今的行政业务数字档案数据 112 518 件以及视音频资源数据 8685 条,以及 TB 级别的三维模型数据,主要涉及故宫古建、器物、室内外陈设等类别。

上海图书馆成立于 1952 年,上海科学技术情报研究所成立于 1958 年。1995 年 10 月,上海图书馆与上海科学技术情报研究所合并,成为综合性研究型公共图书馆和行业情报中心,同时也是全国文化信息资源共享工程上海市分中心、上海市中心图书馆总馆、上海市古籍保护中心和上海市软科学研究基地"前沿技术发展研究中心"。上海图书馆现藏中外文献5300余万册(件),其中古籍善本、碑帖尺牍、名人手稿、家谱方志、西文珍本、唱片乐谱、近代报刊及专利标准尤具特色。

从上海图书馆馆藏资源的情况看,在资源数据来源方面,上海图书馆的资源数据主要分为自建资源数据以及外购资源数据库。自建资源数据主要包括上图馆藏标准目录、上海年华、上图馆藏家谱目录、华东地区期刊联合目录、上图馆藏会议资料数据库、上图电子报纸导读、上图馆藏数字资源开放平台等共10个自建数据库;外购资源数据主要包括汇雅电子图书、清华同方期刊全文数据库、OCLC WorldCat、万方中国学位论文全文数据库、维普中文科技期刊数据库、EBSCO Academic Source Complete、Wiley Online books 数据库等共计 195 个。此外,还有部分基于元数据整合的图书馆电子书资源,主要包括电子图书近30万种、电子期刊近1500种、电子报纸500余种、网络文学10 000多种。

此外,上海图书馆是全国文化信息资源共享工程上海市分中心(上海数字文化网)的实施主体,该网对公众提供上海地区文化新闻、文化信息,以及戏曲、影视剧、专题讲座等视频资源。

上海博物馆创建于1952年。上海博物馆设有11个专馆,3个展览厅,陈列面积2800平方米。馆藏文物近百万件,其中精品文物12万件,其中尤其是以青铜器、陶瓷器、书法、绘画为特色。收藏了来自陕西及河南、湖南等地的青铜器,有文物界"半壁江山"之誉,是一座大型的中国古代艺术博物馆。

上海博物馆在藏品数据的采集和管理上做出了较大的努力。目前,上海博物馆已经对馆藏的100多万件藏品进行了数据采集,并分批进行后续整理工作。藏品数据主要包括藏品编目信息、来源信息、研究信息与保管信息,可通过本馆内部信息管理系统进行检索和获取。同样,上海博物馆藏品的高清影像数据也只供给馆内展览和研究使用,不对外开放。此外,上海博物馆也未与其他同行馆进行数据交换。

南京博物院位于南京市玄武区中山东路321号,简称南院或南博,是中国三大博物馆之一,其前身是1933年蔡元培等倡建的国立中央博物院,是中国创建最早的博物馆、中国第一座由国家投资兴建的大型综合类博物馆。截至2010年,南京博物院拥有各类藏品42万余件(套),馆藏数量居中国前三,均为历朝历代的珍品佳作和备受国内外学术界瞩目的珍品。青铜、玉石、陶瓷、金银器皿、竹木牙角、漆器、丝织刺绣、书画、印玺、碑刻造像等文物品类一应俱有,每一品种又自成历史系列。

南京博物院数字资源的重点是馆藏文物数据。南京博物院藏品数字化启动较早,从2002年开始采集藏品数据,经过10年时间,完成了对馆藏430 288件(套)藏品的数字化,包括藏品的档案信息和影像数据。南京博物院的藏品数据采用自己的独有标准(可与国家文物局标准互转),利用自建的信息管理系统平台进行管理,仅供内部查阅与研究,不对外开放。在中国博物馆协会的支持下,南京博物院还建立了"中国博物馆建筑资料库",内含1855GB照片、716GB视频及2286个点位全景。该库同样仅供业内研究使用,不对外开放。

江苏省美术馆始建于1936年(民国二十五年),是中国近现代第一座国家级的美术馆。馆藏以近现代美术作品为主,兼及古今中外,以"新金陵画派"代表画家的作品为重中之重。现有各类藏品近万件,其中以中国画最为丰富。

江苏省美术馆在文化数据的采集、制作方面完成度较高,迄今已基本完成了对馆藏1.1万多件作品的数字化工作。江苏省美术馆数字化工作较严格地执行文化部标准,按照国家藏品录入要求进行。由于美术馆自身性质所限,江苏省美术馆较少采集观众数据。在文化数据的利用方面,江苏省美术馆采取了多种方式呈现美术展览作品。江苏省美术馆网站会对部分展览进行网上再现,对本馆藏品、参展艺术家、刊物和相关活动视频都会存有记录,以揭示本馆艺术动态。但就文化数据的公开性、网络性而言,目前该馆对文化数据的应用尚未表现出明确的大数据特征,藏品数据基本处于不对外公开的状态,而是自建内部数据库、仅限于内部研究使用。

南京图书馆前身为1907年(清光绪三十三年)创办的江南图书馆,截至2013年底,南京图书馆藏书总量超过1100万册,在我国仅次于国家图书馆和上海图书馆,是中国第三大图书馆、亚洲第四大图书馆。其中古籍160万册,包括善本14万册;民国文献70万册。馆藏中不乏唐代写本,辽代写经,宋、元、明、清历代写印珍本,已有454种入选国家珍贵古籍名录。

南京图书馆的数字资源馆藏较为丰富,为读者提供了50余个中外文数据库、电子书刊、全国文化信息资源共享工程资源的数据接入口。其中,南京图书馆自建的数字资源包括34个数据库。南京图书馆对馆藏重要文献进行数字化的成果,特别是对馆藏古籍、民国文献等珍贵资料的数字化成果,有部分得以在馆内自建数据库开放。

包头图书馆联盟。共享包头特色文献、人力资源、设施设备、管理资源的包头图书馆联盟于2013年12月正式成立,属城市图书馆联盟。该联盟以包头图书馆为主馆,成员馆包括包头地区三大系统共17个图书馆。其建设目标是:①整合全市文化、教育、科研系统图书馆文献信息资源,实现包头市文献资源的共建共享。资源建设的重点是整合包头地方特色文献及与经济、技术相关的信息资源。开展区域内"一卡通"借阅服务。②在数字资源建设方面,建立区域内图书馆资源采购协调机制,实施联机编目和联合目录,建立联合参考咨询、文献传递等特色服务。③实现人力资源、设施设备和管理资源的全方位共享,建立区域内职工教育、人才培养和软硬件设备共享机制,构建区域内人才培训基地和设备管理平台。构建联盟数字化生产中心、开展联合项目及可持续发展研究等。

包头市图书馆作为内蒙古自治区文化信息共享工程的市级分中心,以高起点、高标准建设包头市基层中心,并将共享工程建设与本地区图书馆事业发展紧密结合,实现资源共享,方便公众利用,促进知识传播。图书馆局域网各节点通过网络检索到文化信息共享工程资源,包括全文阅读、书目资源检索、视频点播等服务到馆读者。根据包头地区特点,以市图书馆牵头作为文献信息资源共享的资源基地,为国家中心、省级中心上传具有本地区特色的优质资源,以供其他基层中心和网点共享利用。通过文化信息共享工程,将包头市图书馆的服务网络延伸到全市的各个社区、村镇、企业、各机关事业单位,并以市馆为中心,带动各分馆的文化信息共享建设,扩大优秀文化资源的传播范围[4]。

嘉兴地处浙江省东北部,下辖5县2区。自2007年起,嘉兴大力推进城乡一体化公共图书馆服务体系建设,基本建成了覆盖城乡的总分馆服务体系。在设施网络建设基本完成之后,嘉兴亟须建立城乡统筹、满足各类人群需求的文献保障体系。2009年底,嘉兴市公共图书馆系统已经建成了"一卡通行""通借通还"的纸质文献保障体系和共享机制,实现了区域内纸质文献的全面共享、免费预约、异地借还。2010年,嘉兴市完成了数字图书馆建设,目前分馆已覆盖嘉兴市所有乡镇、主要街道及部分中心村（社区），图书馆服务深受城乡广大读者的喜爱，取得了良好的社会效益，也引起政府、图书馆界和媒体的高度关注。为了更好地利用现代信息技术带来的便利，服务广大城乡读者，嘉兴市图书馆积极建设数字资源服务，特别是2010年正式运行的嘉兴数字图书馆服务，采用现代网络技术，突破地域限制，为全市读者提供一站式的数字资源检索和文献服务，使读者访问、检索量逐年提高，它已成为嘉兴市图书馆一张靓丽的名片和文化品牌。

嘉兴数字图书馆不断完善资源的丰富性，目前已涵盖图书、期刊、报纸、音视频等多种文献类型，拥有方正、中国知网、国研网等几十个专业数据库，为读者提供文献资源的全文检索、浏览、下载、文献传递等服务。截至目前，嘉兴数字图书馆共有73个可用数据库，电子书1 050 992册。同时，嘉兴数字图书馆也进一步加大自身数字资源建设力度，目前已自建《嘉兴市图书馆馆藏地方文献目录》《嘉兴古代人物》《南湖文献》《嘉兴血防史》《嘉兴运河文化》等28个地方文献数据库。与此同时，嘉兴市图书馆紧跟技术脚步，提供多平台服务，2012年4月数字图书馆移动版上线服务，2012年12月新技术体验中心正式开放，2013年7月数字图书馆手机版客户端正式启用，2014年面向移动终端用户的电子书借阅系统提供服务，2015年9月数字图书馆的电视服务系统（电视图书馆）开播。嘉兴市图书馆不断采用新媒体技术，突破地域、设备的限制，为全市读者提供基于互联网、移动网和广电网的图书馆数字资源全媒体服务。作为全民阅读的重要阵地，嘉兴市图书馆利用现有的资源，创新图书馆的服务模式，根据读者的年龄、职业和兴趣，开创"老年计算机培训""市民职业培训""急救护理培训"和"亲子互动培训"四大线下服务主题，充分调用数字图书馆已有的数字资源和人力资源，展开全民线下教学服务。除此之外，嘉兴数字图书馆将现有资源进行系统性分类和整合，以学习中心平台的形式呈现给有需求的读者。目前，嘉兴市民学习中心共有"讲座讲坛""读书园地""考试培训""我的空间"四大板块。"讲座讲坛"板块内容涉及各个方面，共有讲座视频13万集；"读书园地"板块拥有100多万册高质量电子书全文；"考试培训"板块集成各类考试培训辅导，供市民参与；"我的空间"板块则可记录读者学习历程，使读者参与空间讨论。

重庆图书馆的前身是民国政府为纪念在世界反法西斯战争中做出重大贡献的美国总统罗斯福，于1947年设立的"国立罗斯福图书馆"，是当时中国仅有的五个国立图书馆之一。重庆图书馆历经60多年的建设和发展，现有员工230余人，馆藏文献460多万册（件），并已形成在国内外都具有影响力的民国时期出版物、古籍线装书、联合国资料三大馆藏特色。

重庆图书馆从建馆之初就重视地方文献的征集整理与研究工作，已形成了较为完整的地方文献体系，主要收集有重庆及四川各地的方志、图书、报刊、族谱、乐谱、书画等各类地方文献。在重庆市内，各级公共图书馆（室）总数超5000个。全市文献馆藏量超600万册，馆藏电子资源和文化共享工程资源储量达89.5 TB，各级图书馆各项运行数据呈高速增长趋势。在此基础上，重庆图书馆拟建立公共文化服务类大数据分析试验系统——图书馆大数据分析试验系统（以下简称"图书馆大数据分析试验系统"），通过数据的采集、聚合，应用一定规律分析处理，得出结论。对内，指导图书馆业务工作；对外，引导读者阅读习惯，重塑读者与图书馆、内容供应商间的关系，推动行业发展。

表 5-2 重庆图书馆主要数字资源建设、开放与数据利用情况

资源建设名称	整合情况	开放情况	数据利用	数据分析	资金投入
重庆数字图书馆商业数据库	本身整合到重庆图书馆远程访问系统,部分整合到纸书电子书统一检索系统	全部免费开放	全部读者	无	重庆市财政购书经费 电子文献采购部分300万左右
数图推广工程资源联建	已整合到国图平台,目前计划实施馆内统一检索与国图平台的对接	全部免费开放	全部读者	无	数图推广工程资金
重庆市共享工程分中心地方资源	整合到公共文化服务云平台	全部免费开放	全部读者	有初步的使用分析,公共文化服务云平台大数据整合分析实施中	全国文化信息资源共享工程和公共电子阅览室建设计划中央补助地方专项资金
重庆图书馆书目数据	整合到重庆图书馆官网和纸书电子书统一检索系统	全部免费开放	全部读者	初步试用分析,重庆图书馆大数据平台分析使用	重庆市财政购书经费
重庆图书馆馆藏民国文献	无	元数据免费开放	全部读者	无	自筹
重庆图书馆馆藏古籍缩微文献数字化	无	未开放	无	无	自筹

重庆市北碚区公共数字文化平台("碚壳")。2014年9月,北碚区公共文化数字服务平台——"碚壳"上线,数十万册电子书、定位精确的文化地图、满载回忆的老北碚图片、北碚区非物质文化遗产等数字资源免费对市民开放。"碚壳"整合北碚区域内各文化单位数字资源和数字服务,建立向城乡市民推送文化信息、文化产品,展示文化地图、地方文化,提供便民服务、数字资源阅览下载的公共数字文化平台,通过基于手机移动客户端(APP)、传统互联网站点、触摸屏广告机以及数字电视媒体的应用,实现文化资源在区域内的全面覆盖,方便城乡群众的文化活动参与、文化艺术创作、文化技能学习、文化交流互动。"碚壳"的运行机制是由北碚区文化委员会牵头,文化馆、图书馆、博物馆等机构共同参与资源与服务的提供和更新,图书馆负责技术上的保障,文化委员会负责进行内容上的审核。

"碚壳"在建立数据共建共享行政体系基础上,促进了区内各文化单位文化资源的数字化建设,各文化单位可从系统中独立抽取本单位数据资源单独成库,构建自身的数字资源库建设。如建立了北碚区物质文化遗产、北碚区非物质文化遗产、北碚区纪念馆、北碚区博物馆等专有数据库。"碚壳"实质上是将北碚区文化馆、图书馆、博物馆等机构的公共文化数字资源整合在一起的平台。既能提供资源,又能提供服务,包括300种报刊、60万册电子图书、

500种以上互动可听说读物,具有完整授权的30 000分钟视频镜像资源。

表5-3 重庆市北碚区公共数字文化平台数字资源

品目名称	内容与功能
电子图书	3.6万册正版本地安装电子图书;50万册远程访问电子图书资源。 1. 图书资源包含历史、军事、科幻、散文、世界文学名著、红色教育、中国传统文学、现代文学著作、青少年科普读物、青少年教育读物、健康读物、生活技能类读物等适合青少年的数字图书。 2. 数字图书格式为国际标准格式,同时产品厂商为国际电子书标准组织(OEB)成员单位。 3. 具备完善的数字版权保护技术,通过加密、信息安全传递等技术,防止数字信息的非法拷贝、非法打印和传播,与国际数字图书馆发展潮流同步。 4. 检索方式:提供文本格式的条目检索,并支持按学科、类型检索与模糊检索。支持二次检索、高级检索和工具书的内容关联。用户可以对检索关键词按照多种查找方式进行深度全文检索。 5. 导航方式:具备类型导航、拼音导航、热点词条排序、检索历史记录等功能。 6. 检索结果根据关联度、权威性、点击量等因素排序,保证排在前面的结果和更加符合检索要求。 7. 系统支持用户自主添加图书资源和建立分类,具有可扩充性和升级能力。 8. 平台支持自有数据库发布,可以在服务器上记录任何一个访问,包括用户名、IP、访问时间、是否打印/下载、访问内容等信息,统计图书的使用量、用户的访问情况等
数字报纸	1. 报纸类目超过400份,其中必须包含《人民日报》与《环球时报》。保证资源供应的连续性。 2. 报纸资源为整报收录,版面完整,可进行原版式阅览。 3. 提供随纸报同步更新功能。 4. 核心报纸可回溯至创刊号。 5. 平台需具备强大的按报纸、按新闻、按图片等条件的检索功能,支持检索结果排序、检索结果分布、检索结果筛选等功能,同时所有内容均可以文本形式引用。 6. 设有行业、时政、财经等专题板块,并随时推出时事热点专题,为用户提供主流传媒的权威报道。 7. 报纸资源均支持触摸屏展示功能
有声读物	1. 包含互动可听说读物500种以上。机构用户可以通过自身门户网站和数字图书馆的安全对接,实现机构网站用户的免登录全权访问。 2. 支持云书架,图书云服务器自动更新添加。用户收藏和阅读历史可以随时随地多设备创建、添加和调用。 3. 支持机构用户按照IP地址部署联网计算机,完全权限访问。 4. 图书由真人语音播报,拥有适合学生学习的高品质朗诵音质(非电子合成语音)。 5. 文字和语音同步,有点击互动、复读等学习功能。 6. 原书为正规出版社出版物,与纸质图书版式一致,图文并茂。 7. 能根据书名、作者、图书人物以及图书内容等多项内容来搜索图书

续表

品目名称	内容与功能
视频资源	1. 具有完整授权的 30 000 分钟视频镜像资源。 2. 视频内容涵盖文学、医学、法学、经济学、理学、工学、教育学、管理学、军事科学等内容。 3. 视频节目形式多样,包括高校课程、学术讲座、纪录片、人物访谈、科普专题等。 4. 视频质量达到标清及以上,自主拍摄视频质量达到高清。 5. 提供视频截图功能。 6. 网站平台提供镜像服务模式,且镜像版本可以提供自定义设置功能及视频片段截取功能

重庆公共文化物联网。2014年底,重庆市为解决公共文化服务质量、效能以及供需之间存在的问题,充分利用现代科技手段,大力整合公共文化资源,拓展畅通供需渠道,探索建设了"重庆市公共文化物联网"。为扎实推进此项工作,市委宣传部、市文化委连续两年印发公共文化服务创新工作方案(渝文委发〔2014〕80号、渝文委发〔2015〕114),按照"百姓点单、政府配送,优势互补、共建共享"模式,选取21个区县,开展了两个批次的试点工作。其中,第一批试点8个区县(九龙坡、南岸、北碚、巴南、合川、忠县、云阳、石柱),第二批新增13个试点区县(万州、渝中、大渡口、江北、沙坪坝、渝北、长寿、江津、南川、万盛、铜梁、荣昌、潼南)。从2016年起,在前两批试点的基础上,参与范围进一步扩展,剩余19个区县(含万盛经开区、双桥经开区)全部纳入建设范畴。至此,参与公共文化物联网建设的区县(经开区)达到40个,实现了全覆盖。网站建设方面,2014年11月,重庆市公共文化物联网完成一期工程建设。随后,根据运行管理需求,委托重庆港澳大家软件产业公司应用云计算、互联网、移动终端等技术,对网站平台进行了升级,于2015年12月完成了二期工程建设,具备了全市公共文化资源共建共享、跨区域点单与配送,公共文化产品及活动以文字、图片、视频等形式生动、直观展示,公共文化服务网上预约、网上配送、网上公示、网上评价,移动终端(手机APP)公共文化服务活动信息推送、查找、扫码评价、移动办公,公共文化服务数据多维度统计与分析5大类核心服务功能。并建立了由1个市级总平台、40个区县(经开区)分平台、1000多个基层服务点组成的全市公共文化物联网运行管理体系。

重庆公共文化物联网各试点区县结合本地优势文化资源,建立公共文化志愿者(团队)和产品资源库,推出文艺培训、文艺演出、文化讲座、展览展示、阅读指导、政策宣讲等7大类服务产品。同时,对各类产品资源和各志愿者、服务团队、服务项目等内容进行了介绍。

重庆红岩联线文化发展管理中心,又称重庆红岩革命历史博物馆,下辖红岩革命纪念馆、重庆歌乐山革命纪念馆、中国民主党派历史陈列馆三大主体馆与三个4A级景区及其所属的八路军驻重庆办事处、白公馆、渣滓洞等42处革命遗址(22处对外开放),以及8个子公司组成的红岩文化产业集团。

重庆红岩革命历史博物馆的红村网云数据应用平台建设为三个部分:线上红色文化大数据收集存储数据库,线上红色文化大数据多渠道展示传播,线下文创产品及主题活动。通过项目的建设和加强红色文化资源数据的收集整理和对红色文化的宣传推广,以"互联网+红色资源"的传承与传播模式,发现红色资源新价值,创新资源应用新业态,探索文物保护新途径。在数字资源整合方面,该平台将重庆市内的所有纪念馆的数据整合完毕,预计在2020年之前把全国各地与"红色"有关的226家纪念馆的数据整合起来,以数字化手段搭建红色资源基础资料收集平台,建立并运行动态数据库管理系统,及时准确掌握国家宝贵红色资源实时动态。

广东省立中山图书馆(以下简称"省中山馆")一直在数字资源的开放性上秉持积极态度,希望这些数字资源能够做到让公众真正受用。该馆以全国文化信息资源共享工程、数字图书馆推广工程和公共电子阅览室建设计划"三大工程"为基本落脚点,重点依托珠三角数字图书馆联盟这一平台,在公共文化数字资源整合共享、公共数字文化基础设施建设方面取得了不俗的成绩,在数据建设和数据分析运营方面做出了有益的尝试。

广东省立中山图书馆的大数据整合工作分为两期规划开展。目前一期主要侧重对本馆和广东省图书馆的业务运行状况等大数据进行展示;二期侧重与专业的数据库发掘公司合作进行数据的二次分析。一期的内容展示主要包括:线上内容展示,如访问量、微信微博关注量等;流通数据展示,如实时借还量和最受欢迎的 10 本书等;读者数据展示,如到馆人次、某时段某区域人流量、自助办证/人工办证数量等;流动分馆相关数据;基于后台日志抓取功能,通过电视墙等终端设备展示的历史数据等。

广东省博物馆负责承建的智慧博物馆是广东省文化大数据重点项目,项目主要结合博物馆文物保护、智能管理和惠民服务的实际需求,以观众为切入点,重点建设智能服务平台、新媒体综合管理平台、微信公众平台等移动端应用的惠民服务,提升博物馆的公共文化服务能力和管理水平,建立广东省博物馆大数据中心。

2010 年广东省博物馆开始采用数字平台管理模式,2014 年成为全国智慧博物馆试点单位,将业务、数据、服务三位一体进行集成,在国内文博行业中其管理模式达到相对领先的水平。全馆共有藏品 17 万件,包含文物 13 万件、古籍(统计口径不同)和自然标本 4 万多件。其中,文物和自然标本全部数字化。

该馆对于藏品设有专门的数字资源管理体系,按照藏品、历史文献、老照片等不同类型进行分类。其管理原则是:集中管理,统一使用。如有内部研究之需可以随意下载照片小样,如用于对外发表等则需要进行专门申请。同时,出版社、研究学者等用户若在馆藏范围内有相应的展品图像需求,都可以享受相应服务,该馆收取相应的费用。

2. 用户数据来源和组成

国家数字图书馆用户数据主要来自统一用户管理系统,该系统对国家图书馆所有业务系统读者数据进行整合,解决各业务系统各自为政,读者需要多次注册多次登录的困境,为读者提供了一个一次登录,广泛享用图书馆服务的快捷方式。该系统对国家图书馆读者信息进行统一管理同时建立独立的面向全国各图书馆的国家数字图书馆统一实名用户库,并为此提供相应的管理、认证、单点登录、数据同步等接口和服务功能。截至 2016 年 11 月,国家数字图书馆通过统一用户管理系统对外提供访问的中外文数据库有 179 个。资源类型涵盖电子图书、电子期刊、电子报纸、电子论文、工具书、音视频、标准专利七大类,包括约 90 万余种图书、9.7 万余种期刊、832.3 万余篇中文论文、1600 余种中文报纸、9995 册/卷中文工具书、66 万余种档案、1500 余种年鉴、4.5 万余种古籍、37 万余种图片资料、50 万余首音乐、1 万余部视频、12.18 万个少儿教学课件,基本能够满足各类读者日常的工作、生活和科研需求。截至 2016 年 11 月 22 日,物理卡用户共 2 269 179 人,互联网实名注册用户共 1 308 527 人,越来越多的读者经由统一用户管理系统享受数字图书馆带来的公共数字文化服务。

自 2004 年至 2012 年,故宫年参观人数呈稳步上升趋势,年递增量约为百万,2013 年更是超过 1400 万人次。在旺季及黄金周等时段,日最高参观人数更高达 18 万人次之多。巨大的游客压力迫使故宫管理部门需要尽快出台相关的减压措施,改善故宫内部微循环,将客流分散,防止局部区域因瞬间游客量过高,而造成严重的安全隐患。故宫通过"客流安全监测系统",对游客人数进行精确统计并进行图形化显示,同时对游客流量进行动态图形化监测,为研究区域最佳游客容量、容量预警、游客引导提供可视化数据支撑,为游客管理工作提供基础数据参考[5]。

上海图书馆建成了以上海地区"市—区—街道"三级公共图书馆为主体的上海市图书馆联盟,在办证、图书流通、借阅等业务数据的采集和分享上形成了一个庞大网络,形成大规模"数据仓库"。上海图书馆对业务数据的利用大致有三个方向:一是为读者制作个人阅读账单,提供个性化的年度阅读总结和指引;二是形成流通数据白皮书和流通分析报告;三是为服务展示与统计制作数据统计报表。

南京图书馆对业务数据的采集体现较强的实时性、全面性,并在业务数据分析应用方面进行了深入研究。馆内设有数据大屏幕,将到馆人次、借还书数、各层阅览室人数、借阅排行等重要信息都以图形化方式实时展示出来。2016年,南京图书馆还承担了"公共文化服务大数据的采集与分析研究"课题,为此启动了"江苏省公共图书馆大数据中心"建设项目,全面采集江苏省公共图书馆用户数据、服务数据、资源数据,并计划对所获取的数据进行分析和应用展示,建成具有示范意义的分析应用平台。

包头市图书馆的读者可在任意阅览区任用自带计算机,对于查阅电子文献的读者,可以通过采集数据对文献被利用的情况进行跟踪和统计,以确定订阅电子文献的方向。管理员可锁定各阅览区的任意计算机,进行远程监控和维护,并将上网日志制作成文本,以供公安部门检查监督[6]。

重庆图书馆用户数据情况见下表。

表5–4 重庆图书馆用户数据情况

信息系统	数据内容	数据采集、整合必要性
业务系统	办证、书目数据、借还人次、借还册次、借阅偏好等	—
数字图书馆系统	检索次数、下载次数、数字资源容量、下载偏好等,其中包含手机图书馆相关数据	必须采集
自助借还系统	射频标签数量、读者自助借还次数等	可采集
公共电阅系统	—	可采集
到馆人次统计系统(传感器数据)	每日到馆读者人数	必须采集
门禁系统	道闸刷卡数据	必须采集
随书光盘管理系统	—	无须采集
社交网络交互系统	包括重庆图书馆微博、微信、留言板相关数据	必须采集
WEB访问驻留数据	OPAC检索数据网站访问数据	必须采集
无线网络认证系统	系统登录用户数据	可采集
图书馆文化服务创新项目系统	如"e动阅读"终端数据下载、访问等数据	必须采集

重庆市北碚区公共数字文化平台可以根据需求提供订阅及分享等互动性服务。文化活动关注的人群一般是老年人和青少年。"碚壳"要通过移动智能设备、信息推送、线上线下互动等获取年轻人对文化活动的关注。作为一个以公共文化资源整合而成的平台,"碚壳"的功能远不止阅读这一项,"碚壳"还能提供"私人定制"文化圈。"碚壳"可以通过用户的爱好,向用户推荐同类型的讲座和演出,甚至组织线下活动,形成爱好者之间的文化圈。"碚壳"可以形成区域内的文化大数据模型,更好地了解用户需求,也为公共文化服务提供参考。

重庆红岩革命历史博物馆自2014年6月起,正式启动中国"红村"云数据应用平台建设项目。该项目主要依托重庆乃至全国的红色旅游景点资源,以数字化手段搭建红色资源基础资料收集平台,通过建立红色旅游云服务平台和数据库,实现大数据、云平台的旅游战略目标,把全国的红色旅游资源置于云端,与全国的旅游资源相互连接、交换和共享。红村网作为全国红色信息门户网站,从2015年6月数据统计开始,截至2017年6月30日,其阅读量突破13万,红村游手机网,从2015年6月数据统计开始,截至2017年6月30日,其阅读量近44万,红村新浪微博,粉丝数量近2万人,红村掌媒微信订阅号,截至2017年5月17日,关注人数近6000人;红村网微信公众号,关注人数近15 000人。

3. 行为数据来源和形成

国家图书馆用户行为数据来源多个业务系统,如文津搜索系统、ALEPH系统、读者门户系统和门禁系统等,收集读者通过不同渠道利用图书馆各种资源的行为情况。为了综合考量国家图书馆各项服务情况,国图提出国家图书馆年总服务量的数值概念,并给出如下定义:国家图书馆年总服务量为该年度到馆量、借阅量、在线检索、在线登录、在线阅读等服务量总和(不含国家图书馆网站点击量)。为考量国家图书馆每年的服务效率发展趋势,国图提出年人均服务次数的数值概念,并将其定义为该年度总服务次数与总读者人数的比值。为了考量国家图书馆馆到馆读者中有多少读者有借阅行为,国图提出到馆借阅转化率的数值概念,到馆借阅转化率 = 借阅人数/到馆人数。截至2015年10月,国家图书馆自2004年以来,近十年总服务量呈总体上升趋势。

故宫博物院日常管理和运营所产生的各种数据,涉及安全防范、决策管理、建规划、文博业务、参观服务及宣传展示等方面。故宫博物院古建部[7]建立的"故宫世界文化遗产监测信息化平台",对故宫文化遗产进行全时段、全天候监测,建立起文物建筑监测、室外陈设监测、植物动物监测、环境质量监测、游客动态监测、安全防范监测、基础设施监测、馆藏文物监测、非古建筑监测和监测保障监测十大监测子系统。该系列监测系统每天都在产生巨大的数据量。

上海图书馆提供的读者服务中,能够记录读者行为的服务主要包括纸质图书借阅服务、电子书借阅器借阅服务、手机图书馆服务、微信服务以及图书馆网站服务。其中,网站服务又包括书目检索服务、资源发现检索服务、数据库(期刊库、电子图书)资源检索及在线浏览服务、参考咨询服务、文献传递服务、馆际互借服务等。上海图书馆的行为数据主要来源于书目检索系统(即IPAC2.0系统),该系统可以记录的读者行为数据包括借还书数据、书目检索数据、图书预订服务;资源发现系统(上图发现系统)可记录资源检索行为数据、手机图书馆可记录移动端检索数据以及在线阅读行为数据记录;手机微信端可记录图书检索数据记录、图书预定数据记录、咨询服务数据记录;自建数字资源库以及外界数字资源库也可以记录检索以及浏览行为的数据。因此,上海图书馆的行为数据主要由读者注册行为数据、读者登录行为数据、读者借还书行为数据、读者预定图书行为数据、书目及资源检索行为数据、咨询行为数据组成。

南京博物院对业务数据的采集和分析较为关注。该院通过自助取票系统,获得每年高达300万的观众数据;通过对观众数据进行分析,该院制作相应数据报表,以促进科学决策、科学管理。南京博物馆还开展了一些文化数据应用方面的尝试,如2013年建成的中国第一家以数字媒体为主要展示手段的"数字博物馆",采用了最新数字化手段展示馆藏,并将来自观众的数据引入现场展示。

经过嘉兴数字图书馆多年的实践和努力,读者访问、检索量逐年提高,社会效益显著。2012年至2014年,读者有效访问分别达到57.3万、66.4万和72万人次,数据库访问分别达到584万、617万和794万次,文献传递统计分别为15.3万、22.8万和35.9万次。2015年1—6月,读者访问量已达436万,嘉兴数字图书馆的读者访问量已名列浙江省711家公共图书馆的访问量第一。

广东省博物馆建设了参观预约系统,团体需要注册成为会员,所有观众都需持身份证刷卡入馆。该馆会对观众的身份信息进行采集,采集率约为60%。此外,观众的讲座或展览预约数据以及某一展览的观众量数据也会被采集,用于进行男女比例、年龄分布、来源地、来访次数、参观人流量变化等方面的观众画像分析。另外也记录了展厅数据。各展厅都有实时流量监控,误差率为15%,起到防止拥挤和分流的作用。

4. 数据特征分析

国家图书馆的数据特征如下。第一,总服务量逐年上升,2012年实现爆发性增长。从近十年总服务量来看,2004—2012年数据量较为稳定,2012年和2013年发生两次爆发性增长,2012年较2011年服务量增长了近6倍,2013年更是较2011年服务量增长了近20倍。第二,年人均服务增速明显,读者人均服务次数进入新常态。2011年以前人均服务次数稳定,2012年开始有明显增长,2013年人均服务次数最高为27次,是2011年人均服务次数的10倍。国家图书馆人均服务量进入新常态。第三,到馆借阅情况逐步回升。2011年4月前的到馆借阅率近40%,2015年之后的到馆借阅率近31%,比南区改造前下降了9%。第四,用户量逐年增长,网络注册实现用户量快速递增。截至2016年11月22日,物理卡用户共2 269 179人,互联网实名注册用户共1 308 527人。国家图书馆读者总量以每年近60万量级的数量递增,用户量呈逐年增长的趋势。第五,青年读者成为主力群体。从读者年龄构成来看,16—34岁的青年读者约占71.87%,35—59岁的成年读者占24.2%,而60岁以上的老年读者和15岁以下的少儿读者分别占2.9%和1.1%,"80后""90后"读者已经成为国家图书馆实名认证读者主力群体。读者分布范围广,华北、华中地区读者相对较多。

故宫博物院的数据资源中,除少部分结构化数据以数据库表的形式存储和管理以外,大部分文物相关的资源数据都以文件的方式存储,此外还包括大量伴随业务系统产生的附属文件。故宫内部系统的文件整体呈现数目庞大、格式繁多、文件大小不一、用途零碎的特点,存储管理复杂度高。总结而言,当前数据资源存储保护主要问题包括如下几个方面:

(1)数据资源过于分散,需要进行统一管理。

(2)数据备份机制有待完善。由于未能实现实时备份,因此不能实现数据零丢失,尚未建立同城和异地备份中心。

(3)尚未建立数据资源长期保存规范。尽管目前故宫针对数据保存备份已粗具规模,但没有解决这些资源的长期可用问题。

(4)缺乏有效的数字版权保护方法。目前故宫数字资源缺乏有效的数字版权保护技术。

(5)存在来自黑客攻击、病毒、非法操作、内部人员故意破坏篡改、误操作、硬盘驱动器毁坏、自然灾害等方面的潜在威胁。

与其他大型公共图书馆类似，上海图书馆的数据主要包括资源元数据、资源数据、读者属性数据、读者行为数据。资源元数据主要来自其书目检索系统（IPAC系统）、上图发现系统以及自建资源数据库系统；资源数据主要包括可提供在线阅读的自建数据库数据以及外购的资源数据；行为数据主要包括读者注册行为数据、登录行为数据、借还书行为数据（包括纸质以及电子阅读器）、网上预订行为数据、检索行为数据以及咨询数据。与其他大型公共图书馆不同的地方，由于上海图书馆很早便开展了电子图书阅读器外借服务、手机微信端服务以及创客服务，上海图书馆的行为数据中会包含非常丰富的读者行为数据，包括微信端的咨询、检索预定数据，以及科技查新以及创业咨询相关行为的数据。

上海博物馆并未直接采集观众数据，但该馆在业务数据管理方面有三点值得一提：一，馆内设计了一个集藏品、观众及馆舍各项数据于一体的综合性数据可视化管理系统，可以全面监控馆内重要数据的实时变动，并随之做出应对；二，上海博物馆创造性地提出了一种参考藏品参与展出情况以及藏品文化价值、研究数据而得出的综合评价指数，以指导对藏品的利用、研究；三，馆内对观众行为数据的获取，进行了一些新的技术尝试，如利用Wi-Fi信号判断观众位置，在展柜前设置感应开关以获取观众在展柜前停留时间等。

在南京图书馆网站上，提供了江苏公共数字文化网、江苏少儿数字图书馆、江苏数字图书馆等资源库接入口，可为读者提供具有本地区特色的讲座、视频、文化信息等诸多资源，并与其他图书馆相互进行信息揭示。

嘉兴数字图书馆是在新媒体技术飞速发展的背景下，对传统服务做出的转型，但是服务理念和模式仍然遵循传统方式。每年数字资源量采购增长迅速，但是数字图书馆的服务依然还是面向传统的内容和数据，对读者的需求、喜好的关注度不够。随着新技术的发展，特别是移动通信技术对人们日常生活的渗透，微博、微信等社交工具极大地改变了人们的生活方式和信息获取方式，人类已经全面进入了"新媒体时代"。在这样的大环境下，应提高对读者需求关心度，平衡服务资源配置，畅通用户互动渠道，彻底以用户为中心。

重庆图书馆多源数据采集难度较大。数据源包括与图书馆业务相关的网络传输、安全、服务器、数据库、应用系统、信息咨询等方面的结构化和非结构化数据，另外还包括其他相关的社会化数据，系统需要针对不同的数据源和数据结构采取不同的数据采集、聚合方法，才能将该来自各个不同数据源的数据存储于目标系统中。因此，制定科学、合理的数据采集标准，采取高效、规范的数据采集方法，保障数据采集渠道畅通、数据采集内容全面，为后期大数据分析与应用工作提供科学客观的数据资源，这是项目开展过程中难度较大之处。

重庆图书馆的图书馆大数据可视化系统，最大的特色在于具备很强的交互性，可以将图书馆多个孤立的业务系统（图书借阅系统、数字图书馆系统、图书馆到馆人数统计系统、掌上重图等）关联起来，实现数据分析挖掘服务。例如，读者使用位于重图南门的"图书馆大数据可视化系统"设备或屏幕之时，只需扫描读者证，便可获得自己的阅读记录和当日图书馆到馆人数等信息。同时，该系统已嵌入微信平台，读者也可以通过重庆图书馆微信号中的"数读重图"板块，获得以上信息。

目前,大数据分析系统还在进一步完善中。其难点在于,大数据分析试验系统通过数据采集、存储得到图书馆各信息系统的数据,但要实现在此基础上的数据分析,则需要对从各个系统中获取的信息进行联系。以"读者画像"需求为例,需要获取的数据至少包括:读者社会属性(读者性别、年龄、爱好、职业)、图书管理系统使用记录(查询记录、借阅偏好)、数字图书馆管理系统使用记录(查询记录、在线时长、下载记录)、读者对相关数字资源专题数据库的使用记录,上述数据涉及图书管理系统、数字图书馆管理系统、外购商业数据库、自建数据库、图书馆微信几个系统的结构化数据,这些信息系统在设计之初因为没有考虑到大数据应用,系统之间数据彼此独立,缺乏联系,需要通过系统数据间关联,使这些从各个系统获取的数据具备可分析性。

广东省立中山图书馆的数据分析利用还处于早期摸索阶段,具体工作主要基于共享工程国家公共文化数字支撑平台来开展。该平台除了底层运维平台之外,还有业务支撑、资源共享、网络分发、业务统计4个子平台。这4个子平台已经做到省级平台之间的互联互通,对一些数据进行了开放共享和数据分析。

5.2.2 数据处理

大数据整合第一步即为数据的处理,本节将从数据收集及清洗两方面探讨大数据处理方式。

1. 数据收集

(1)数据收集原则

甲骨文公司认为大数据的价值并非大数据本身所具有,大数据需要经过处理,将数据转换到可用的形式或派生出的可用部分,再对其进行分析,才能创造出价值。公共文化大数据存在数据资源规模庞大、数据结构复杂多样、更新不断加快、价值逐步显现等特征,也需要通过进一步分析应用才能体现出真正的价值。从理论角度来看,文化大数据包含文化生产者、文化经营者、文化消费者在文化实践过程中所产生的,与文化产品或文化服务的创作生产、推广传播、市场运营、最终消费过程相关的,以原生数据及次生数据形式保存下来的图片、文本(包括文字、数字和图表)、影像、声音等文件资料的总称[8];而从应用角度来看,文化大数据即针对文化行业海量数据的计算处理需求应运而生的一套新的数据架构的理论、方法和技术的统称。因此,对文化大数据的收集必须注重对文化资源生产生命周期以及应用实践过程中产生数据的全面收集,同时为了利于数据清洗等后续工作,数据过程中应注重系统化收集数据,如编制规范化数据等,从源头抓起,做好大数据应用的第一步。

(2)数据收集范围

2015年,国务院《关于加快构建现代公共文化服务体系的意见》中明确提出"加快推进公共文化服务数字化建设与现代传播能力"和"加强公共文化大数据采集、存储和分析处理"的要求。公共文化服务是指以政府部门为主导的公共部门提供的以保障公民的基本文化权益为目的、向公民提供公共文化产品与服务的制度和系统的总称。我国公共文化服务的机构和场所主要有图书馆、博物馆、美术馆、纪念馆、非物质文化遗产馆、科技馆、群众艺术馆、文化馆(站、室)等。这些机构在服务运营中,通过信息化系统不断产生数据,因此文化大数据收集范围确定在公共图书馆、博物馆、美术馆、纪念馆、非物质文化遗产馆、科技馆、群众艺术馆、文化中心、文化馆(站、室)等,各机构具体信息化情况如下:

公共图书馆目前信息化程度较高,对于新技术的应用相对比较及时。我国图书馆在 20 世纪 90 年代就已经实现了业务管理自动化,并自建、购买各类数字资源,提供多种信息服务平台,将读者服务延伸至计算机、手持阅读器、电子触摸屏、数字电视、平板电脑、手机等多种服务终端,形成了数字图书馆服务体系。此外,图书馆还建立了一系列面向管理的信息化系统,包括自动化办公、项目管理、人流量监控、舆情监测等,保障了图书馆的高效运行。

博物馆、美术馆、纪念馆、非物质文化遗产馆、科技馆是收藏、保护和展示人类活动与自然环境的公众服务机构,信息化建设已经成为该类型机构发展不可或缺的内容。电子导览讲解系统、网络展览展示系统、网上数字服务平台等向公众提供多形态的展览服务。藏品管理系统、票务管理系统、观众分流和指挥调度系统、观众租用设备管理系统、自动化办公系统等实现了各机构的信息化管理。

群众艺术馆、文化中心、文化馆(站、室)主要负责组织开展各类文艺活动,举办培训、展览、公益性讲座等。这类文化机构信息化水平落后于图书馆和博物馆。目前,数字文化馆的建立打破了传统服务的概念,基于互联网平台为群众提供数字文化产品与服务,拓展了文化馆的服务空间。

文化共享工程汇聚了图书馆、文化馆、博物馆、非物质文化遗产馆等所有公共文化系统的大中型、普及型和实用型数字资源,通过国家、省、市、县(区)、乡(街道)五级网络,传输到全国各地。数字图书馆推广工程搭建以各级公共图书馆为节点的数字图书馆虚拟网,建设了海量分布式数字资源库群以及全国性的图书馆业务工作与服务的数字平台。公共电子阅览室建设依托共享工程网络,面向基层,为广大群众提供公共数字服务[9]。

(3)数据收集来源

公共文化大数据来源于机构信息化系统与数字服务平台,主要包括业务数据、网络数据、管理数据。

①业务数据

业务数据是机构内部与业务相关的信息系统所产生的数据,包括:a.面向业务操作与流程的业务系统数据,如博物馆藏品管理系统、图书馆信息自动化系统等所产生的数据。藏品管理系统记录了每个藏品的基本信息、位置信息、参展情况、专家鉴定信息等,是业务分析的第一手数据,数据量庞大。这些数据还可以发挥更高的数据价值,如将藏品信息网络化,融合物联网技术走出信息孤岛。b.面向用户的系统所产生的数据,如科技馆、博物馆的网络展览展示系统所产生的数据,公共文化服务机、大屏读报系统数据等。c.来自公共文化服务的数据集市或数据仓库的统计或明细数据。例如,图书馆馆情数据统计系统采集了区域内所有公共图书馆的硬件设备、经费使用、人员情况、服务资源等指标数据,汇集了分散的数据源,形成区域性的数据中心。

②网络数据

网络数据是公共文化服务机构互联网服务平台所产生的数据,来源于电脑、手机、数字机顶盒、阅读器、触摸大屏等终端设备,包括如官方网站、共享工程网站、数字图书馆(博物馆、文化馆)、移动图书馆(博物馆、文化馆)、官方微博微信平台、馆际互借平台、参考咨询平台、政府公开信息服务平台、公共电子阅览室平台等公共文化网络服务平台产生的所有数据。其中,共享工程、数字图书馆(博物馆、文化馆)数据量庞大,包含了各类商业数据库、自建数据库的使用数据,数据形式也比较复杂。

③管理数据

管理数据是维护文化服务机构正常运营的各种管理信息系统所产生的数据。财务系统、自动化办公系统产生的数据由于是孤岛信息，难以与其他数据发生关联，因此较难进行大数据应用。人流量分析系统能记录文化服务场所庞大的客流量信息，并能够利用视频分析技术、红外技术、门禁刷卡等技术分析场所内具体位置（如阅览室、展厅）的人流量甚至停留时间，是十分具有价值的数据源。此外，如博物馆商店系统、设备租借管理系统等记录了用户文化消费行为，也可用作大数据分析。

除上述三类数据外，还有一部分大数据来源于公共文化机构外部，如论坛、微博、微信等自媒体数据以及与公共文化服务相关的网站数据、市场文化服务数据。例如，用户在网络中对文化机构的舆论点评数据，都是可分析研究的大数据。需要注意的是，由于外部数据的所有权掌握在网站企业手中，因此其在实际应用中存在一定难度。

2. 数据清洗

（1）Hadoop

Hadoop 大数据处理平台源于 Apache 的搜索引擎项目 Nutch，它是一个包含全文搜索和 Web 爬虫的开发系统。随后 Google 将其存储海量业务数据分布式文件系统（GFS），以及 MapReduce 计算模型与 Nutch 进行整合。最后雅虎公司将 DFS、Map Reduce 共同整合成统一的分布式大数据计算平台即 Hadoop。所以，谷歌和雅虎的贡献对 Hadoop 产生和发展起了很大的推动作用。经过多年的发展，Hadoop 已经成为一个完整的、成熟的分布式海量数据存储管理运算处理与分析平台。Hadoop 生态系统主要的组件包括：HDFS（Hadoop 下的分布式文件系统）、Map Reduce、Hbase（分布式列存数据库）、Zookeeper（分布式协作服务）、Mahout（数据挖掘算法库）等。

如图 5-1 所示，Hadoop 生态环境采用 HDFS 用以实现数据资源最底层的分布式存储；通过 MapReduce 计算模型来实现分布式并行任务的处理；通过 Zookeeper 进行分布式协作任务分配管理，保障集群正常运行；上层主要通过 Hive、Pig、Mahout 进行数据检索、分析以及机器学习等相关操作[10]。

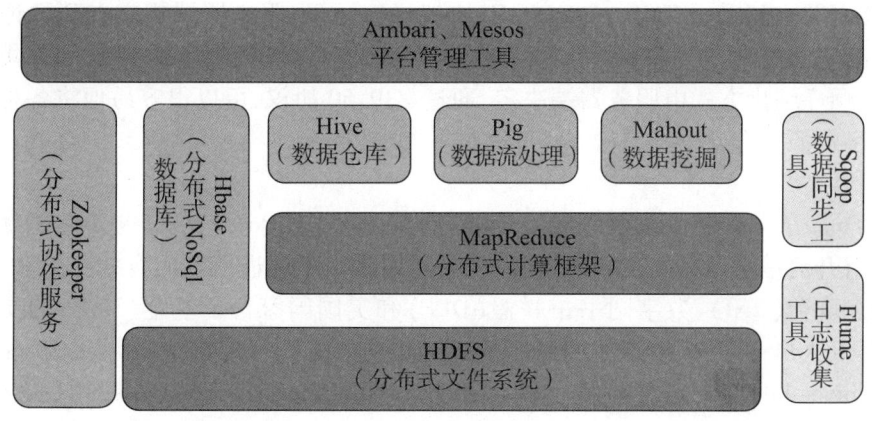

图 5-1 Hadoop 体系结构

（2）Spark

虽然 Hadoop 大数据计算平台已经比较成熟并且在很多公司项目中得到了应用，但是在

Hadoop 集群进行运算的时候,中间数据是要存储到 HDFS 中再进行分配利用的,这个问题明显使得 Hadoop 在进行机器学习、迭代运算的时候效率有所降低。随着数据总量的飞速增长,社会各方面的关注点从信息的收集开始转移到数据的分析与利用上来。各行各业都针对自己已有数据进行进一步挖掘分析。所以针对此问题,许多新型大数据计算平台被研发出来,Spark 就是其中的一种。大数据技术框架体系研究使数据分析变得更加快速——不仅运行速度快,而且能使代码编写更加简单。Spark 的设计是基于 Hadoop 的 MapReduce 算法设计实现的,可以说 Spark 具有 MapReduce 所具有的优点,但不同于 MapReduce 的是——Job 中间输出结果可以保存在内存中,不需要再读写 HDFS,所以大规模数据挖掘与机器学习任务能在 Spark 平台中能更高效地执行[11]。

5.2.3 数据整合

本节将从数据整合协议、整合方式着手,探索文化大数据整合框架。

1. 数字资源整合协议

(1) Z39.50

Z39.50 协议,全称为信息检索应用服务定义与协议规范(Information Retrieval Application Service Definition and Protocol Specification for Open System Interconnection),起源于20世纪70年代美国图书馆资源委员会(Council on Library Resource,CLR)资助的一个试验性的检索书目数据库通信协议研究的项目——连接系统项目(Linked System Project,LSP),其目的是在图书馆之间实现书目记录资料传输。Z39.50 协议是在网络上传输数据的高层协议,它不涉及数据库的名称和具体结构,也不考虑数据库的具体实现,独立于任何特定类型的信息或特定类型的数据库系统,能适用于不同数据源、不同数据格式之间的数据交换,便于实现信息的分布式检索,现有的图书馆资源整合模式,很大部分是建立在 Z39.50 协议的基础之上。

Z39.50 的基本功能是:用户通过 Web 检索界面进行检索,客户端送出一个查询语句,指定要查询的一个或多个数据库,以及一些相关参数以决定查到的记录是否需返回,检索界面和 Z39.50 网关之间采用 XML 或者 HTML 协议进行通讯,服务器端响应查到的记录数及部分或全部的记录内容。Client 可将查到的记录当成是一结果集(result set),结果集是一有顺序的集合,顺序编排方式由服务器端决定,通过 Z39.50 协议,可以很容易地将各种分布式的异构的数字资源整合起来。

(2) OAI-PMH

OAI(Open Archives Initiative)起源于电子出版组织(E-Print)在 1999 年美国新墨西哥州的圣达菲召开的一次电子出版界研讨会,主要目的是为了促进信息的有效交换和共享,后来在网络信息联盟(CNI)、数字图书馆联盟(DLF)和美国国家科学基金(NSF)的支持和资助下,经过开发人员一年多的努力,于 2001 年 1 月推出了 OAI 协议的可操作版本 OAI-PMH (Open Archives Initiative Protocol for Metadata Harvesting)的第一版。OAI-PMH 提供了一个能独立应用的元数据收割互操作框架,在这个框架中涉及两个主要的参与者:数据提供者(Data Providers)和服务提供者(Service Providers)。数据提供者是元数据的发布方,采用 OAI 协议框架提供元数据,服务提供者是元数据的收割方,使用 OAI 协议向数据提供者发出请求,并接收返回的元数据作为构造附加服务的基础,一个服务提供者可以收割多个数据提供者的数据,构成了资源整合的基础。

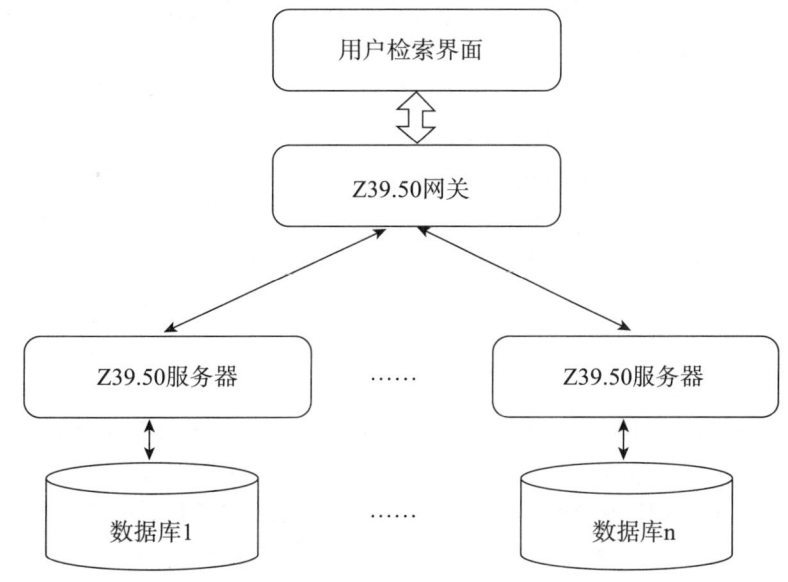

图 5-2 基于 Z39.50 协议的资源整合

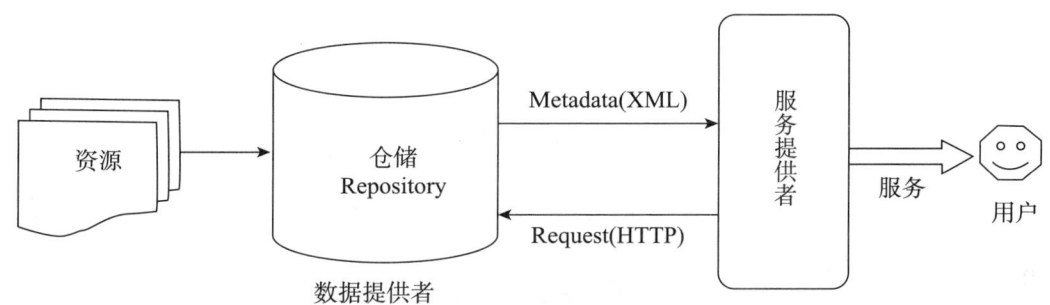

图 5-3 OAI-PMH 元数据的收割的工作原理

OAI-PMH 机制通过 XML 协议实现交互。服务提供者先向数据提供者发出用 HTTP 封装的 OAI-PMH 请求,数据提供者根据请求做出相应的回答,响应使用 HTTP 方式,成功的响应内容按 XML 进行编码。在 OAI 协议中,通过 HTTP 协议主要规定了 6 种动作:GetRecord、Identify、ListIdentifiers、ListMetadataForma、ListRecords 和 ListSets,以便用户选择性收割。OAI-PMH 协议推出以后一直受到数字图书馆界的广泛关注,许多图书馆和图书馆联盟参与到其中来,比较有影响的如 NCSTRL、NDLTD、NSDL 和中国的 CALIS 项目等。相比 Z39.50 协议,OAI-PMH 更加简单实用,数据提供者只需要通过简单的编程和配置 Web 服务器便可以对 OAI-PMH 请求进行解析,并且返回 XML 编码的元数据,采用 OAI-PMH 进行资源整合的成本也很低[12]。

(3) OpenURL

OpenURL 框架是一种开放的信息资源与查询服务之间的通信协议标准,是开放的、上下文相关的链接框架,OpenURL 协议是由 Ex Libris 公司的 Oren Beit-Arie 和比利时 Ghent 大学的 Herbert van de Sompel 于 1999 年共同提出的,2001 年被美国国家信息标准组织(NISO)确定为国家标准。OpenURL 定义了一种在 Web 服务之间传递信息的机制,由一组已定义好的标识组成,可作为超链接标准陈述语法。各个数据库商只要遵照此机制,就可以快速解析出用户提供的信息请求,从而为用户提供所请求资源的深度链接。

现在通行的 OpenURL 协议标准有两个,即 OpenURL0.1 和 OpenURL1.0。OpenURL0.1 是早期标准,其基本理念是为信息资源提供一个上下文相关的链接工具,如 SFX 等;OpenURL0.1 提出了在信息资源和链接服务器之间创建链接的标准语法,采用 HTTP 协议进行通信,通过在资源中创建 OpenURL 链接标记实现对资源的链接。OpenURL1.0 协议是对 OpenURL0.1 的完善和发展,相比 OpenURL0.1 协议,OpenURL1.0 协议能支持更多的资源类型、更丰富的数据格式、更完善的上下文描述、更多样的通信手段(突破了单一的 HTTP 限制,如 SOAP、OAIPMH、XML 等)以及能够通过参考文献进行链接。OpenURL1.0 协议的核心概念有两个:上下文对象(Context Object)和上下文对象传输机制(Transport of a Context Object)。在 OpenURL 链接机制中,链接源并不直接产生指向参考目标资源的链接,而是通过用户点击链接源内置的 OpenURL 标记,产生一个基于 OpenURL 协议的上下文对象请求,该请求通过 HTTP、OA-IPMH、SOAP、XML 等方式提交给链接解析器,由链接解析器进行解析。链接解析器在接收基于 OpenURL 的上下文对象请求后,会根据上下文动态计算出最合适的链接的目标,如图 5-4 所示。与传统链接相比,利用 OpenURL 进行资源整合具有上下文相关、灵活性强、可维护性好等方面的优势。

图 5-4 OpenURL 和链接解析器协同工作机制

2. 数字资源整合方式

目前数字资源整合方式主要有基于数据的资源整合(数据整合)、基于信息的资源整合(信息整合)和基于知识的资源整合(知识整合)。

(1)基于数据的数字资源整合

基于数据的数字资源整合也就是数据整合,数据整合就是对异构资源系统中的异质、异类的数据库在逻辑上或物理上有机地集中,提供统一的表示和操作,以解决多种异构数据资源的互联与共享。

在集成化信息管理系统中,绝大多数信息是以数据的方式存在和处理的,因此,通常将信息集成与数据集成等义。国外数据整合方式主要包括:基于数据仓库的整合、基于中介和封装的整合和基于网格的整合。

(2)基于数据仓库的数据整合

基于数据仓库的整合方式实现了数据的物理集成,该方式可以集中多种数据源,实现数据信息的多维集成。国外在这方面的研究焦点在于需要进行多维信息集成的城市规划领域、农业食品企业领域以及建筑工业领域等。城市规划是一项需要多维城市信息(空间的、社会的、经济的等)的复杂任务。在政府政策和新兴信息通信技术的支撑下,在实施城市规划任务中需求城市信息系统,尤其是"电子规划"系统的快速发展。为了提高电子规划的能力,促进3D可视化的利用,加强对复杂城市问题的分析,允许不同来源的信息分享和整合是非常重要的。此外,城市规划决策制定涉及许多利益相关者。这些利益相关者包括城市规划者、地产开发商、政界人士、建筑师、工程师、运输和公用事务服务提供商以及城市公民。这些利益相关者依赖多种类型的信息,这些信息既包括正式报告也包括诸如普查和污染数据等定量数据集[13]。因此,需要一个集成的多维信息模型结合相关信息以提供有效的决策支持。这就促使N维城市信息模型概念的产生。英国学者开发了建构数据集成系统,它是互联城市项目(欧盟资助的包括75个合作伙伴的项目)的一部分。该系统允许轻松分享数据以促进密切的协调工作,提高工作质量和效率。建构数据集成系统基于N维城市模型概念,实现了地理信息和其他城市数据的数字化建设和数据的集成,它可以提升智能城市的规划服务。

(3)基于中介和封装的数据整合

基于中介和封装的整合是一种对异构数据源进行集中式管理和分布式存储的模式。其目标是用户提出一个查询请求,该模式的查询机制能够在多个空间数据库源进行检索,并将查询结果在统一的输出界面显示出来,实现无缝查询输出。

基于中介模式整合的主要应用之一就是采用 XML 技术来构建中间件结构。新加坡学者 Bo Huang 等认为位置和时间是相互关联的,并在各种数据库应用中起到非常重要的作用,他们对这两种类型的信息如何集成在 XML 中进行了探索性的研究[14]。互联网上存在着大量有用的信息源,比如电话目录、产品目录、股票行情、事件列表等,但提取其内容比较困难。Kushmerick 认为,之前的大多数系统都是使用定制的包装程序执行抽取任务,其缺点在于编写封装程序烦琐且容易出错。他开发了一种叫作封装诱发(wrapper induction)的程序,这是一种自动构建实现封装的技术[15]。但是,基于中介和封装的数据整合模式存在缺陷,缺点之一是它是基于定义的且利用中间件查询语言,很难想象一种查询语言能够满足来自不同领域的科学家的需要。比如,一个生物数据库的查询表达式与一个天文数据库的查询表达式可能是完全不同的,这就迫使遗留系统用户去学一门新的语言。

(4)基于网格的数据整合

基于网格的数据整合技术综合利用了已有的技术标准,克服诸如兼容性、距离性、地域性的约束条件,使各个系统能够协同工作,系统地整合那些潜在的数字资源。在网格资源整合系统中,不需要预先设定某一种语言或某种数据模型,即不需要将异构的系统完全同化,只需要一个中介作为异构系统之间的媒介。基于网格技术的资源整合系统整合的对象除了数据库之外,还包括能够提供服务的应用程序、服务器、局域网和工作站等。

Giannadakis 等开发了可以在网格框架下运行的数据集成中间件引擎 InfoGrid。InfoGrid 是一个灵活的网格系统,它着重提供信息获取服务,并且给所有用户一个查询系统,在保持各个应用程序域接口参数熟悉性(familiarity)的同时以通用的方法为各种不同的大范围的科学应用提供数据出版和整合机制。InfoGrid 服务主要应用在开放世界的数据挖掘领域:提供分析和解释原始数据集所需的信息。他们在案例研究中使用集成了 InfoGrid 的 KensingtonDiscovery1.7 版。研究结果表明,在数据挖掘环境里,应用 InfoGrid 实施整合的交互式和批处理方法是极其有效的[16]。

（5）基于信息的资源整合

数据整合是通过一定的标准和技术实现了异构异质资源物理或逻辑上的集中与互联互通,实现了多种资源的"一站式"检索,但并没有对数据对象之间的关系进行有效揭示和组织。在泛在信息环境下,用户希望能在一个统一的入口实现"一站式"检索,又能够"一步到位"地获取多种关联资源。这就需要对信息实体关系进行有效组织和整合。对于信息整合的研究主要集中在数字图书馆领域以及图书馆、档案馆和博物馆数字资源整合领域,整合方式主要是基于信息门户的整合。

美国学者分析了数字图书馆整合的问题,并基于信息流、结构、空间、场景和社会框架提出了一个综合的解决方法。他们将这个框架应用于整合特定领域——考古数字图书馆,以此来说明他们在解决整合数字图书馆中关键问题的方法。他们利用经过整合的考古数字图书馆(ETANA数字图书馆)作为案例来验证和评价整合方法[17]。国际图联在2008年发布题为《公共图书馆、档案馆与博物馆:协作与合作趋势》的报告,该报告依据能否支持终身学习、能否提供优化服务、能否使全民获取社区资源、能否拓宽相关参与机构的用户群和能否满足遗产资料保存需要5项标准,推荐了7个公共图书馆、档案馆与博物馆数字资源整合门户的最佳实践范例。

（6）基于知识的资源整合

信息整合实现了信息实体关系的整合,但没有对信息实体内部概念和语义进行揭示。而知识整合则是对信息实体中的内在概念及概念之间的关系进行表征。本体技术的发展,为知识整合提供了强有力的工具,本体是知识整合的核心。

国外关于知识整合的研究主要是基于本体的知识整合。国外在这方面的研究成果丰富,研究领域广泛,涉及计算机、地理信息系统、化学工程、生物信息学等领域。计算机领域出现了许多描述和分析语义匹配(即本体匹配)的方法、框架和系统的调查。墨西哥研究人员介绍了一种轻量级本体OntOAIr,它是一种机器就能够实现的多方面文献聚集的轻量级本体学习方法,几乎不需要人工干预。与其他本体学习方法相比OntOAIr优势体现在:使用通用领域文档、产生标记簇的层次结构、支持可扩展的信息检索模型,但也存在对关键词权重的分配没有考虑文献结构的问题。他们的实验结果表明OntOAIr在利用开放档案协议(Open Archives Initiative)提供文献方面有着积极的作用,这种方法允许人类和软件组织及检索来自多种来源的文献[18]。

目前,全球定位系统技术广泛应用于手机、汽车以及其他设备上,所有这些地理信息都被分析和存储在不同详简层次的地理信息系统上,也可能分布在网络上。比如关于某一国家河流的信息就可能通过查询两个或者多个系统获得,这就是地理信息的异构性问题。为了解决此类问题,许多学者提出应用本体工具。比如,运用统一本体去丰富概念框架,从而促进数据集成度的提高和查询过程的优化。Stevens等介绍了一个可以同时访问多个生物信息学资源的开放访问应用程序TAMBIS(Transparent Access to Multiple Bioinformatics Information Sources),该应用程序允许生物学家询问有关生物信息学资源的复杂问题,它是基于分子生物学和生物信息学领域的概念及概念与概念之间的关系(本体)的知识模型[19]。Sahoo等运用本体驱动的方法,整合了包括人类在内的5种有机体的两种基因资源和3种路径资源,旨在说明语义网技术如何能够促进信息整合,如何让创建语义混搭(语义整合的资源)变得容易。他们认为语义网技术给生命科学领域的信息整合提供了一个有效的框架。本体驱动的整合代表了灵活的、可持续的以及可扩展的对大量信息进行整合的解决方案[20]。

3. 数字资源整合框架

前面对公共文化大数据进行了分析,选取了国家图书馆、故宫博物院、上海图书馆、内蒙古自治区图书馆、嘉兴图书馆、重庆图书馆及重庆北碚区图书馆为调研对象进行了大数据示例调研,由调研结果可知文化大数据范围巨大,资源数据、用户数据、行为数据等各类数据规模庞大、来源多样、过于分散,文化大数据整合规模庞大,面临许多困难与亟待解决的问题。

基于此,本文对文化大数据整合模式进行初步探讨,按照一定的目标,将来自图书馆、美术馆、博物馆等不同文化机构的数字资源进行系统而有序地类聚、融合和重组,尝试构建文化大数据整合框架,建立一站式资源服务平台,实现异构资源的检索和获取。

(1)整合模式

文化大数据整合主要涉及"为什么要整合""谁来整合""整合什么""如何整合"等几方面的问题,因此构成文化大数据整合模式的要素主要包括:整合目标、整合主体、整合对象和技术标准,这些要素及其内在逻辑关系如图5-5所示。

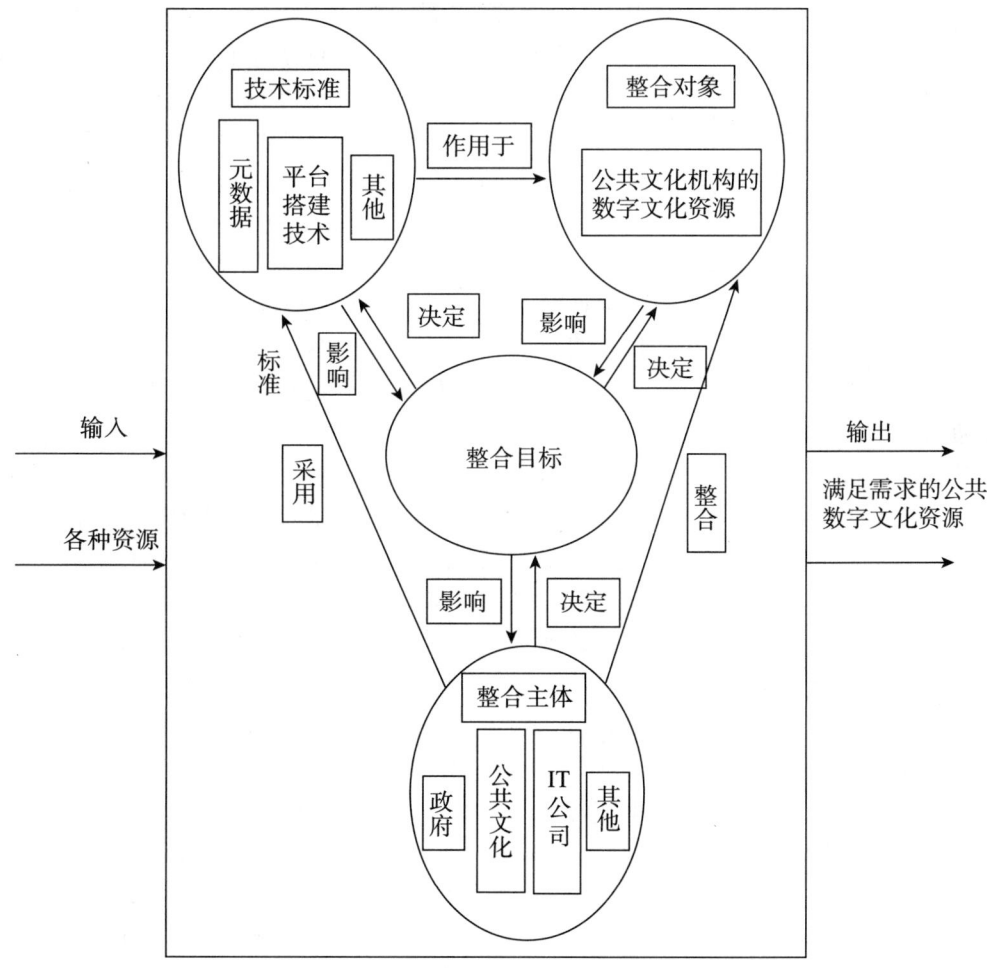

图5-5 文化大数据整合模式要素及其内在逻辑关系

此图表明:(1)文化大数据整合模式是一个复杂的系统,其各个要素相互作用,构成一个具有特定功能的整体。其中,整合目标是系统的核心要素,是决定着整合主体、整合对象、技术标准的设置和安排。整合主体是该系统的施动者,它采用一定的技术标准,作用于整合对象,实现整合目标,不同的整合目标需要不同的整合主体;整合对象是整合主体施动的对象,其类型的完整程度、存量的丰富程度直接影响着整合目标的实现程度;技术标准是实现整合目标极其重要的因素,整合目标的实现需要依赖统一的标准规范及信息技术,采用不同的技术标准会产生不同的整合效果。(2)文化大数据整合模式是一个开放的系统,它会随着政治、经济、技术、文化等因素的影响而发生变化和调整,这是文化大数据整合模式自我发展、自我完善的条件,也是文化大数据整合模式得以稳定存在的前提。因此,文化大数据整合模式不是一成不变的,而是会随着时代的变化而嬗变。

(2)整合框架

整合方式的选择是文化大数据整合所面临的首要问题,在充分考虑各类数据情况后,笔者认为基于 XML 中间件的数字资源整合方式为文化大数据整合提供了新思路,下面将就基于 XML 中间件的数字资源整合方式及整合框架进行探讨。

互联网环境下,基于不同硬件系统、操作系统、网络协议的异构平台往往需要协同运行以为用户提供高效便捷的服务,中间件(Middleware)技术由此产生。中间件是位于操作系统和应用软件之间的通用服务,其作用是屏蔽硬件平台的差异性和操作系统与网络协议的异构性,使应用软件能够比较平滑地运行于不同平台。基于中间件的资源整合方式最早由 Gio Wiederhold 教授在 1992 年提出。中间件整合方式是模式集成方法之一,其基本原理是在异构数据库和资源整合系统之间构建一个中间件,利用中间件为资源整合系统提供通用接口以处理数据访问请求,并协调异构数据库完成访问请求。与联邦数据库、P2P 等其他模式集成方法相比,中间件整合方式具有明显的优势,它既能够整合结构化的数字资源,也能够整合半结构化或非结构化的数字资源,因此中间件整合方式在资源整合领域具有广泛的应用和良好的发展前景。

XML(Extensible Markup Language)即可扩展标记语言,是在 SGML(Standard Generalized Markup Language)即标准通用标记语言的基础上发展而来,是 SGML 的子集。与 HTML 相比,XML 更加适应网络环境下信息组织的需求,特别适用于 Web 上的半结构化数据,并可以用于数据交换。HTML 是查看数据的通用方法,XML 则提供操作数据的通用方法。采用 XML 作为数据交换的标准格式能够有效实现用户对异构数据库的访问,提高资源的利用率。XML 的优越性为其作为中间件进行数字资源整合提供了可能。首先,XML 具有较强的灵活性。XML 最大的特点就是它实现了内容和表现形式的分离,这使得用户或管理人员可以选择性地对资源内容或表现形式进行修改而互不影响。XML 所对应的 RDF(Resource Description Framework)即资源描述框架能够使信息的获取变得更快、更准确。其次,XML 具有良好的可扩展性。XML 提供灵活的样式表标准,允许用户根据自己的实际需求来自定义标签,在遵守定义规则的条件下构建个性化的标记语言。由于 XML 文档是纯文本格式,因此它对编辑器和解析器都没有特殊要求,可以实现跨平台操作,扩展性极强。最后,XML 具有强大的共享性。XML 文档自带的文档类型定义(DTD)使得 XML 具有自描述性,适于进行数据交换,而 XML 语言本身的编码体系使其能够在异构数据库中实现兼容,完成数据的转换和获取。

XML 中间件技术在文化大数据整合领域的实现文化大数据整合领域中的数字资源来自于不同公共文化机构的不同数据库,在资源类型、组织方式和获取途径方面差异较大。构建一个基于 XML 中间件的文化大数据整合系统能够解决各数据库异构资源的整合问题,为用户构建统一平台进行资源检索和获取。XML 中间件有效避免了用户在不同数据库之间反复切换,为不同公共文化机构之间的资源交流和共享提供了平台,实现了机构间数字资源的互操作和无缝整合,提高了文化大数据的利用率。

基于 XML 中间件的文化大数据整合框架如图 5-6 所示,该框架包含 3 个层面,即数据层、XML 中间件层和应用层。

数据层包含来自不同公共文化机构的异构数字资源,是建立资源整合系统的基础。

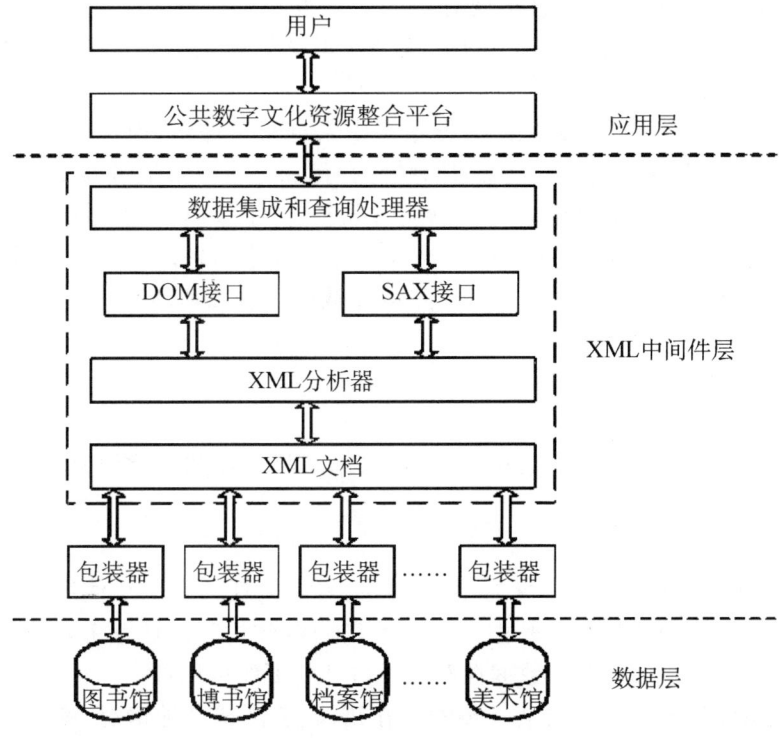

图 5-6 基于 XML 中间件的文化大数据整合框架

XML 中间件层主要由包装器和中间件两个部分组成。每个数据库都有其所对应的包装器,包装器为中间件和数据库之间的数据交互创建了媒介。包装器对各文化机构数据库中的数据进行封装,将数据模型转换为资源整合系统能够识别的模型,并制定通用的访问机制。当用户在资源整合平台发出检索请求时,中间件负责处理用户请求,将其检索请求转换为各数据库可以处理的子检索请求,然后将这些子检索请求发送给包装器,包装器在事先封装好的数据库中执行这些子检索请求,并将结果返回给中间件,由中间件将检索结果传递给资源整合平台供用户浏览和下载。用户在进行检索时能够同时触发多个包装器同其所对应的数据库之间的数据交互,有效缩短了系统的响应时间,提高了检索效率。

应用层的主要组成部分是文化大数据整合平台,用户通过该平台发出检索请求和查看检索结果,实现用户与数据库间的交互。文化大数据整合平台的具体表现形式主要包括 Web 浏览器和客户端。大部分文化大数据整合项目都会开发相应的网站供用户浏览和获取资源,如世界数字图书馆、欧洲数字图书馆、加拿大图书档案馆等都已建成网站为用户提供完善的信息服务,部分项目还会开发专门的客户端供用户下载使用。

用户通过 Web 浏览器或客户端访问文化大数据整合平台,该平台应当具备以下内容或服务:①数据库资源列表。用户通过浏览资源列表可以了解整合平台的资源概况,也可以通过网页提供的链接直接访问具体的数据库。②多功能检索服务。平台应该允许用户进行从简单检索到高级检索的多层次检索,为检索提供有关指引,同时应该为专家用户提供高级检索服务。在实现跨平台检索之后,跨语言检索也是资源整合领域的重要课题。③友好的用户界面。资源整合平台中资源的复杂性使其在用户界面的设计上面临多重困难,如何将中间件所传递的整合结果以优化的排版结构显示给用户是用户界面设计需要解决的首要问题。用户同整合平台之间是否能够实现有效的交互也是衡量资源整合平台性能的重要指标。总之,应用层是展示资源整合成果的平台,在文化大数据整合系统中发挥着连接用户和文化资源的重要作用。

本节就基于 XML 中间件的文化大数据整合框架进行了探索,但是基于 XML 中间件的文化大数据整合没有对各数据库的资源进行统一存储而是当检索请求发生时再通过包装器逐一访问相应数据库,这样使得检索过程响应时间较长,结果返回慢。同时基于 XML 中间件的文化大数据整合平台能够为用户提供格式统一的检索结果,而将各数据库的检索结果统一为 XML 文件格式需要复杂的算法和严格的元数据映射规则,同样需要通过大量实践工作来检测和完善资源整合系统。

5.2.4 数据保存

大数据处理的同时,必须关注数据保存策略,本节将从长期保持原则、策略及技术等方面进行相关探讨。

1. 按需迁移

保持数字对象的长期可用性是数字保存的重要内容,迁移是广泛使用的一种数字资源长期保存策略之一[21]。当数据格式过时或发生其他情况时,利用迁移工具将原始的数字对象迁移到新的数据格式下,可保证数据在新的平台环境下的可用性。然而,传统的迁移方法存在着一些不足,即如果在迁移的某一步骤存在错误、遗漏或其他情况,就会影响以后的迁移,从而产生不同程度的失真。该方法还无法准确地保存和提供可信的还原机制,同时,需要迁移时就生产相应的迁移工具也会造成相关费用的提高。

Cedars 项目认为在长期保存中,保存数字对象的原始字节流可以有效地解决保存中的相关问题[22]。如果保存的原始字节流并不随时间改变,则只需改变解释或还原原始格式的方式或工具。CAMILEON 项目[23]将涉及工具的技巧与软件工具设计结合起来,可以有效地延长软件使用的寿命,这些技巧也可以用于迁移工具的设计中。将软件设计的技巧与保存原始字节流的原则结合起来,可以产生新的迁移情况。该方法为执行迁移策略提供更为实用的方法,按需迁移减轻了数字保存的负担。使用 CAMILEON 项目介绍的软件设计技巧的工具可以随时间还原所有数字对象,保存过程只需保存数字对象的原始格式。当以前支持的格式过时时,只需在工具上添加可以解读新的数字格式的输出模块即可,同时也需要返回原始的数据格式,以保证按需迁移,从而减少在转换过程中产生错误的可能性从原始版本向新版本转换永远只需一步,无论在何种情况下,需要迁移的是档案中的原始格式。

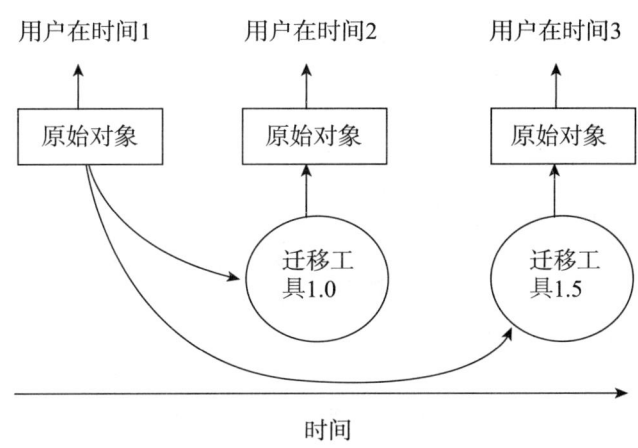

图 5-7 按需迁移

2. 模拟环境与环境封装

模拟环境是在新的环境中模拟原有的数字资源保存、运行环境,实现在新的环境中资源的利用,如在 Windows 环境中模拟 DOS 环境运行 DOS 程序。

环境封装是在对数字资源进行包装的过程中,将该数字资源所需的运行环境,如动态链接库、运行环境等一起打包,从而保证在新的环境中的 JAVA 环境要求。环境封装包括在 XML 中包含原始文件、在描述文件中包含指向软件的链接、包含软件本身 3 种情况。包含软件本身往往是保存与数字资源有关的所有内容,如文件本身、文件的上下文信息、文件运行的软件、硬件环境等。

3. UVC

仿真其实是生成一套软件,用于模拟保存、访问数据的硬件或软件,有时只是模拟硬件或软件的一部分功能,预期重现数字对象的原始操作环境,其优势在于与操作平台无关。

通用虚拟计算机(UVC)是由 IBM 公司提出的新的技术方法,是一种新的用于还原数字对象的方法,它并不依赖现有的平台和格式。一个虚拟计算机可以用于详细说明当天的操作过程,这些过程可能在将来的某台未知机器上运行。这种方法唯一需求的就是要有 UVC 仿真器。在保存实践中,首先要编写一个基于 UVC 的格式解码程序,用于被保存内容格式解码和呈现,该解码程序运行在仿真的 UVC 平台上,把保存内容转换成逻辑视图(Logical Data View,LDV)。LDV 是数字对象的结构化描述,通常按照一个特定的构建,如果未来有人想要浏览被保存的内容,就可以编写一个 UVC 仿真器,然后运行解码程序,生成 LDV。同时,根据保存的 LDS,再开发一个浏览器,这样就实现了对保存内容的重现,如图 5-8 所示。

4. 开放描述

所谓开放描述是指信息系统通过计算机可识别的开放语言和规范方式来描述自己系统各个层次的内容。尤其是自己的数据格式、组织体系和管理机制、所形成的描述文件及其定义语言置于本系统公知位置,或递交公共登记系统,第三方系统能识别、理解本系统的格式和规则,并在此基础上实现系统间的互操作[24]。数字资源的开放描述可以将数字资源的存储、描述、组织、传递方式以第三方可以获取的形式描述,从而实现第三方或未来对该类资源的使用。

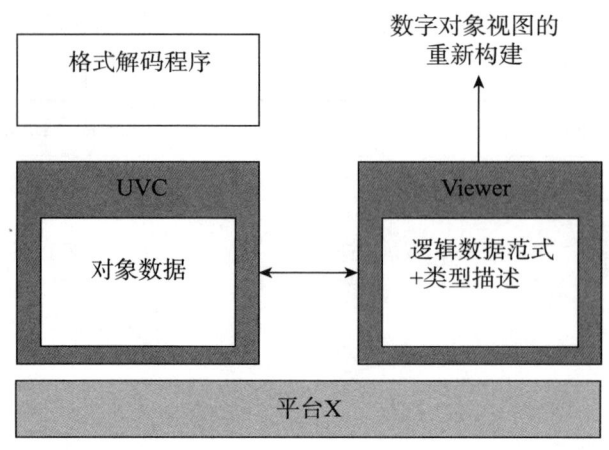

图 5-8　UVC 保存方法说明[25]

5. 云存储技术

"云"概念最早诞生于互联网,随着其发展云技术在各行各业得到运用。"云"是一个比喻的说法,一般是后端,难以看见,这让人产生虚无之感,因此被称为"云"。

由于用户数量众多,存储系统需要存储的文件将呈指数级增长态势,这就要求存储系统的容量扩展能够跟得上数据量的增长,做到无限扩容,同时在扩展过程中最好还要做到简便易行,不能影响到数据中心的整体运行,如果容量的扩展需要复杂的操作,甚至停机,这无疑会极大地降低数据中心的运营效率。云时代的存储系统需要的不仅仅是容量的提升,对于性能的要求同样迫切,与以往只面向有限的用户不同,在云时代,存储系统将面向更为广阔的用户群体,用户数量级的增加使得存储系统也必须在吞吐性能上有飞速的提升,只有这样才能对请求做出快速的反应,这就要求存储系统能够随着容量的增加而拥有线性增长的吞吐性能,这显然是传统的存储架构无法达成的目标。传统的存储系统由于没有采用分布式的文件系统,无法将所有访问压力平均分配到多个存储节点,因而在存储系统与计算系统之间存在着明显的传输瓶颈,由此而带来单点故障等多种后续问题,而集群存储正好解决了这一问题。

云存储具备以下优势:第一,存储管理可以实现自动化和智能化,所有的存储资源被整合到一起,客户看到的是单一存储空间;第二,提高了存储效率,通过虚拟化技术解决了存储空间的浪费,可以自动重新分配数据,提高了存储空间的利用率,同时具备负载均衡、故障冗余功能;第三,云存储能够实现规模效应和弹性扩展,降低运营成本,避免资源浪费。

5.3　文化大数据开放与共享

文化大数据整合的目的是为了更好地为公众服务,为了实现这一目标,对大数据进行开放共享具有极其重要的意义。

5.3.1 开放共享机制

为了更好地做好文化大数据的开放共享必须遵循相应机制。

1. 协调机制

公共文化大数据开放共享是一项错综复杂的系统工程，涉及不同的公共文化机构，而这些机构分布于不同的地区，又分属于不同的行政主管部门，呈现"条块分割，各自为政"的特点，由于缺乏宏观层次的统筹规划，不同层次、不同类型的公共文化机构数据建设本就呈现出各自为政的情况。为了保障文化大数据开放共享的顺利进行，必须转变传统公共文化管理思维与管理模式，建立跨行政系统的大数据协调管理机制。该机制建立的作用在于能够对文化大数据开放共享中出现的问题进行协调，统筹安排资源和服务，实现资源和服务的合理布局，发布开放共享规章制度，使各机构明确自己的职责，共同完成开发共享任务。

2. 决策机制

决策机制包含两个方面的内容。首先，它是指公共文化机构采取开放共享行为前的数据抉择行为，单一的行政手段往往难以充分考虑各相关主体的实际需要、自身基础及主体间的利益关系，使开放共享缺乏持久的内在动力，以一个标准要求所有公共文化服务机构，会使其难以充分有效地发挥作用。因此，应建立以公共文化机构自主决策为主、政府行政决策为辅的决策机制，使公共文化机构能够根据自身的需求和条件自主决定是否参加及以何种形式参与开放共享。其次，决策机制还包括建立科学合理的开放共享组织机构的决策体系，以保证各公共文化机构作为主体更多地参与开放共享活动中的各项决策，并实现决策的科学化和决策程序的合理化。如 OCLC、CALIS、NSTL 等联盟组织的理事会和监事会制度，让所有参与开放共享的成员都有平等参与决策的权利。

3. 激励机制

激励机制是充分挖掘开放共享组织的潜在资源供给能力的复杂运行体系，是以激励理论为指导，运用相应的激励方法，实现对参与开放共享的公共文化机构激励的过程。激励机制应该包括：第一是价值实现的激励。作为公共文化机构，满足社会公众的文化信息需求是其存在及开展各项活动的最终目的，也是其价值的最终体现。而随着信息时代的到来，参与信息生产、组织、传递的非营利性或营利性个体和组织越来越多，信息服务领域的竞争日趋激烈。公共文化机构只有根据社会需求不断提高公共文化服务水平，才能表明自身的存在价值，赢得自己的生存和发展空间。因此，必须使公共文化机构清醒地意识到所处的竞争环境，从而激励自身不断创新。第二是利益的激励。公共文化机构数字文化大数据开放共享必然涉及参与开放共享成员的利益关系。有的机构在开放共享中投入的人力物力多，但获益却不多，而有的机构付出较少，却可能获得较大利益。投入与产出的不对等必然使一些机构对开放共享持消极态度。因此，必须建立有效的利益平衡机制，保证参与各方在开放共享中的投入均得到相应的回报，使开放共享具有持续的发展动力。第三是绩效评估的激励，即将公共文化机构是否参与数字文化服务开放共享及开放共享成效作为对机构的绩效评价和考核的标准之一，并制定相应的激励政策，以此调动公共文化机构参与开放共享的积极性。

4. 资金投入机制

公共文化机构开展数字文化服务开放共享，从经济层面来说，要实现的目标之一就是让各机构拥有的文化资源能够得到最大限度的利用，降低公共文化服务的成本，使有限的资金投入发挥最大的效益。然而在机构开放共享的过程中,资金的投入是必需的。特别是在开放共享初期,大量的基础设施建设更需要增加经费的投入。因此建立合理的资金投入机制是十分必要的。需要解决的问题有两个方面:首先,由于各公共文化机构都是公益性文化事业单位,可以通过组建"公共文化大数据联盟"争取国家财政的专项支持,这是资金来源的主渠道。同时,各机构应充分发挥各自的优势,积极争取社会组织和个人的捐赠,形成以公共财政投入为主,社会资助为辅的公共文化服务资助体系。其次,在机构开放共享的过程中,不同开放共享项目的资金投入,要根据各开放共享方的受益程度确定合理的资金投入比例,并形成科学的项目经费预决算制度。

5. 标准规范机制

标准规范机制是指通过建立统一的制度,要求参与开放共享的机构按照开放共享系统的标准与规范来组织资源、提供服务,以保证开放共享机构资源的可使用性、互操作性和可持续性。公共文化大数据开放共享重要的基础条件是数字资源的整合,而资源整合的关键是标准化,即各公共文化机构必须按照统一的标准组织、加工、存储和传递数字资源,按照标准提交数据,或者提交的数据能够按照统一的标准实现数据格式的转换。在开放共享大数据的过程中,涉及诸如资源传递、管理、大数据经营等,也需要完善和统一相关资源的获取、技术等标准。因此,各公共文化机构开放共享必须成立标准化工作协调部门,研究和制定出适用于公共文化资源整合的元数据标准、对象数据标准和相关大数据工作的标准规范。健全的标准规范机制才能保障开放共享活动的顺利进行。

6. 法律法规机制

公共文化大数据开放共享过程中,资源、技术及大数据变革使得公共利益与私人利益之间的界限愈加模糊,矛盾也更为凸显,由此衍生了众多的版权问题。公共文化大数据体系的构建运行,涉及图书馆、博物馆、美术馆等诸多公共文化机构收藏的资源,资源整合和联机存取过程中的知识产权问题随之而来。这种情况也在客观上要求加快制定和完善专门针对公共文化开放共享大数据的文化政策,并使之上升为法律法规,从而保证公共文化大数据体系的构建运行有规可循、有法可依[26]。

5.3.2 开放共享问题及对策

大数据蕴藏着巨大的经济与社会价值,其开放和共享对于促进社会需求模式转型以及产业经济转型都具有重要意义。相对于美国、欧盟等西方发达国家和地区而言,我国在大数据开放与共享方面尚未建立健全机制,不能满足"互联网+"业态创新与以用户需求为核心的新业务发展的需要,公共文化大数据开放共享必将为公共文化服务机构带来新一轮的发展机遇,但是也面临着许多问题:

1. 数据的开放性与透明性

开放与透明是开放数据的核心和关键。但是如何开放、开放内容范畴、开放边界以及开放条件等一系列问题都是需要在开放共享数据时需要考虑的问题。

(1) 数据开放共享相关法律

政府要在政策层面明确开放数据的要求。美国的政府数据开放走在世界前列,这与其有较完善的法律法规是分不开的。美国的数据开放经历了200多年的发展与完善,从最初的《管家法》(House-keeping ACL)《联邦行政程序法》,到后来的《信息自由法》和《阳光下的政府法》,以及2009年的《开放政府指令》,美国的政府数据开放政策不断完善和深入。

在欧洲,《公共部门信息再利用指令》是欧盟各国开放数据政策的重要驱动力,但有些条款已经不能适应开放数据战略的需要。因此,欧盟数字议程建议,修改2003年对公共部门信息再利用的指令(指令2003/98/EC);修订《委员会信息再利用》(2006/291/EC),包括:所有来自于公共部门的文件均可用于任何目的(商业性或非商业性),除非受到第三方版权保护;除非有正当理由,大部分公共部门的数据都将免费或收取极少费用;强制要求提供通用机读格式的数据,确保数据的有效再利用;引入监管机制,以保证原则的执行;数据开放范围将覆盖图书馆、博物馆、档案馆等更广泛的组织。

目前,中国关于政府信息公开的相关法规有《中华人民共和国政府信息公开条例》,各地各级政府在向社会开放政府数据资源方面也有过不少尝试和经验。但国家层面的政策法规目前尚未明确要求政府部门无差别地向公众开放原始、全面、及时、可被计算机自动处理的数据。因此,应尽快在国家层面制定相关法规或政策,明确政府数据开放的要求,从而为各级各部门政府数据开放工作提供政策保障和支持。

(2)数据开放共享平台

通过政府网站进行政府数据开放已成为世界上许多国家开放数据的主要途径。美国政府在通过网站公开政府数据方面积累了丰富的经验。早期的联邦政府数据开放网站有:1997年美国政府建立的首个全面公开联邦政府数据的网站 Fedstats.gov,2007建立的 USAspending.gov 和 recovery.gov 网站。自从《开放政府指令》推出以来,美国联邦政府开始更加积极地探索如何更好地通过整合的网站进行数据开放,2009年建立的 data.gov 是美国政府数据开放的最新实践和最新进展,也是相对最完善的一个网站。欧盟2012年春建立了欧洲开放数据门户网站,提供委员会和欧盟其他机构的数据访问,使公共数据易用、可用;2013年春建立了泛欧洲的数据门户网站,允许访问2011年—2013年整个欧盟成员国的数据,保证公众可以自由获取这些创新资源。我国目前已有许多城市省份建设了政府数据公开网站,如北京市政务数据资源网(http://www.bjdata.gov.cn),上海市政府数据服务网(http://www.datashanghai.gov.cn)等,此类数据服务网站多以地域进行划分,公共文化大数据应打破地域界限,以公共文化服务类别进行分类,构建专用数据共享平台。

(3)开放共享数据类别

在数据实际开放共享过程中,要以用户需求为导向。首先,应以数据群的方式来分类数据,并全面覆盖各种主题,以使公众能方便快捷地找到自己所需的数据;其次,应开发针对不同用户的数据格式与工具,以使数据更易为公众使用和分析;最后,开放数据应注重满足初级用户的需求,提高数据的实用性。

加强数据的实用性是数据开放更高层次的要求,不仅要求数据量大、数据质量高,更要求数据能真正符合和满足用户需求,为公众服务。

(4)数据管理

公共文化大数据负责部门应加强对开放数据的管理。第一,负责部门应在开放数据网站上建立元数据,从而对网站上的数据进行清晰的描述与索引;第二,加强对数据质量的控制,负责部门应对各机构上传的数据的要求、格式、内容等进行统一的规定和说明;第三,做好数据保管工作,可设立专门机构对所有上传到开放数据网站上的数据进行保护、管理与监督;第四,负责部门应建立反馈机制,以了解公众对开放数据的质量、获取、使用等方面的意见与建议,从而不断地完善开放共享数据;第五,开发科学、有效的数据评估工具,以有效地检验数据的质量,并通过评估促使各机构不断改进上传数据的质量。

2. 数据安全和个人隐私保护

数据安全、信息安全和网络安全是大数据开放所面临的重大挑战,特别是"棱镜计划"曝光以后,信息安全与隐私保护受到了广泛的关注。在大数据时代,由于各类不同的数据资源都将整合在大数据平台上,这就对数据资源的安全性提出更高的要求。为了切实有效地推进数据资源开放与共享,需要建立健全数据资源采集、存储、交换、使用过程中的安全保障制度,做好数据资源开放与共享的安全保障工作。

(1) 构建数据安全管理制度

在数据资源整合利用的过程中要注意加强数据资源的管理,保障数据资源在保存、整合、传输与共享等过程中的安全。通过建立文档资料管理制度、机房安全管理制度、系统运行维护管理制度、网络通信安全管理制度、安全等级保护制度等管理制度,加强数据资源的安全管理,确保数据资源的安全性。在数据资源存储过程中,要建立安全分级制度,对不同的数据资源进行分级评估,对价值越大的资源越要加以重点维护利用,同时根据职能部门的职责对不同的访问对象设定相应的访问权限,实现不同层次的身份鉴别、访问控制等功能,保障数据资源访问的可控性。

(2) 建立数据安全技术保障体系

建立数据安全技术保障体系,要着重加强对数据加密技术、安全认证技术、数据隐藏技术等不同的数据安全核心技术的研究与开发,通过运用先进的数据安全技术构建数据资源整合应用平台的综合防护系统。在数据资源的整合与共享过程中广泛运用数据加密技术,保障数据的完整性与数据的保密性,分别从物理、网络、主机、应用、终端与数据等不同层面加强安全级别和保护,构建符合实际需求的安全技术保障体系。

(3) 构建数据安全风险测评与评估机制

在数据资源整合利用的过程中要提高数据资源的安全防范意识,加强对数据资源整合应用平台的安全风险测评,建立有效的风险识别、控制与处理机制。一方面,要对平台的运行情况进行检测,重点要对采集中、存储中、整合中与运用中的数据进行实时监测,并进行定期的安全扫描,确保运行状态安全。另一方面,还需制定并实施定期的风险评估和安全测评计划,对数据系统的风险状况进行有效的评估,在此基础上采取相应的措施,确保数据安全。

3. 数据应用规则

公共文化大数据负责部门在进行数据开放共享时应制定一套指导原则。

(1) 无害使用

在众多机构中共享,以及在政府、私有部门和公众社会之间共享数据,可能意味着在部门和组织间共享私人的、敏感的个人数据,而这些组织中的大多数并不拥有相匹配的数据管理、利用和再利用政策。当非政府组织也是大数据合作项目的参与者时,个人不应该被强制或被要求将政府出于某种目的而采集的数据共享给这些非政府组织。

(2) 长远计划

数据的获取、共享、存储以及检索等技术要求应适当超越当前技术水平,具有长期可持续运营的属性。这需要在开放数据之前制定并坚守开放数据的原则及技术标准,使大数据及其衍生产品能够在未来的10年、20年,甚至更长的时间里都能获得相应的技术支持。

(3)数据表述

大数据应用产品在投放市场之前需要保障数据元素、数据采集单位或数据的其他属性都需要进行完备的界定,同时数据采集和使用政策能得到清楚地表述。

(4)责任承担

虽然大数据对于提供数据和制定政策潜力巨大,但也可能造成损害。大数据通常包含了多种数据集的整合(通常被称为"聚合"),而这些数据集最初并不是出于整合的目的而生成的。在大数据创新中,政府和大数据产品开发机构需要对他人使用其数据所造成的损害承担责任,确保对公众的保护。

(5)数据接口标准与规范

大数据要求在技术层面能实现互操作,同时在数据层面遵守元数据标准。不同的领域可能会有不同的元数据标准。大数据数据集的生成、发展及发布需要考虑合适的数据标准格式,从而推进协作和数据的再利用。此外,对于对外发布的文档也需要建立文档标准,例如有关数据集的组织、数据元素、数据种类(如数字、文本等)的描述及其他有关数据集内容的描述数据等。另外,对数据的局限性也需要做出清晰的说明。

5.4 文化大数据整合、开放与共享建议

公共文化资源整合中的资源组织的要求公共文化资源整合项目的建设目标是通过对异构的公共文化资源的重组,实现对历史文化资源的"一站式"查找和获取。笔者认为公共文化资源整合中的资源组织要满足以下三方面要求。

5.4.1 数据资源整合建议

通过前面对于资源共享整合的分析,本节提出了对于文化大数据资源整合的一些建议。

1. 异构资源整合的无缝性

公共文化数据资源整合目标要使社会公众能够在同一平台上检索来自不同机构的文化资源,就意味着只有实现对异构资源的无缝重组,才能满足用户的"一站式"公共文化需求。从对国外公共文化资源整合项目调查中发现,多维导航系统、数据检索系统、专题数据门户、虚拟展览这些数据组织方式被应用到资源整合项目中时,都是以实现对不同来源的异构资源无缝整合为目标的。多维导航系统将把整合后的异构资源看成一个逻辑整体,允许用户从多种路径进行数据查找。数据检索系统通过对数字资源的元数据统一加工和存储,实现了对来自不同地区、不同公共文化服务机构、不同类型的文化资源的"一站式"查询。文化专题数据门户更是通过对异构资源的深度开发和揭示,实现了文化专题资源的系统性整理。可见,只有实现对异构的公共文化资源的无缝整合才能真正提高资源整合平台的服务效能。

2. 资源加工规范化

国外的公共文化资源整合项目在对异构的公共文化资源进行统一加工与组织时,较好地利用规范化的数据组织语义工具来构建系统性的数据组织网络。从对国外的公共文化资源整合项目数据组织的语义工具的调查中发现,文献分类法、主题词表在国外公共文化资源

整合项目的分类、主题、时间、地点等多维导航系统的建设,关键词检索、跨语言检索、精炼检索等数据检索方式的开发中得到了较为普遍的应用。在公共文化资源整合项目的建设中,我们必须充分认识到文献分类法、主题词表、规范文档、词典等传统的数据组织语义工具在目前以分类方法和主题方法为主的数据组织方式的应用中具有重要作用,通过保证数据组织的规范性和标准化来提高文化资源整合的质量。

3. 满足需求的多样性

公共文化资源整合平台是以满足大众的文化数据需求为导向,免费向全球公众开放的资源发布平台。公共文化资源整合平台面对各种类型的用户群体,如学生、教师、研究人员、数据工作者、普通大众等,不同类型的用户在进行数据查找时会因为数据需求的差异而选择不同的数据查找方式。因此,多样化的数据组织方式对于公共文化资源整合平台功能的实现就显得尤为重要。欧洲数字图书馆在确定平台的数据组织方式之前对其主要的用户群体及其数据需求进行了专项调查,明确了不同职业人群在数据获取中的偏好与差异,并以此为依据设计和开发了适应不同类型用户数据行为习惯的数据组织方式。可见,公共文化资源整合项目在进行资源组织方式设计时必须从用户需求出发,通过多样化的数据组织方式的应用满足不同类型公众的文化数据需求。

5.4.2 数据资源开放与共享建议

通过前面对于资源共享整合的分析,本节提出了对于文化大数据资源开放与共享的一些建议。

1. 在现行管理体制框架内建立不同层次的协调机构

在我国,同是公共文化服务机构却隶属于不同的文化行政管理部门,而且系统与地方"条块分割"。这种管理体制不利于公共文化大数据开放共享的开展。虽然近年来国家在行政管理体制改革方面有不少举措,但已经形成的这种管理体制不可能完全改变,因此必须在现有的体制框架内建立不同层次的协调机构。如在中央一级,由国务院主导,建立由文化部、国家文物局、国家档案局等相关部门联合组建的协调机构,负责全国的公共文化大数据开放共享的组织与协调工作,具体职能包括落实国家有关促进公共数字文化发展的重要决策和法律法规,制定促进文化大数据开放共享的方针政策,组织并推动不同部门之间的横向合作,统筹规划重大的公共文化大数据开放共享项目,解决合作中诸如经费、人员、设施、产权归属等问题。各级地方政府(如省、市、自治区)应比照中央并结合本地实际建立职能类似的协调机构。各级各类公共文化机构,则应在各级协调机构的统筹安排下,积极开展公共文化大数据开放共享。在管理上,则通过建立理事会一类的常设管理机构,负责参与合作的机构之间的管理和协调,实行民主管理,明确各自的权利与责任,通过各种制度的建立以保障合作的顺利进行。

2. 制定与完善开放共享的系列标准

标准规范是公共文化机构开展文化大数据开放共享的重要保障条件。标准规范机制的建设需要有明确的目标和分阶段实施的计划。长期目标是指创建长效的标准规范与应用机制,内容涉及数字资源的创建、描述、保存、传递等整个信息生命周期。从短期任务来看,需要明确公共文化大数据开放共享过程中的障碍与需求,充分发挥协调管理机构的作用,积极探索跨机构公共文化大数据开放共享模式,提出与长期目标相适应的发展战略。标准规范机制建设还要求通过制度强化各种标准的实施,要求参与开放共享的各公共文化机构都必须按照标准规范来建设数字资源和开展数字服务。

3. 建立健全合理的知识产权解决机制

公共文化大数据开放共享的前提是各公共文化机构的数字资源的整合,而资源整合涉及的知识产权问题包括整合前资源的知识产权归属、整合后资源的知识产权归属及整合后提供服务过程中可能带来的知识产权问题,这些问题必须通过机制建设合理解决。整合前必须依据相关法律确认拟整合资源的知识产权归属。整合后资源的知识产权是归属于参与合作的公共文化服务机构,还是确立另外的知识产权主体,则需要通过建立合理的制度来解决。资源整合后提供服务的过程中涉及的知识产权问题更为复杂,需要建立的机制包括:(1)知识产权保护机制,即在服务的过程中注意对知识产权的保护,如向从业人员与用户普及数字资源服务过程中可能涉及的法律问题,增强版权意识,评估数字资源数据开放共享中存在的法律风险,认真遵循数据开放共享的规范;(2)知识产权依法规避机制,即充分利用知识产权法律制度中所赋予的对公共文化服务合理使用的条款,依法规避侵权风险;(3)知识产权防范机制,利用防火墙技术、数据加密技术、数字水印技术等网络安全防护技术对数据资源开放共享的侵权风险进行防范,解决网络威胁,确保数字资源的安全。

4. 建立多渠道的资金投入机制

2011年,文化部和财政部联合下发《关于进一步加强公共数字文化建设的指导意见》,提出"要研究制定政策措施,鼓励社会力量投资文化建设,逐步形成政府投入为主、社会多渠道筹资为辅的投入格局"。但对于公共文化服务而言,由于它的公益性质,要形成这种多渠道投入的格局并不容易。需要通过一些制度的建设来保证这种投入的持续性。如,要由政府出台相关政策,对于捐助公共文化服务的企业和其他经济组织,减免其税收;政府通过制定相关政策,对提供捐助的个人和组织给予荣誉和奖励;还可以通过公益创投的方式,吸纳社会公益资金投入,以支持公共文化大数据开放共享项目的开展。

5. 建立利益平衡机制和激励机制

在公共文化机构开展数字文化数据开放共享的过程中会涉及各参与机构的权利、义务以及利益的分配问题,应该建立有效的利益平衡机制和激励机制。要通过建立科学合理的制度,对在数据开放共享中付出较多、贡献较大的机构给予相应的补偿,对在数据开放共享中表现突出的工作人员给予奖励。正向的激励机制往往能够激发各机构及机构工作人员的积极性与创造性。同时也可以建立必要的惩戒机制,以对数据开放共享中某些机构或个人的消极行为进行约束,以提升数据开放共享的质量。

6. 进行科学有效的绩效评估

我国跨机构数据开放共享的需求越来越强烈,而公共文化管理体制短时间内难以改变,所以急需做出调整的是数据开放共享的监督与评价机制。无论是衡量公共数字文化数据开放共享的效率和效益,还是检验公民的基本文化权益是否得到满足,都需要依靠科学的绩效评估进行衡量和监督。根据我国公共文化服务绩效评估现状,应着重强调以下几点:一是在科学可靠的研究基础上,完善指标体系的内容设计,并为每一项指标分配分值权重,突出评估重点,细化考核标准;二是运用CIPP评价方法对数字资源数据开放共享效果进行评估,并将评估活动分为背景评估、输入评估、过程评估、成果评估等项目,再进行操作化和细节化,得出适合公共文化机构数据开放共享的评估指标体系。该评估体系既要注重资源建设、经费投入等输入效益,又要兼顾服务质量、服务类型等输出成果效益。有效的监督与评价机制将促进公共文化大数据开放共享的良好运行,同时绩效评价的结果也可用于制定或调整相应资金分配政策。

参考文献

[1] 国务院.国务院关于印发促进大数据发展行动纲要的通知[EB/OL].[2017-07-07]http://www.gov.cn/zhengce/content/2015-09/05/content_10137.htm.

[2] 中华人民共和国文化部.中华人民共和国文化部2015年文化发展统计公报[R/OL].[2017-07-07] http://zwgk.mcprc.gov.cn/auto255/201604/t20160425_30466.html.

[3] 石秀敏.大数据时代数据资源保护及利用策略研究——以故宫博物院为例[C]//博物馆的数字化之路,2015.

[4][6] 秦华.包头市图书馆新馆的数字化建设[J].内蒙古科技与经济,2009(23):147-148.

[5][7] 黄墨樵.论大数据时代下文化遗产数据的可视化——以故宫数字沙盘为例[J].博物馆研究,2014,(04):87-93.

[8] 张之益.文化产业创新与视觉生产力:视觉工业前沿探索与案例解读[M].北京:光明日报出版社,1900.

[9] 嵇婷,吴政.公共文化服务大数据的来源、采集与分析研究[J].图书馆建设,2015(11):21-24.

[10] 姜锋.基于Hadoop平台的海量数据处理研究及应用[D].北京:北京邮电大学,2013.

[11] Armbrust M,Xin R S,Lian C,et al. Spark sql:Relational data processing in spark[C]//Proceedings of the 2015 ACM SIGMOD International Conference on Management of Data. ACM,2015:1383-1394.

[12] 莫秀娟.资源整合技术研究[J].图书馆学研究,2011(1):69-73.

[13] Innes J E. Information in communicative planning[J]. Journal of the American Planning Association,1998,64(1):52-63.

[14] Huang B,Yi S Z,Chan W T. Spatio-temporal information integration in XM[J]. Future Generation Computer Systems,2004,20(7):1157-1170.

[15] Kushmerick N. Wrapper induction:Efficiency and expressiveness[J]. Artificial Intelligence,2000,118(1-2):15-68.

[16] Giannadakis N,Rowe A,Ghanem M,et al. InfoGrid:Providing information integration for knowledge discovery[J]. Information Sciences,2003,155(3-4):199-226.

[17] Shen R,Vemuri N S,Fan W,et al. Integration of complex archeology digital libraries:An ETANA-DL experience[J]. Information Systems,2008,33(7-8):699-723.

[18] Alfredo J,Sánchez,et al. Organizing open archives via lightweight anthologies to facilitate the use of heterogeneous collections[J]. Aslib Proceedings,2012,64(1):46-66.

[19] Stevens R,Baker P,Bechhofer S,et al. TAMBIS:Transparent Access to Multiple Bioinformatics Information Sources[C]// International Conference on Intelligent Systems for Molecular Biology. AAAI Press,1998:25-34.

[20] Sahoo S S,Bodenreider O,Rutter J L,et al. An ontology-driven semantic mashup of gene and biological pathway information:application to the domain of nicotine dependence[J]. Journal of Biomedical Informatics,2008,41(5):752-765.

[21] School of Information,University of Michigan. Migration on Request[J/OL].[2017-07-07]http://www.siumich.edu/CAMILEON/re-ports/mor/index.html.

[22] Holdsworth D,Sergeant D M. A blueprint for Representation Information in the OAIS model[C]// Mass Stor-

age Conference,2000.
[23] 吴振新,张智雄,郭家义.数字信息资源长期保存技术策略分析[J].现代图书情报技术,2006(6):8-13.
[24] 张晓林.数字图书馆建设中的开放描述机制[J].现代图书情报技术,2002(3):6-9.
[25] 毕强.数字信息资源开发与利用[M].北京:科学技术出版社,2009.
[26] 肖希明,李琪.公共数字文化服务合作机制研究[J].图书与情报,2016(4):31-37.

6 文化传播大数据综合服务平台方案研究

文化大数据服务是在现有的文化数据资源的基础上进行跨行业和跨领域的深度整合与挖掘,不断提升规模化、提炼知识价值和提高文化吸引力的过程。加强用户数据、管理数据、运营数据等的分析,可以为文化服务反馈重要的信息,为文化单位做好服务定位、制定文化政策提供可信参考。同时,基于文化大数据分析,可以掌握文化产业发展方向,了解用户文化需求,有助于实现基于数据驱动的精准化、个性化文化服务。

构建文化大数据服务平台,可以实现资源汇集和一站式知识服务。平台化是网络服务的新模式,它顺应了网络技术开放与互联的潮流,具有强大的功能性、适应性和灵活性。平台以云技术模型为架构,能够实现文化行业不同部门、不同单位文化数据的分类和汇聚,消除资源分散、知识密度低的"孤岛效应"。平台应采用最新的信息技术和智能算法,对分布式异构文化数据进行深度分析、关联和价值挖掘。平台的建立将有助于文化单位数据和服务的共建共享,提高文化服务的规范化和规模化,有助于建设覆盖全国和文化行业的信息网络,便于文化单位之间,以及与第三方机构之间进行合作和交流。

6.1 平台搭建原则

6.1.1 策略原则

1. 政府引导,社会参与

发挥政府在规划建设、运行管理和经费保障方面的引导作用和兜底功能,鼓励社会组织和企业参与建设,扩大社会合作。

2. 服务为本,均等覆盖

以文化传播和文化综合服务需求为导向,优先发展与文化综合服务密切相关的项目,推动文化传播大数据综合服务平台与其他系统的对接利用,扩大其覆盖面,促进文化传播大数据综合服务均等化。

3. 统筹规划,融合开放

推进文化传播大数据综合服务平台建设,需要与文化大数据各项工作统一部署、制订总体规划。充分利用国家公共信息基础设施和大数据平台,避免重复建设。统筹文化大数据建设资源目录体系、文化大数据整合平台的建设,并与社会优质文化大数据服务平台形成有效对接,促进互联互通。

4. 标准先行,保障安全

完善平台建设和信息服务技术标准,加大现行国家标准、行业标准的应用,逐步建立完整的文化传播大数据综合服务规范,实行分类指导、分级推动和分期规划。建立完善的数据及平台安全保障体系,确保系统运行有高度的可靠性和安全性。

6.1.2 技术性原则

1. 先进性原则

系统设计、施工和设备选型遵循先进性原则,能够使文化传播大数据综合服务平台的建设与国家主要大数据平台、其他文化大数据平台在技术平台水平上保持相对的时代同步性,以保障系统的生命周期尽可能地延长,以保证与现有或在可以预见的将来可以采用的设备相兼容。

2. 资源共享性原则

系统设计和设备选型应注重实用功能、降低总体投资,求得先进性与经济性的完美统一,做到设备价格比的最好综合。从文化传播大数据综合服务的实际需求出发,摒弃一切华而不实的设计。

3. 安全可靠性原则

系统设计方案要求将人机安全、设备的长期稳定运行等可靠性要点,作为文化传播大数据综合服务平台的设计原则,以保证系统在运行期间,为用户执行安全防范和服务质量管理任务提供有效的技术支持手段,为用户降低系统运行方面的人工和资金成本。平台对设备的稳定性和可靠性要求非常高,要能够每周7天、每天24小时不断工作。对关键的设备应提供冗余热备份,提供各种故障的快速恢复措施,并应充分考虑系统的应变能力和容错能力。在满足上述可靠性要求的前提下,应尽可能优化方案,减少设备的投资。

4. 可扩展性原则

系统设计和规划时必须支持将来的扩容和平滑升级。在保障满足文化传播大数据综合服务平台现有需求的同时,为将来的系统扩展打下基础。系统应采用模块化,并在设备选型方面有一定的可替换性。文化传播大数据综合服务平台应能兼容和支持将来开展的增值业务,支持多种形式的资源及用户的管理和控制。

5. 大数据相关原则

数据安全原则,即指通过技术手段和管理机制来保障数据的安全,以免数据面临遗失、不法接触、毁坏、利用、变更或泄露的危险。从安全形态上讲,数据安全包括数据存储安全和数据传输安全;从内容上讲,数据安全可分为信息网络的硬件、软件的安全,数据系统的安全和数据系统中数据的安全;从主体角度看,数据安全可以分为国家数据安全、社会数据安全、企业数据安全和个人数据安全。具体而言,数据安全原则包括以下几方面含义:第一,保障数据的真实完整,不仅使处于静态存储的数据不被非法访问、恶意篡改和伪造,而且保证数据在传输过程中不被篡改,不发生丢失和缺损等;第二,保障数据的安全使用,也就是说数据及其使用必须具有保密性,仅为取得授权的机构和个人获取和使用,当然数据系统中的公开信息不限于此;第三,以合理的安全措施保障数据系统具有可用性,可以为取得合法授权的使用者提供服务。

6.2 综合服务平台体系架构

构建公共文化大数据综合服务平台,着力推进大数据技术在文化传播中的应用,对全国文化资源数据进行统一汇集,并对数据进行深度的质量优化、组织与关联;全面收集用户数据,并通过对用户数据的挖掘实现文化资源组织与揭示形式的优化;将规范化、可开放、高质量的文化资源数据进行开放与共享,并建立引导机制,鼓励社会力量参与这些文化资源数据的开发与利用;建立文化资源的版权管理办法与版权交易机制,建立正常的版权交易秩序;将文化资源数据与社会数据进行共享与融合,为国家文化相关决策提供支撑。

6.2.1 平台功能设计

该平台提供的主要功能包括四个方面:

1. 文化资源数据的汇聚

基于统一的数据存储与交换标准,通过虚拟化聚合的方式将全国文化资源的存量数据进行统一汇集,对多种载体、多种类型、分散异构的文化资源多维整合与深度揭示。建立全方位文化行为数据收集体系,面向 PC、手机、可穿戴设备等终端进行全面数据收集。此外,还要积极融合其他相关领域、跨领域数据,从多方面保证数据完整性与覆盖面。

2. 文化数据的分析挖掘

公共文化数据包括文化资源数据和文化消费行为数据,选择优质的行为数据与文化资源数据进行融合,利用大数据技术进行分析与挖掘,发挥数据的潜在价值。通过对文化资源数据进行分类、聚类和关联分析,构建公共文化知识体系与知识关联,建立文化知识图谱,面向公众提供智能化、可视化、精准化的文化知识查询、订阅和推送等服务。通过对公共文化消费行为数据进行智能化分析与处理,归纳我国国民文化消费行为的潜在特征和本质规律,通过对公众文化消费趋势的预测,实现文化供给与公众文化服务的精准适配。

3. 文化数据的开放共享

建立运营机制,并遵循统一开放标准,提供数据开放接口,将文化资源数据向社会开放,与社会力量共同开发与利用文化资源数据,提高文化传播效率,充分激发数据的潜力与活力,推动文化传播、全民阅读、文创产业的繁荣。

4. 文化资源的版权管理与交易

建立文化资源的版权管理办法与版权交易机制,对文化资源的版权信息进行统一登记与管理,为文化资源版权权利人和版权使用提供版权在线交易服务,建立正常的版权交易秩序。

6.2.2 平台整体架构

平台的系统架构主要分为基础设施层、信息资源层、应用支撑层、应用层、标准规范体系和安全保障体系。具体如图 6-1 所示。

6 文化传播大数据综合服务平台方案研究

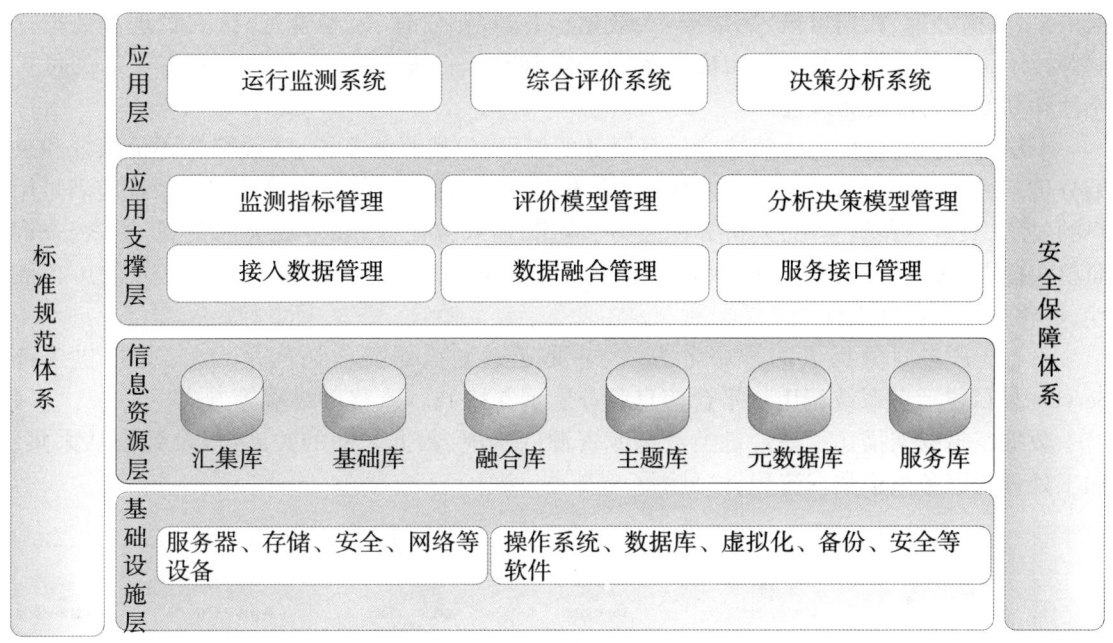

图 6-1 平台系统架构

1. 基础设施层

以全国文化机构现有大数据环境作为基础设施,所有的服务器、存储、安全、网络等硬件设备都建立于其上。

2. 信息资源层

信息资源层由平台接入和管理的数据构成,主要包括图书借阅监测数据、图书馆绩效综合评价数据和图书优化决策分析数据。

3. 应用支撑层

应用支撑层由图书馆业务综合信息服务支撑系统构成,主要包括支撑上层应用的接入数据管理、数据融合管理、平台系统管理、监测指标管理、评价模型管理、决策分析模型管理模块。

4. 应用层

应用层由监测系统、绩效综合评价系统和决策分析系统构成。

5. 标准规范体系

平台建设,要遵循统一的标准规范,是平台各系统得以顺利建设和正常运行的保障体系。标准规范体系主要包括数据标准、平台服务接口技术规范和平台运维管理规范。

6. 安全保障体系

确保平台安全运行的保障体系。信息安全贯穿于平台的各个层面,平台各系统的建设都必须具有相应安全保障措施。安全保障体系主要包括数据安全、应用安全和安全管理制度。

6.2.3 平台逻辑框架

平台接入全国文化机构现有不同系统的各类运营数据,并实现数据的统一管理。

平台主要实现接入数据管理、数据的融合处理、服务接口的统一管理、平台用户权限日志的管理、运营监测指标管理、绩效综合评价模型管理和决策分析模型管理。其中将运用数据采集、数据处理、数据目录、元数据、大数据运算、规则管理、模型管理、报表管理和数据挖掘等技术。应用支撑系统为上层应用系统的定制和运行提供技术支撑,并具有灵活的可扩充性和高度的可配置管理性。

上层为全国文化机构运营综合信息服务的展示,包括监测系统、绩效综合评价系统和决策分析系统。其中将运用交互式图标、XML 和 Web Service 接口等技术。应用系统应满足用户的要求,稳定、可靠、实用,人机界面友好,输出、输入方便,图表生成灵活美观,检索、查询简单快捷,系统便于维护、扩充;采用结构化系统设计技术,使应用系统具有良好的可扩展性、可移植性和可升级性。

平台为服务对象提供两种服务方式:一是通过浏览器操作访问平台,二是提供 Web Service 接口供业务系统调用。平台信息服务展示支持 PC 端、移动终端等方式。

数据逻辑框架描述了平台各类数据库资源的构成、数据之间的关系,以及数据从采集、加工处理到服务整个数据流程,详见图 6-2。

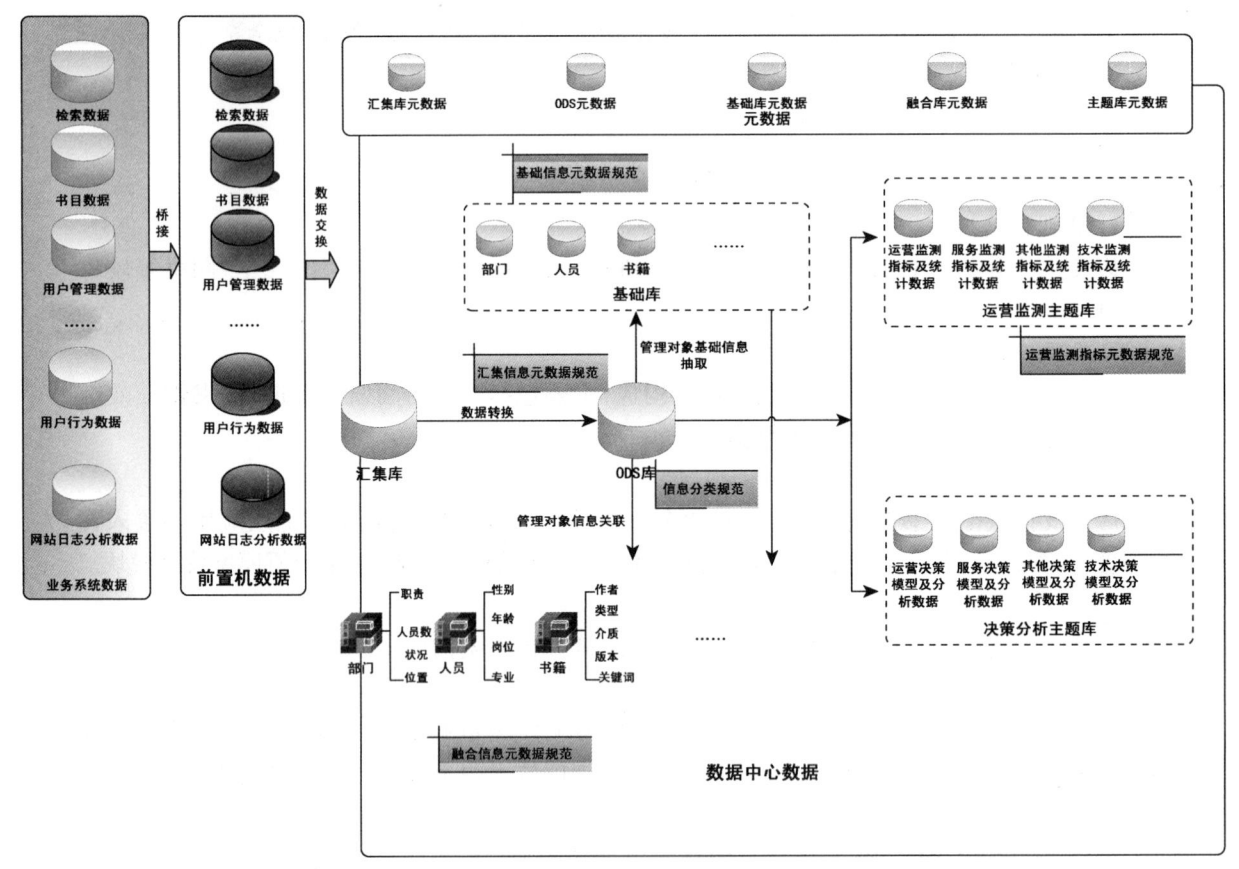

图 6-2 平台逻辑框架

6.2.4 平台核心功能模块

1. 交换接入数据管理

交换接入数据管理主要功能包括定义设计交换接入数据规范模板,交换接入数据的抽取、转换、加载入库管理，交换接入数据的分类台账管理。

同时可通过系统直报数据管理功能完成针对无法通过交换接入的部门，提供在线数据直报功能和批量数据导入功能。通过系统统一格式的表单录入系统数据库中，系统会根据系统内部预设的字段分类对数据进行归类，方便上层应用系统使用。

2. 数据融合管理

以部门、人员、书籍等为管理对象，以机构、部门和书籍代码为唯一索引，对各部门各系统的业务状态数据进行融合，实现信息多维度查询和按需服务。数据融合管理包括元数据管理、数据融合模型管理和融合数据查询管理。

（1）元数据管理

对融合库中的库表结构、数据字典和数据关系进行管理，主要由元数据定义、元数据查询模块组成。

元数据定义对平台中的元数据（融合库库表结构、关系等）以及元数据之间的关系进行统一维护管理。包括元数据自动获取、元数据关系维护、元数据版本管理和元数据导入/导出。

元数据查询以目录形式展现融合元数据信息，实现元数据的多维度查询和元数据关系分析。以目录树的形式展现元数据信息，帮助用户查找定位元数据内容；基于元数据项提供组合查询界面，由用户输入单项或多项查询条件，根据条件对元数据信息进行查询，返回查询结果。

（2）数据融合模型管理

内置模型映射引擎向用户提供面向业务的统一视图，屏蔽SQL细节，通过简单配置即可完成复杂查询。

模型映射引擎是让管理员定义一个抽象层来显示数据库信息和业务流程，管理员用关系型数据库表来表现相互之间的关系，为了复杂和含义模糊的数据库表和列而创建术语，为特性用户而设定权限参数，指定默认的数据格式，为多种语言部署提供翻译，用户可以使用模型映射引擎提供的元数据映射查询功能查询他们想要的报表，SQL可以自动取得这些信息。

模型映射引擎主要作用是提取数据源的元数据，基于元数据创建各种业务模型。业务模型包括业务表、业务视图以及最重要的业务表关系。

业务表和数据库中物理表对应，业务表中字段为描述业务相关的指标，指标不一定和数据库表中字段对应。

业务视图为指标的集合，指标的来源可以是一个或多个业务表，UI界面可供显示和选择的指标都是来源于业务视图。

上面所述的业务表都是相互独立的，并不能协同完成特定的业务查询，需要一种方式将完成某种业务的一组业务表串联起来——业务表关系。业务表关系描述的是业务表之间的数据对应关系，类似于数据库的外键。

当业务模型的维护完备之后，就可以通过简单地指定所需要查看的指标和条件，模型映射引擎自动解析指标，并根据不同的数据生成不同的SQL语句。

（3）融合数据查询管理

利用大数据技术搭建融合数据查询管理模块，实现海量数据的高效统计分析运算，满足决策分析过程中多维度数据抽取运算。

融合数据查询管理主要包括大数据运算引擎和大数据运算任务管理。大数据运算引擎实现大数据分布式运算；任务管理是针对上层应用输入的复杂查询分析需求，后台进行大数据运算的任务化管理,包括任务定义、监控、任务语义转译,并驱动后台大数据运算引擎对任务的执行。

3. 资源优化决策分析

(1) 自定义查询分析

用户可以任意自定义组合条件,查询分析自己所需的数据。支持查询数据导出、下载、打印,包括支持固定格式简报的自动生成、导出、下载和打印。

(2) 专题分析

资源专题导航分类:提供多样的统计图形展现(如柱状图、饼状图、散点图、雷达图、面积图等);支持数据对比分析、趋势分析、占比分析、同比、环比、关联分析等分析手段;支持数据多维分析,可进行多指标、多维度、多层次综合分析。

(3) 专题预测

结合海量历史数据变化,通过调整相关因子变量,可以正确预测发展趋势,最终为图书馆政策提供量化依据。例如:某类书籍最近几个月全被借出、各类书籍借出趋势预测。

趋势预测是用时间序列模型,利用指标的历史数据对未来数据进行预测。预测时可以用默认预测分析模型,也可调整模型的参数,对于月度数据也可以先做季节调整,再进行预测。

如果是系统内生变量,则列出实际值与预测值,并画出趋势图,如果是外生变量,则只显示实际值和实际值的趋势图。

4. 服务接口管理

服务接口管理以信息服务技术为支撑,为应用和信息服务提供服务集成与管理支撑功能。系统通过把各部门、各系统关注的共享信息资源封装应用系统可以直接调用的 Web Service 或可视化的 Web 查询服务,通过服务的统一管理与调度,实现基于授权的服务调用和信息共享,以屏蔽背后复杂的数据信息资源结构,简化信息共享服务难度和复杂度,支撑各部门、各系统、各角色灵活、多样的信息应用服务需要。

5. 平台系统管理

平台管理针对平台各系统中的用户、部门、权限、日志审计进行统一维护管理。

(1) 用户管理:系统访问用户和管理用户的增、删、改、查管理。

(2) 部门管理:部门的增、删、改、查管理。

(3) 权限管理:对用户进行操作授权的管理。

(4) 日志管理:系统登录、访问操作、管理维护日志信息的记录和查询。

6. 监测指标管理

监测指标管理是从宏观、中观、微观层面对监测指标进行统一维护管理,包括指标分类、指标、指标关联关系、指标预警规则和阀值的增、删、改、查。

7. 评价模型管理

评价模型管理是对绩效综合评价指标分类、指标、预警规则和阀值、评价排名计算模型的统一维护管理。

8. 决策分析模型管理

决策分析模型管理是对决策分析应用所涉及的分析模型进行统一管理,包括决策分析主题分类、鱼骨分析模型的建立等。

9. 系统运行监测

模块主要包括监测指标查询统计、监测指标预警分析功能。

(1)监测指标查询统计

监测导航,用户可以方便地查看所有监测指标,将常用的监测指标放在导航页,让用户及时地查看重点关注的指标。能够针对关键指标进行图表、柱形图、仪表盘等不同形式的展现。

监测指标查询统计功能提供了多种方式的数据查询条件设置,通过设置查询条件,从庞大的数据量中更快速、更便捷地查找各自所需的数据。用户通过在数据查询条件设置功能中设定一个相应的关键字段查询条件,例如按行政区域、园区、行业类别,按企业名称,按年产值、时间等,查询出所需数据。

查询统计的结果以图表等多种方式、多维度展示出来。直观比对各监测指标的数量、同比、走势等信息;支持按照市县、时间、类别等不同维度进行关联数据上下逐层钻取;能与GIS系统结合,在地理信息底图展示。

系统具有查询统计数据导出、下载、打印功能,包括支持固定格式简报的自动生成、导出、下载和打印。

(2)监测指标预警分析

系统对超过预警阈值的监测指标进行提醒和预警,并以可视化图表展示,针对预警指标进行历史数据分析。

(3)监测报告浏览

监测报告查询浏览,并支持报告以附件方式下载。

6.2.5　平台安全性设计

1. 网络安全设计

系统应采用基于硬件防火墙技术,将各部门的业务系统内网与外网进行隔离。并通过合理网段划分,利用防火墙隔离有效地消除不同网络之间、不同部门之间可以任意互访的安全隐患;通过内外网的安全逻辑隔离,基本上消除外网带来的安全隐患。

2. 系统安全设计

系统安全重点解决操作系统、数据库和服务器等系统级安全问题,以建立一个安全的系统运行平台来有效抵抗黑客利用系统的安全缺陷对系统进行攻击,主要措施包括安全操作系统、安全数据库、系统漏洞扫描及病毒防护系统等。

通过安装配置网络版杀毒软件,有效地杀除病毒,并能够自动在线升级病毒库,防范最新的病毒,维护网络的整体安全。

通过漏洞扫描、入侵检测以及日志审计组成的"事前、事中、事后"三阶段立体防范体系,有效地防范黑客入侵行为;通过不同安全组件之间的互动防范,使得黑客防范体系具备一定的智能性,动态防范未来黑客的入侵行为。

3. 数据安全设计

数据安全对本系统来说尤其重要,数据在广域网线路上传输,很难保证在传输过程中不被非法窃取、篡改。数据库存储着极其关键敏感的数据。任何细小的疏忽、遗漏而造成的敏感信息的破坏、泄露都将有可能导致异常严重的后果。因此,如何保护这些敏感数据在使用、传输过程中高度的强壮性、保密性、完整性和不可抵赖性是整个系统安全设计当中的重中之重。

(1)数据强壮性设计

制定完备的备份方案和采取必要的冗余技术(例如RAID5、双机备份、多机备份等,并且至少应具备双机备份)以确保丢失数据的可能性尽可能小,恢复数据尽可能的完备、方便、快捷。

(2)数据保密性设计

为了在数据的传输过程中保证数据安全,数据在网络上传输时应采用非对称加密技术密文传输,防止数据在传输过程中被他人获取,在条件允许的情况下,在本机的存储也要采取相应的加密手段。

(3)数据完整性设计

指采取必要的技术手段(例如 CRC 校验码等)确保查询或是修改的数据的绝对真实、可靠。

(4)数据不可抵赖性设计

指采取必要的身份认证、数字签名、强制授权访问控制、完备的日志审计记录等技术手段确保读取或是修改数据的主体身份及其行为的确定性、可控性、可记录性和不可抵赖性。

(5)数据分级管理设计

系统采用分级管理模式,通过对数据字段级安全级别的定义维护,当用户进行数据使用时,将用户的级别和数据级别进行比较,判断用户是否可以使用该数据。

4. 应用软件安全设计

前置机启动之前,应用系统必须先检查运行环境,如果配置被改动,系统给予提示。

系统须做到对单条记录的修改和删除操作可以进行撤销,防止由于误操作而造成数据不可恢复。

系统须具有检测非正常操作通道的能力,一旦发现问题,应向系统管理员发出警报,并将具体情况记入系统日志。

5. 用户权限及访问安全设计

系统提供包括用户标识符的识别和校验、用户口令的识别和校验等安全检查,并保证用户登录唯一性。用户权限分级分组管理,不同用户有不同级别的操作权限。用户权限设置可精确到最小操作项,保证操作和管理的安全性。对敏感数据(如用户密码)进行加密存储。系统能够提供包括用户名的识别和校验、用户口令的识别和校验等多道安全检查。系统必须将每一次访问记录在日志文件中,并提供日志分析和审计功能。系统必须为内、外网的 CA 应用预留接口。

6. 安全管理制度

解决信息系统的安全问题,不仅应从技术方面着手,更应加强信息系统安全的管理工作。建立完善的计算机安全管理条例是安全的重要组成部分,通过管理制度的严格实施可以防止人为地泄露机密信息。信息安全管理从制定完善的信息安全管理制度入手,并以此为指导原则加强内部人员管理和相关文档、文件管理。人员管理是信息安全管理的核心,要对所有有关内部工作人员进行信息系统安全知识的基础培训,严格按照应用需求对人员进行安全等级划分,同时指定专人负责系统的安全管理。当安全管理人员有变动时,要进行相应的管理程序更改。对系统安全相关文档、文件注意整理和保存,对在实际应用过程中出现的各种信息安全事件和安全状况进行严格记录,利用安全管理软件对各种重要网络行为、各种涉及系统重要配置的更改进行审核并记入日志。

6.2.6 平台性能设计

1. 应用性能

Web 页面交互请求响应时间 <3 秒;数据查询交互请求响应时间 <4 秒;图形化数据交互请求响应时间 <5 秒;数据实时指标交互请求响应时间 <6 秒。

2. 数据质量

（1）完整性

相关业务数据,要完整无缺地反映在待建系统中。

（2）一致性

同一指标在系统不同应用中应保证数据的一致性,同一指标数据在不同维度和不同颗粒度下应保证上下一致。

（3）安全性

保密信息需要经过相关人员（按内部数据使用权限划分）授权,要防止非法使用。

3. 可靠性

对用户的错误操作,有较准确的提示,并屏蔽用户误操作。

针对用户必填项应有标记及容易理解的提示信息。

对输入数据的有效性检验,对冗余数据进行过滤、校验和清洗,保证数据正确性和可靠性。

异常影响处理,不存在导致政务软件异常退出的错误。

保证系统提供 7×24 小时的连续运行,平均年故障时间小于 5 小时,系统平均故障修复时间小于 2 小时,平均故障间隔时间不小于 40 万小时。

4. 可维护性和可扩展性

综合信息服务平台需具备一定的可扩展性,提供多种多样的扩展和开发的标准接口。可维护性要求主要有以下几个方面:系统应具有良好的自我监控机制,能够有效地监控管理系统自身的运行;系统应具有完善的日志机制,便于管理系统的问题诊断与追源;系统有自维护的维护流程与步骤;系统应提供完善的技术支持体系;系统需支持接入大屏显示系统,适应以后大屏展示的需求。

5. 系统易用性

用户界面应简洁、友好,操作简单,提示清晰,提供系统操作在线帮助;系统日志管理应支持用多种方式呈现各类管理信息,对于统计信息,应具有表格或直观图形化（如直方图、曲线图、饼图等）输出方式。

6. 系统可维护性

系统应提供对自身运行情况的维护和管理工具,包括系统运行状态监控、自动巡检和数据定期备份能力。

6.3 国家图书馆实例分析

在上述研究成果基础上,国家图书馆针对部分数据搭建系统平台,以验证研究成果的可行性。

6.3.1 国家图书馆服务洞察

1. 总服务量逐年上升,2012 年实现爆发性增长

为了综合考量国家图书馆各项服务情况,提出国家图书馆年总服务量的数值概念,并给出如下定义:国家图书馆年总服务量为该年度到馆量、借阅量、在线检索、在线登录、在线阅读等服务量总和(不含国家图书馆网站点击量)。

截至 2015 年 10 月,国家图书馆自 2004 年,十年间总服务量呈总体上升趋势。

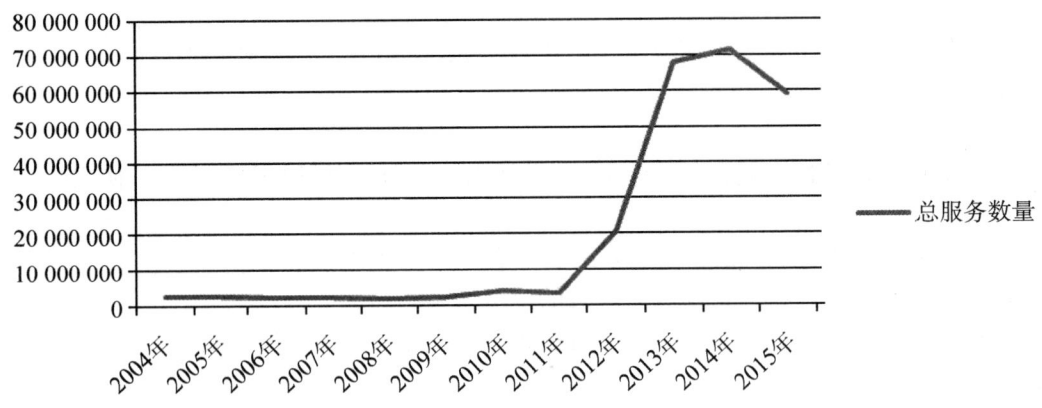

图 6-3 国家图书馆总服务量

从总服务量来看,2004—2012 年数据量较为稳定,2012 年和 2013 年发生两次爆发性增长,2012 年较 2011 年服务量增长了近 6 倍,2013 年更是较 2011 年服务量增长了近 20 倍。

从图 6-4 中上下两个曲线的相关性情况得知,自 2012 年资源在线查看量的激增引起了国家图书馆总服务量的爆发式增长。自进入 2013 年后,每月服务量趋于稳定,全年来看稳中有增,2014 年总服务量年环比上年平稳增长 5.1%。

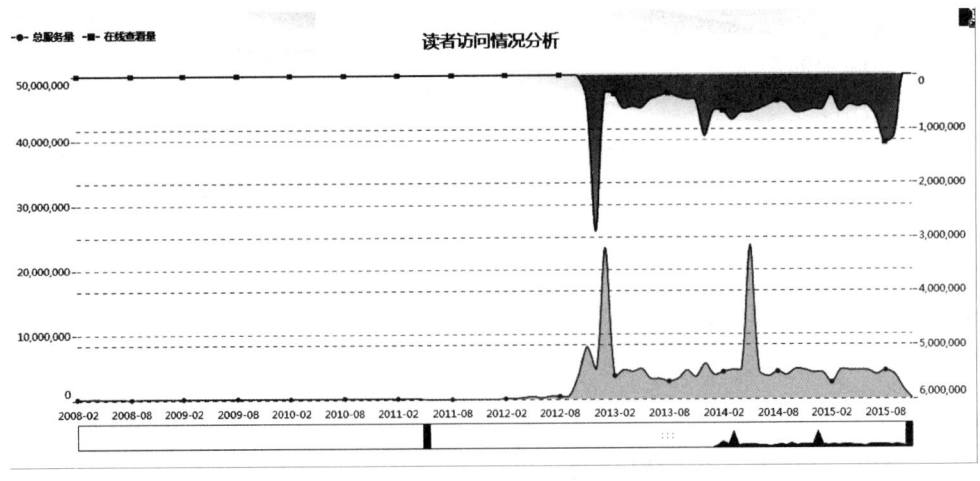

图 6-4 国家图书馆读者访问情况

2. 用户量逐年增长，网络注册实现用户量快速递增

截至2015年10月，国家图书馆读者总量数据3 629 527人，其中经过身份证认证的实名读者量2 926 427人，物理卡读者1 988 947人。近四年来，国家图书馆读者总量以每年近60万量级的读者数量递增，用户量呈逐年增长的趋势。且由图6-5可以看出，国家图书馆物理卡读者每年增长趋势比较平稳，而读者总量自2012年开始增幅明显加大，这主要由于网络注册用户的快速增加所引起。

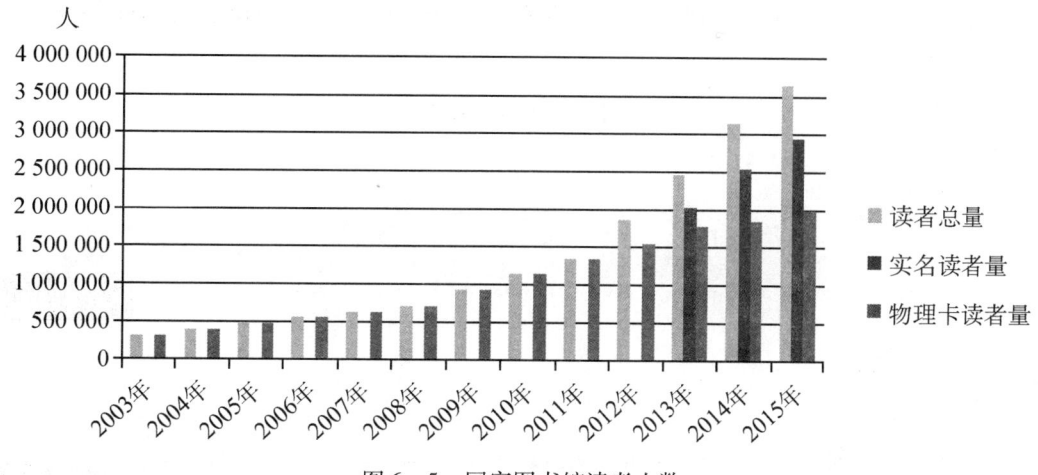

图6-5 国家图书馆读者人数

3. 年人均服务增速明显，读者人均服务次数进入新常态

为考量国家图书馆每年的服务效率发展趋势，提出年人均服务次数的数值概念，并将其定义为该年度总服务次数与总读者人数的比值。

2011年以前人均服务次数稳定，2012年开始有明显增长，2013年人均服务次数最高为27次，是2011年人均服务次数的10倍。2012年至2015年每年人均服务次数均高于10次，国家图书馆人均服务量进入新常态。

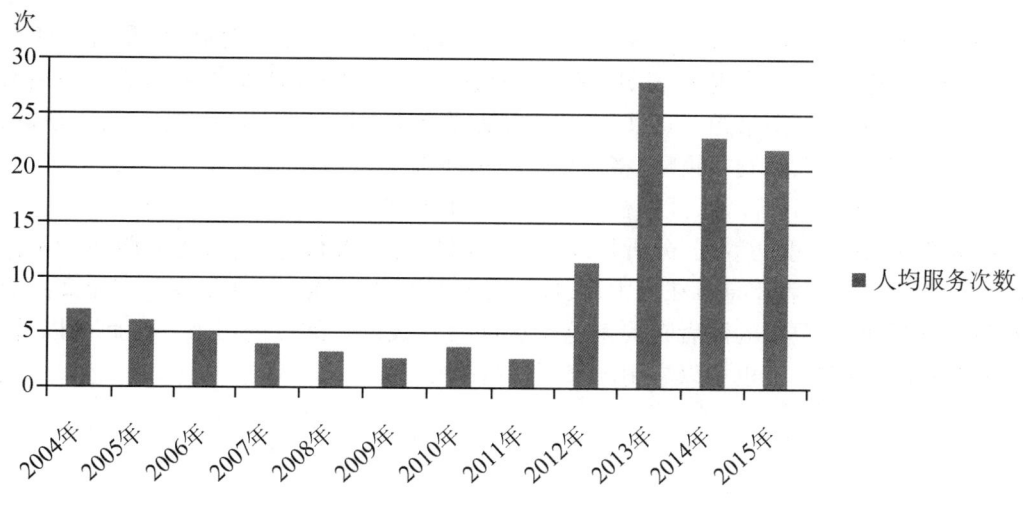

图6-6 国家图书馆读者人均服务次数

4. 到馆借阅量逐步回升,仍未达到南区改造前水平

为了考量国家图书馆到馆读者中有多少读者有借阅行为,提出到馆借阅转化率的数值概念:"到馆借阅转化率=借阅人数/到馆人数"。

分析 2010 年 8 月至 2015 年 5 月的数据,第一幅图展示的是到馆人数,趋势相对平稳。第二幅图展示的是借阅人数,明显看出在总馆南区改造的三年中借阅人数受到了很大影响,2014 年开始逐步恢复,但明显未达到南区改造前的数量。第三幅图展示的是到馆借阅转化率,可以看出 2011 年 4 月前的到馆借阅率近 40%,2015 年之后的到馆借阅率近 31%,比南区改造前下降了 9%。

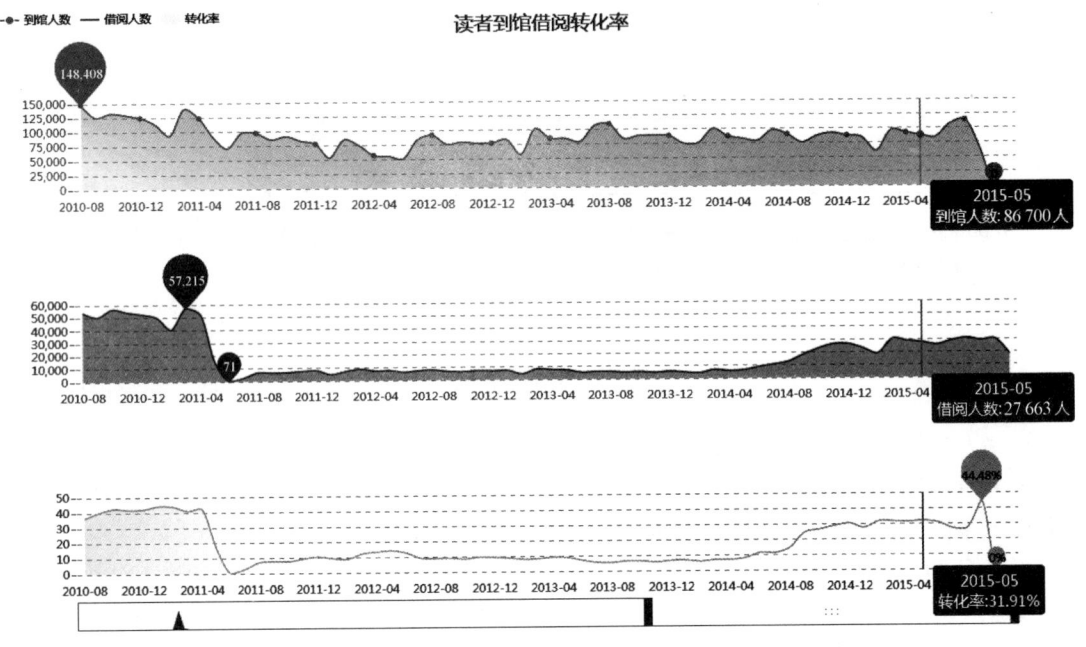

图 6-7 国家图书馆到馆借阅转化率

同时,从系统中可以看到,有不少读者在南区改造前借阅频率十分高,但是近几年借阅行为为 0,这一现象与上图数据均表明:南区改造造成了一定的读者流失,在改造完成后有部分读者并没有回到国家图书馆。这些读者曾经是国家图书馆忠实、资深、稳定的用户群,国家图书馆可针对这类读者制定策略,将其重新吸引回来。

5. 周末数字图书馆不冷清,读者很喜欢休息日午夜网上读书

取 2015 年第一季度的数据,分析每周周一至周日的读者行为,周末线上服务量不低于工作日,有相当多的读者休息日在家中通过网络访问数字图书馆,且在午夜 0 点至 2 点时间段,相较工作日而言,更多的读者在周末这个区间有在线浏览阅读的习惯。由此可以看出,数字图书馆使读者在午夜也可以享用国家图书馆服务。

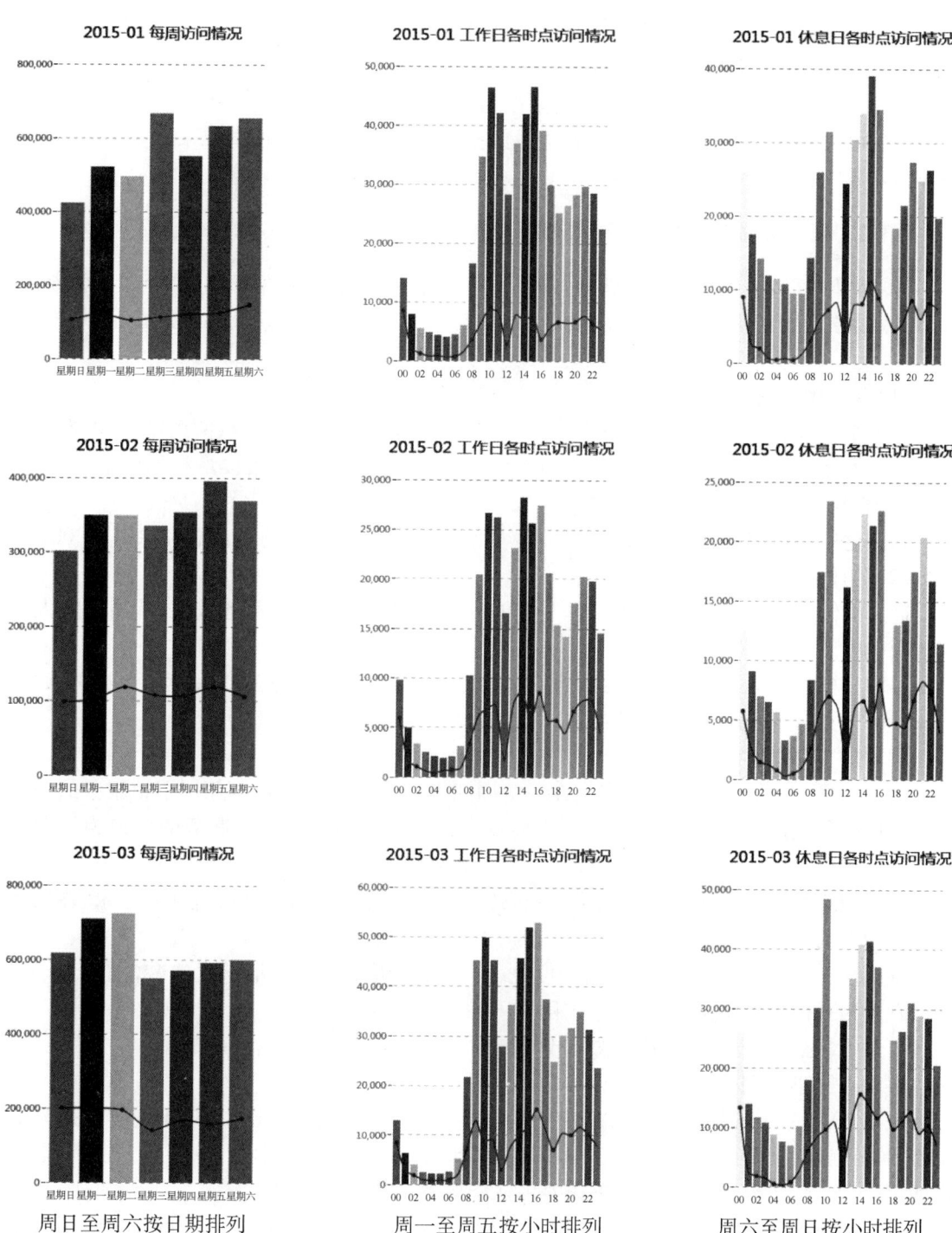

图6-8 2015年1月至3月读者访问时间分布

6. 总结与建议：服务效果显著，数字图书馆成为重要支撑

由上述数据分析，近些年国家图书馆无论是到馆服务还是在线服务均有大幅度提升，尤其是通过国家数字图书馆工程的建设，自2012年数字图书馆各系统上线运行以来，各项服

务数据均实现激增,人均使用服务次数也明显提高。数字图书馆作为没有时间没有地域限制的服务形态,对于服务的提升有显著效果。

此外,本部分数据分析表明,通过数据作为一种反馈结果来考量服务效果,是一种实现有的放矢提供服务的有效途径,因此应增强数据反馈机制、制定考核指标来衡量服务效果,并作为业务发展和服务提升的指南针。

6.3.2 国家图书馆主要服务对象分析

为了对国家图书馆服务对象进行深入分析,特构建几个数值概念:单个用户服务指数、群体服务指数和用户活跃度,从而分析国家图书馆所投入服务最终作用于哪些群体。其中:

(1)单个用户服务指数

单个用户服务指数 = [(到馆次数 + 借阅次数)×10 + 登录量 + 在线阅读量]/40 000

加权处理:从在线阅读和到馆最多的人数据来看,登录量、在线阅读量和到馆量、借阅量存在10倍数量级差,因此将数据加权。

归一化处理:四项加权后数值最多一群人的均值数量级为万,将数值总和除以40 000。

(2)群体服务指数

通过群体服务指数,可以反映出哪些群体人均使用国家图书馆服务较多,从而反映人群的资深程度。

群体服务指数 = [(预约量 + 复制量 + 借阅量)×10 + 登录量 + 在线阅读量]/群体人数
(10倍加权处理原因同上文所述。)

(3)用户活跃度

活跃用户:对单个用户来说,定义在一定周期内(日/月/年)使用国家图书馆服务的用户为该周期内活跃用户。同样,定义在一定周期内没有使用国家图书馆服务的用户为该周期内不活跃用户。

单个用户月活跃度 = 本月使用国家图书馆服务天数(一天内有到馆、借阅、登录、在线阅读等行为即为当天使用了国家图书馆服务)/本月已注册天数

濒临流失用户:对单个用户月活跃度进行分析,将近半年每月活跃度递减,同时近一个月活跃度为0的用户定义为濒临流失用户。

群体人均活跃度 = 群体服务数/群体人数

1. 国家图书馆用户规模较大

截至2015年10月,国家图书馆共有读者人数362万人(仅含统一用户国图库数据),其中实名认证读者292万人,占读者总人数的80.63%,非实名认证读者70万人,占读者总人数的19.37%。总体来说,国家图书馆实名认证读者呈现以下现象:

男女比例基本持平。国家图书馆实名认证读者中,男性读者占50.89%,女性读者占49.11%,男女比例接近1∶1;

青年读者成为主力群体。从读者年龄构成来看,16—34岁的青年读者约占71.87%,35—59岁的中年读者占24.2%,而60岁以上的老年读者和15岁以下的少儿读者分别占2.9%和1.1%,"80后""90后"读者已经成为国家图书馆实名认证读者主力群体。

6 文化传播大数据综合服务平台方案研究

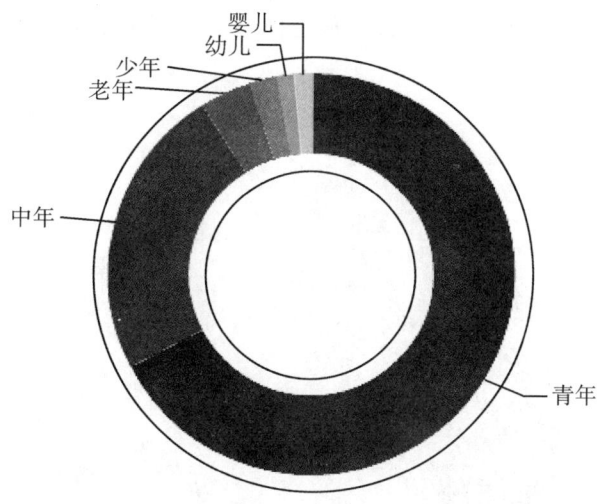

图 6-9　国家图书馆实名认证读者年龄构成

读者分布范围广，华北、华中地区读者相对较多。国家图书馆拥有众多国内读者，其范围覆盖了全国 34 个省市和自治区，其中以华北、华中地区读者人数最多。

读者覆盖所有民族。国家图书馆的实名认证读者中除汉族外，还包括了所有的 55 个少数民族。

覆盖行业广。国家图书馆认证读者遍布我国各个行业，其行业范围覆盖教育培训科研机构、IT 信息技术、互联网、生物医药、金融、加工制造业、社会服务、广告传媒、农林牧渔、房地产、贸易零售、交通物流、石化采掘和旅游餐饮等各个方面。

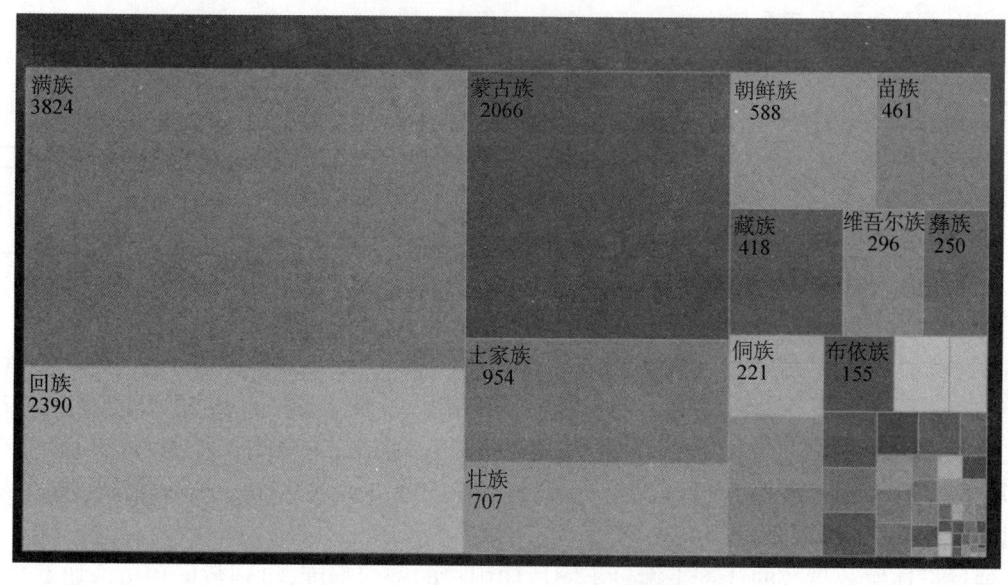

图 6-10　国家图书馆认证读者民族分布

2. 青年读者为使用国家图书馆服务主力军

分析近两年的总服务量年龄分布，青年读者占全部读者的近七成，35 岁以上的读者总

139

服务量只占33%,少年的总服务量不突出,从总体分布看,国家图书馆读者中青年目前是主要服务对象。

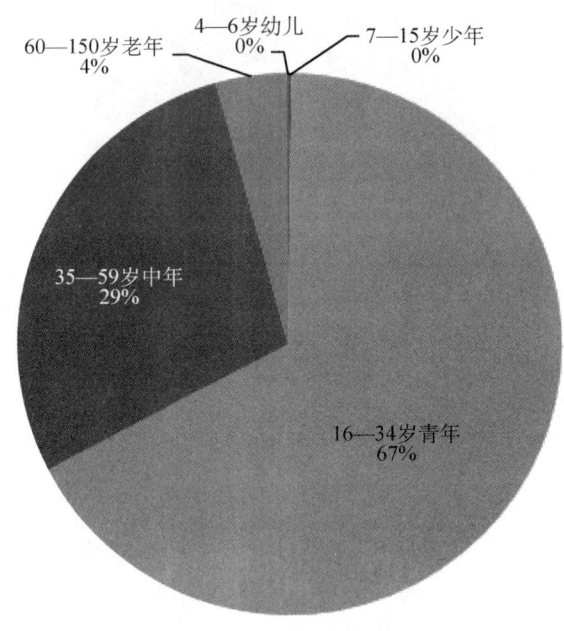

图6-11 2014—2015年总服务量年龄分布

3.国家图书馆资深用户

为了锁定国家图书馆资深用户,对292万实名认证读者数据进行分析。我们认为来图书馆借书、看书次数多的读者为资深用户,在线登录和看在线资源次数多的读者同样为资深用户。从单个和群体两个角度来分析用户资深程度。

通过单个用户服务指数的计算来衡量单个用户的资深程度,得到如下数据与结论:

表6-1 单个用户服务指数

用户服务指数	读者数量(人)	占比
0	509 950	17.43%
0.00—0.16	2 415 398	82.54%
>0.16	1079	0.04%

约有1000位"骨灰"级读者。从整体来看,国家图书馆读者中有约50万读者自从2001年之后就没有使用过国家图书馆的服务,处于非活动状态,占读者总数的17.43%。有约1000位读者使用国家图书馆服务次数非常多,大于6000次,堪称"骨灰"级读者。其余均为普通读者,占读者总数的82.54%。

通过群体服务指数的计算来衡量不同群体用户的资深程度,得到数据和结论如下:

成年和老年读者为国家图书馆资深用户。分析不同年龄段读者服务指数,可以看出随着年龄的增加,读者服务指数大幅度增加。成年和老年读者为国家图书馆资深用户,这些人群长时间使用国家图书馆服务,并养成了良好的图书馆习惯,即习惯于从图书馆获取资料或知识。

6 文化传播大数据综合服务平台方案研究

表6-2 用户群体服务指数

年龄群	人数(人)	人群服务指数
婴幼儿(1—6)	5095	2.412 954
少年(7—15)	25 222	2.106 177 147
青年(16—34)	2 064 796	61.790 673 75
中年(35—59)	696 074	167.579 428 3
老年(60+)	81 945	269.716 480 6

小学与博士学历读者为国家图书馆资深用户。由于读者数据不全,有学历数据的读者数约73万,因此这项分析为抽样分析。分析不同学历人群服务指数,可以看出低学历和高学历的读者均为国家图书馆资深用户,尤其是教育程度为小学的读者群虽然人数不多,但是有着非常高的服务指数,即他们有很好的图书馆习惯。

表6-3 不同学历人群服务指数

读者教育程度	人数(人)	人群服务指数
小学	7514	360.117 514
中学	42 006	81.608 651 15
大学	524 223	51.067 665 86
硕士	136 166	80.570 399 37
博士	19 979	190.787 076 4

4. 国家图书馆活跃用户

为了锁定国家图书馆活跃用户,我们对292万实名认证读者数据进行分析。分别从单个和群体两个角度来分析用户活跃情况。

通过单个用户活跃度的计算得出如下数据与结论:国家图书馆用户中2015年有使用行为的用户53万人,存在部分用户濒临流失。经数据分析,2015年1—10月使用国家图书馆服务的用户数量约53万人,剩余239万人没有行为,濒临流失用户数约22万人。

通过群体人均活跃度的计算得出如下数据与结论:通过群体每月到馆借阅和在线登录数据来反映读者群体月活跃情况。按照读者年龄进行分群,结果如图6-13。

活跃读者集中在20—40岁群体中。不同年龄读者活跃度不同,最活跃群体近几年呈年轻化趋势。2010年之前最活跃读者群为30岁以上读者群体,而之后最活跃读者群体年龄逐年递减,至2015年为18岁。从2015年第三季度数据来看,活跃读者集中在20—40岁群体中。

此外,读者群体月活跃度呈现明显相关性。能够引起不同群体读者共性波动可能有如下因素:季节、天气等自然因素导致的读者行为波动;节假日、毕业前、找工作等馆外社会环境变化引起的读者行为波动;馆内服务、业务、政策调整引起的读者行为波动。

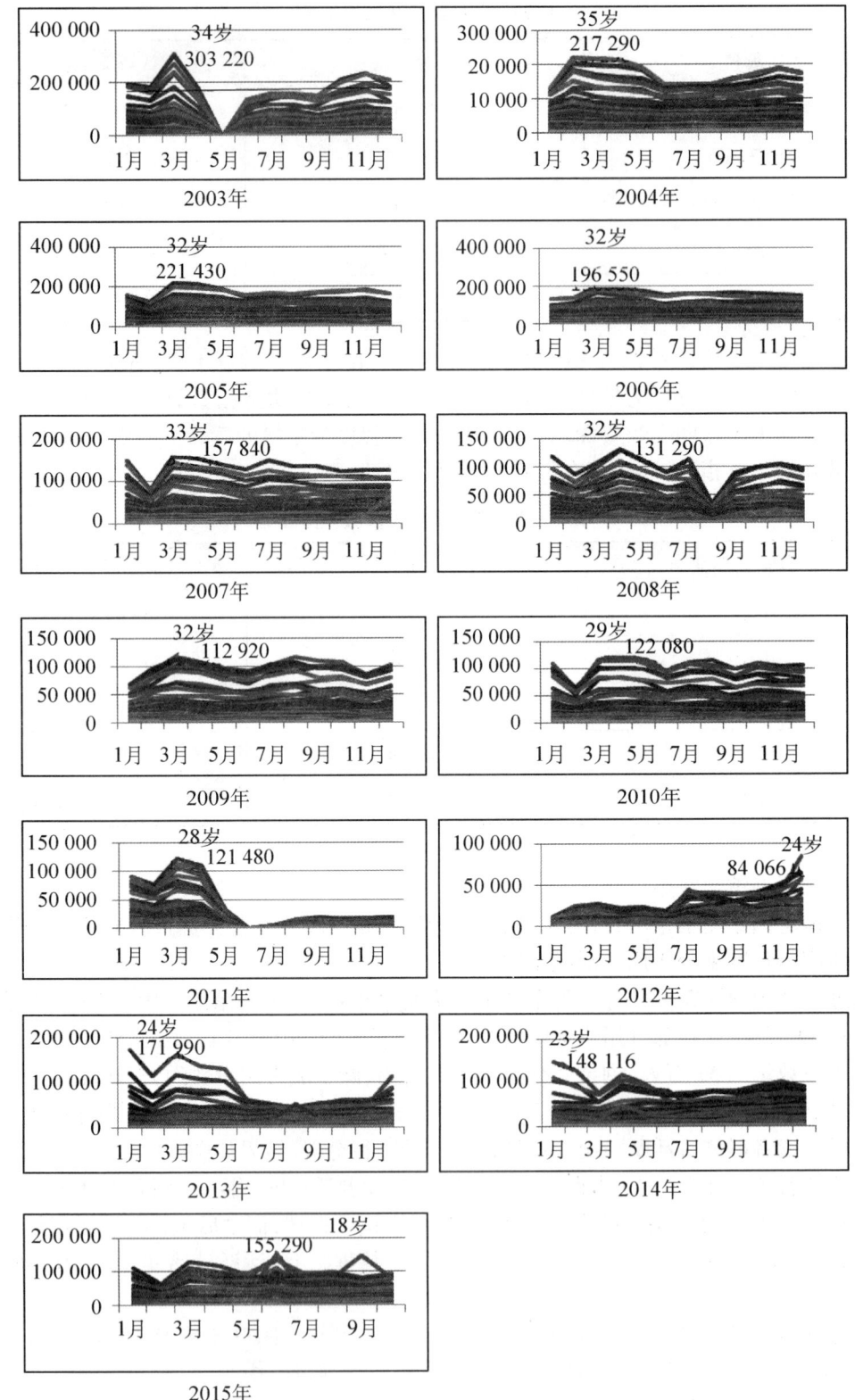

图 6-12 2003—2015 年各年龄读者月活跃情况

根据读者活跃度的相关性,可以结合上述三种因素,预判可能出现的读者服务情况,提前有针对性地制定服务策略。

5."90 后"更喜欢看历史地理类资源

将国家图书馆所有认证读者按照年龄段分类,可以分为"50 后""60 后""70 后""80 后"和"90 后",分析挖掘这些读者群体的阅读学科偏好(如表 6 – 4),可以发现如下规律:

各个年龄段的读者都偏好阅读语言文字和经济学科的资源;"90 后"读者没有 20 世纪 90 年代以前出生的读者喜爱阅读文学类资源;"50 后"读者和"90 后"读者都喜欢阅读历史地理类资源,但二者关注点不同,与"50 后"读者相比,"90 后"读者更专注于中国史,而"50 后"读者除中国史之外,也喜欢地理类和世界史类资源;各年龄段偏好的经济学科的角度与结构不同,其中"50 后"更偏好于财政金融方面,占 35.2%,"60 后"与"70 后"偏好相似,更倾向于经济计划与管理方面,而"80 后"与"90 后"相似,更偏好于经济学方面。

表 6 – 4 不同年龄段用户学科偏好

分类	一级学科	比例(%)	二级学科	比例(%)
50 后	文学	36.52	中国文学	97
	历史地理	12.45	中国史	65.89
			地理	13.51
			世界史	9.58
	语言文学	12		
	经济	11.96	财政金融	35.2
			经济计划与管理	28.22
			经济学	19.92
			贸易经济	11.54
60 后	文学	27.54	中国文学	95.85
	语言文字	17.98		
	经济	15.51	经济计划与管理	30.42
			经济学	26.87
			财政金融	26.22
			贸易经济	11.49
70 后	语言文字	25.06		
	经济	19.22	经济计划与管理	34.49
			经济学	27.75
			财政金融	20.65
			贸易经济	12.74
	文学	18.71	中国文学	93.65
80 后	语言文字	31.38		
	文学	19.85	中国文学	94.69
	经济	15.49	经济学	34.83
			经济计划与管理	30.06
			财政金融	18.36
			贸易经济	12.94

续表

分类	一级学科	比例(%)	二级学科	比例(%)
90后	历史地理	41.17	中国史	96.59
	经济	18.07	经济学	51.27
			经济计划与管理	22.88
			财政金融	13.95
			贸易经济	8.76
	语言文字	13.7		

6. 博士学历读者资源涉猎更广泛

将国家图书馆所有认证用户按照学历进行分类,可以分为本科以下、本科、硕士、博士学历四类,挖掘分析每类读者的阅读偏好,可以发现以下规律:

语言文字、经济、历史地理和文学是四大热门资源类型。无论读者受教育程度的高低,语言文字、经济、历史地理和文学都是最受欢迎的资源类型(如表6-5),这4个类型阅读人数最多。

表6-5 不同学历用户阅读偏好

受教育程度 资源分类	本科以下	本科	硕士	博士
历史地理	56.77%	47.36%	27.34%	19.63%
经济	14.58%	17.99%	19.04%	17.01%
语言文字	9.13%	9.19%	17.72%	15.44%
文学	5.28%	7.05%	9.05%	13.07%
合计	85.76%	81.59%	73.15%	65.15%

教育程度越高,阅读资源类型越平均。相对于硕士学历和博士学历来说,本科及本科以下学历的读者阅读的资源类型分布更为集中,其中本科学历以下阅读历史地理类资源的读者比例高达56.77%,而随着受教育程度的提高,阅读涉及的资源类型分布越趋于平均(如图6-13所示)。

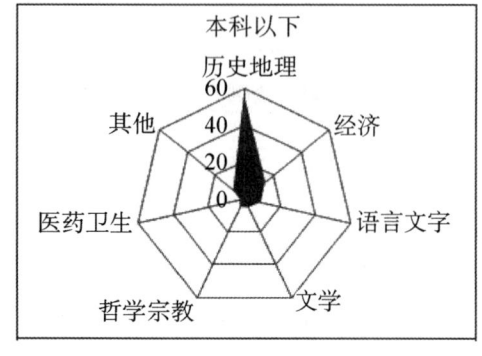
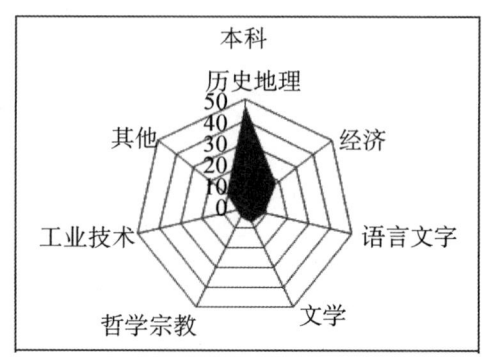

图6-13 不同教育程度读者关注资源类型分布

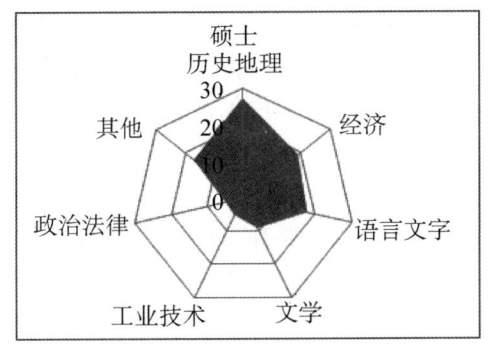 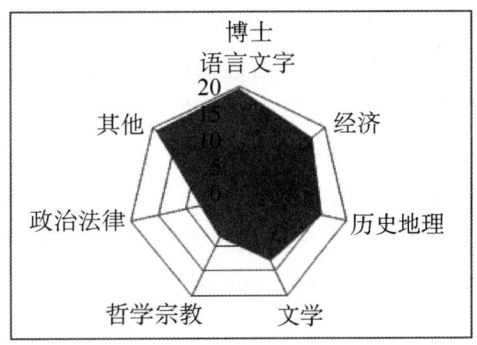

图 6-13　不同教育程度读者关注资源类型分布(续)

学历越高,外文文献阅读率越大。随着学历的提高,阅读外文文献的比例不断增加(如图 6-14)。其中最低为本科以下学历,外文文献阅读率为 8.23%;最高的为博士学历,外文文献阅读率为 19.82%。

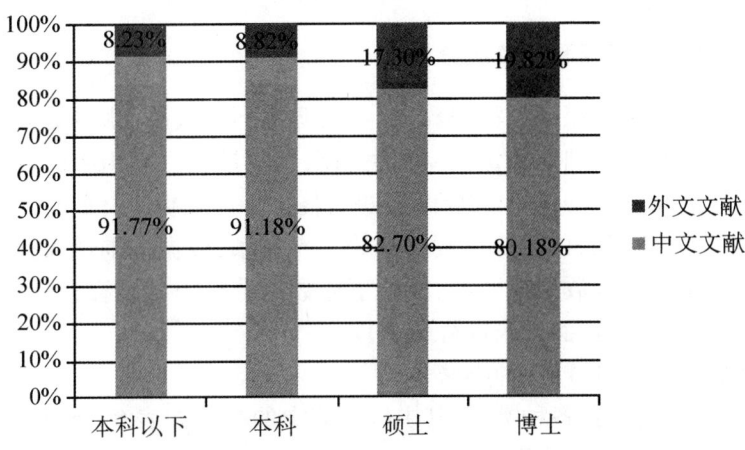

图 6-14　不同教育程度读者阅读资源中外文文献比例

7. 总结与建议:应扩大用户群体,提升活跃度

通过上述分析可以看出,国家图书馆用户规模比较大,覆盖了多地区、多民族、多行业,且有一批忠实的用户长期使用国家图书馆所提供的服务。同时从数据中也可以看到有相当一批注册但从未使用服务的用户,用户活跃度可以进一步提升,且有相当一批用户处于流失和濒临流失状态。基于这种情况,我们可以从以下方面扩大用户群体、提升活跃度:

(1)主动扩大用户群体

国家图书馆近些年已经意识到应该转变服务思路,变被动服务为主动服务。同样,在用户群体的增长方面,也应该由原来的被动增长变为主动扩大,即通过数据分析不同用户群体的特征,针对不同群体制定与其特征相符合的策略。此外可以通过与其他机构合作,互相用户引流,快速扩大用户群。

(2)扩大资深用户群体规模

资深用户是国家图书馆用户中最有价值的群体,他们不但体现了国家图书馆许多方面的业务与服务价值,还可以对国家图书馆服务提出非常有见地和深入的意见。另外,他们往

往是某些领域的专业人士,具有领域典型性,服务好他们意味着做好了在这些领域的资源服务。因此,首先可以通过数据识别出这些用户,制定策略维护好这一群体;其次针对普通用户中数据表现较好、有可能发展成为资深用户的群体,培养这些用户的深度习惯,将其发展为资深用户。

(3)提升用户活跃度

用户活跃度是体现服务效果的重要指标。提升服务质量是提升活跃度的基础工作,同时可以通过推出利于提高用户黏性的服务来提升用户活跃度。在这方面可以借鉴互联网企业的一些方法和策略,或者与社会机构合作提升用户活跃度。

(4)挽回流失和濒临流失用户

用户的流失很大部分因素是对服务不满意或者需求无法得到满足。一方面可以根据数据分析用户流失的原因,调整服务,挽回流失用户;另一方面制定用户流失预警机制,当用户数据达到濒临流失的警戒线时提出预警,针对这部分用户实施挽回策略,如通过服务系统向用户推送可能感兴趣的资源和服务、向用户发送短信等。

6.3.3 国家图书馆资源利用情况分析

对国家图书馆资源进行深入分析,分析哪些资源访问量最高,哪些资源被高频使用,哪些资源被低频使用。在此基础上锁定国家图书馆高访问量和高利用率的资源集合,同时结合国家图书馆具有典型业务特色的资源集合,进行使用特征分析,对国家图书馆资源建设与服务策略提出建议(纳入平台的资源总数据量约 1.5 亿条,数据范围涵盖馆藏实体资源、馆藏自建数字资源和部分外购数据库资源,因此下述数据分析与结论存在一定程度的不全面性,且有部分分析结果因其片面性未进行展示)。

1.国家图书馆拥有海量资源,种类繁多

资源分类涵盖广泛,覆盖各种类型,其中排名前十的类型如表 6-6,经济类资源占比最高,为 26.58%,工业技术类资源居第二位,占比 15.71%,医药、卫生类资源位居第三位,占比 13.77%。

表 6-6 不同类型资源数量 TOP10

资源分类	数值(条)	占比
经济	1 553 1551	26.58%
工业技术	9 177 634	15.71%
医药、卫生	8 047 729	13.77%
政治、法律	6 072 125	10.39%
文化、科学、教育、体育	5 042 960	8.63%
农业科学	3 392 948	5.81%
艺术	1 380 488	2.36%
环境科学、安全科学	1 288 547	2.21%
文学	1 275 004	2.18%
交通运输	1 232 813	2.11%

资源涵盖多个时代。对所汇集资源分阶段按出版时间进行统计,可知国家图书馆拥有大量的古代文献,其中宋朝文献元数据 8534 条、元朝文献元数据 773 条、明朝文献元数据 81 888 条、清朝文献元数据 564 928 条、近代文献元数据 453 389 条。

资源覆盖 49 个语种,除汉语资源外,英语、日语、俄语、德语及法语资源为国家图书馆最多外语资源。

表 6-7　不同语种资源数量 TOP6

序号	语种	数量(条)
1	汉语	135 662 023
2	英语	3 162 726
3	日语	671 053
4	俄语	561 906
5	德语	144 127
6	法语	122 017

2. 资源整体利用情况分析

为了对国家图书馆资源利用情况进行深入分析,提出资源利用指数和资源紧缺度的数值概念,从而分析国家图书馆哪些资源被高频使用,哪些资源使用率较低,又有多少资源极为紧缺。其中:

资源利用指数 =[(借阅次数 + 复制次数 + 预约次数)×10 + 查看次数 + 阅读次数]/资源数(10 倍加权原因与 6.3.2 中所述相同)

资源紧缺度 = 资源被非在架预约次数 + 被请求文献传递次数

取 2014—2015 年行为数据,对资源利用情况进行分析,具体计算数据及结果如下:

从资源学科来看,语言、文字类和文学类资源利用率最高。此外在资源利用率最高的学科中,哲学、宗教类和历史、地理类比较特殊,从馆藏量来说这两类资源并不高,分别占总馆藏的 0.88% 和 1.38%,但是其利用率却较高。

表 6-8　不同类型资源被利用情况

序号	学科分类	数量(条)	利用指数
1	语言、文字	1 041 512	10.178 16
2	文学	1 275 004	7.613 687
3	哲学、宗教	516 026	5.743 459
4	历史、地理	808 512	4.360 592
5	数理科学和化学	1 230 616	2.458 353
6	艺术	1 380 488	2.158 266
7	经济	15 531 551	1.657 902
8	政治、法律	6 072 125	1.387 757
9	工业技术	9 177 634	1.385 926
10	文化、科学、教育、体育	5 042 960	1.334 498

约 36 万册资源存在紧缺情况。发生紧缺情况 26 次以上的资源有 252 册。对于这些紧缺资源,可以结合国家图书馆政策进行适当补藏,或者将其数字化成电子资源提供在线阅读。

表 6-9 资源紧缺情况

资源紧缺度	资源数量(册)
=0	154 179 299
0—26	359 347
26—52	185
52—78	41
78—104	14
104—130	4
130—156	2
156—182	1
182—208	1
208—234	1
234—260	3

资源紧缺度规则为:资源紧缺度 = 资源被非在架预约次数 + 文献传递次数。按照紧缺度,分为 10 级(紧缺度为 0 除外)给出紧缺度区间及其对应的资源数量。

3. 馆藏中文资源利用情况分析

纳入这次分析的馆藏中文资源数据共计 4 942 522 条,共被使用 30 812 715 次,占所有资源使用次数的 40.58%。同时从利用指数来看,馆藏中文资源利用率也是最高。

在针对馆藏中文资源的所有使用行为中,语言、文字类资源使用最多,占 20.98%。另外经济类、文学类和工业技术类使用次数也较高。从整体分类来看,被使用的社会科学类资源比自然科学类资源多,分别占 83.24% 和 16.76%。

表 6-10 不同类型馆藏中文资源使用量

学科分类	使用量(条)	占比
语言、文字	9 434 502	20.98%
经济	8 967 874	19.94%
文学	7 511 770	16.70%
工业技术	3 384 090	7.52%

从访问时间来看,2011 年开始访问量急剧下降,2014 年开始回升,这应该与国家图书馆南区改造有一定关系。

6 文化传播大数据综合服务平台方案研究

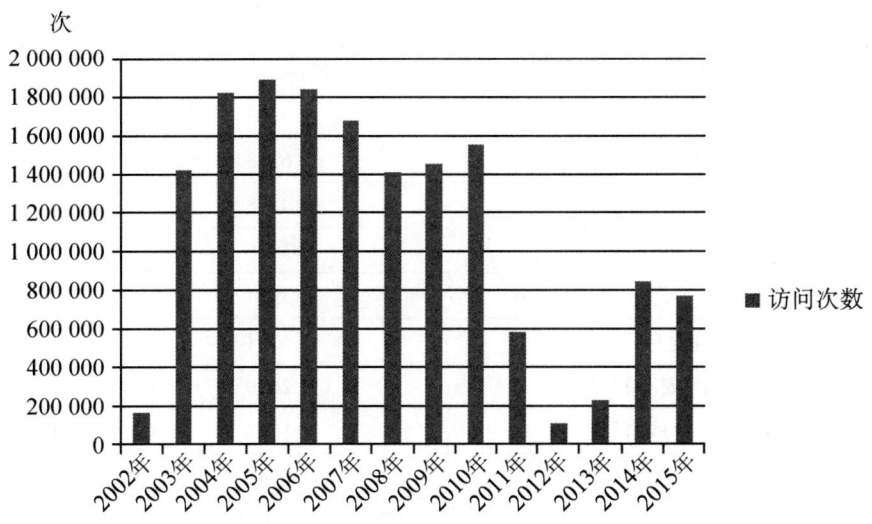

图 6-15 2002—2015 年资源访问量

从读者角度来看,不同年龄段的读者使用情况也不相同,与国家图书馆总服务使用最多的为青年人不同,馆藏中文资源使用量最大的由成年人贡献。

4. 馆藏中文电子图书利用情况分析

馆藏中文电子图书主要包含国家图书馆自建数字资源,这部分资源无论是在到馆局域网服务还是在互联网远程服务中均有重要的业务意义,因此对这部分资源数据进行分析。

纳入这次分析的全文期刊总量为 473 172 本,共被使用 615 757 次,占所有资源使用次数的 0.81%。

从类型来看,经济、文学和语言文字类电子图书使用量较大。从整体分类来看,被使用的社会科学类资源比自然科学类资源多,分别是 79.03% 和 20.99%。

表 6-11 不同类型馆藏中文电子图书馆使用量

分类	使用量(册)	占比
经济	317 027	31.26%
文学	134 665	13.28%
语言、文字	107 918	10.64%
工业技术	74 348	7.33%
数理科学与化学	60 804	5.99%
政治、法律	54 361	5.36%
医药、卫生	52 110	5.14%
社会科学总论	51 306	5.06%
历史、地理	42 445	4.18%
哲学、宗教	40 855	4.03%
文化、科学、教育、体育	23 008	2.27%
艺术	18 240	1.80%

续表

分类	使用量（册）	占比
生物科学	9313	0.92%
农业科学	6283	0.62%
综合性图书	4138	0.41%
军事	3926	0.39%
马克思主义、列宁主义、毛泽东思想、邓小平理论	3574	0.35%
交通运输	3101	0.31%
环境科学、安全科学	2690	0.27%
天文学、地球科学	1888	0.19%
自然科学总论	1840	0.18%
航空、航天	442	0.04%

5. 资源关注长尾分析

分析言情类小说，得到纸本借阅和线上阅读排行。将文学作品改编成影视作品是影视行业常见的一种方式，影视作品的热播往往会造成相应文学作品成为热点，两份排行中的不少作品均有相应的影视剧在近几年热播，如《花千骨》《何以笙箫默》《左耳》《面包树上的女人》等，这些热点在影视领域和互联网用户中已经降温，但是我们的数据显示，这些热点在相当长的一段时间内都受到了读者的关注。

借阅量TOP10

① 面包树上的女人(张小娴/天津人民出版社)
② 窗外(琼瑶/长江文艺出版社)
③ 香雪海((加)亦舒/海天出版社)
④ 蝴蝶过期居留(张小娴/天津人民出版社)
⑤ 圆舞((加)亦舒/南海出版公司)
⑥ 胭脂((加)亦舒/海天出版社)
⑦ 十年(孙玉胜/三联书店)
⑧ 胭脂((加)亦舒/南海出版公司)
⑨ 几度夕阳红(琼瑶/长江文艺出版社)
⑩ 我的前半生((加)亦舒/南海出版公司)

电子资源浏览量TOP10

① 花千骨(果果/北方妇女儿童出版社)
② 朝花夕拾(鲁迅/人民文学出版社)
③ 致我们终将逝去的青春(辛夷坞/江苏文艺出版社)
④ 倾城之恋(张爱玲/京华出版社)
⑤ 何以笙箫默(顾漫/朝华出版社)
⑥ 我的前半生(爱新觉罗·溥仪/东方出版社)
⑦ 左耳(饶雪漫/长江文艺出版社)
⑧ 步步惊心(桐华/海洋出版社)
⑨ 朝花夕拾(鲁迅/上海人民美术出版社)
⑩ 秘密((日)东野圭吾/海南出版社)

图6-16 言情类小说借阅和在线阅读量TOP10

以一部文学作品的关注度为研究对象，如果因为某种原因（如翻拍热播剧、作者获奖等）在一段时期成为热点，社会关注度在短时间内极高，并随着大多数人的关注点的转移很快降温，但是仍有部分人对其保持了长久的关注，因此会到图书馆查阅相关作品，这种关注行为在整个关注中处于长尾区域，表现出典型的长尾特性。国家图书馆可以关注此特性，挖掘长尾热点资源的利用潜力。

6. 总结与建议:应建立多层面机制,提升资源利用率

通过上述分析可以看出,国家图书馆拥有海量的自建和外购资源,且涵盖多类型、多时代、多语种,根据数据情况,有针对性地提升资源利用率,将大幅度提升国家图书馆服务效果。具体建议如下:

(1)建立热点资源推荐、推送机制

从数据分析中得到热点资源集,对这些资源分类、梳理,通过国家图书馆已有的系统平台和微博、微信等渠道进行热点资源的推荐和推送,从而提高资源利用。

(2)提升优质资源的利用率,主动推送

部分利用率不高的资源,本是非常优质的资源,如果仅仅做热点资源的推荐和推送,会将这些优质资源埋没。因此应该针对优质资源进行特别的推送,提高资源利用。优质资源可以从珍贵馆藏中选取,也可以收集优秀书单,将书单列表和馆藏列表进行比对,得到馆藏中覆盖到的优质资源。

(3)制定资源匹配机制,有针对性地提供服务

资源利用率不高,还有一种因素是特定的资源没有匹配至有需求的读者,读者对服务系统使用生疏。除了优化服务系统易用性、培养读者使用习惯和技能外,还可以制定匹配机制,有针对性地提供服务,从而提高资源利用率。可以进行的策略有:根据读者的行为特征,将相关资源主动推送至读者;根据资源整体利用规律,对资源进行深度组织,形成不同的资源专题,并推介给可能感兴趣的读者。

(4)调整资源建设机制,优化资源结构

从国家图书馆资源结构和利用率来看,部分资源类型馆藏丰富,但利用率不高;而部分馆藏占比不高的资源反而被高效利用;还有一些资源属于紧缺资源,均表现出来资源量与资源访问量结构的不对等性。这与国家图书馆资源结构直接相关,这样的数据分析可以对资源采访和数字化建设机制的调整提供参考,从而优化资源结构,提升利用率。

(5)关注长尾效应

应充分关注和挖掘长尾效应,尽管这种对一部作品的关注所涉及的读者数和作品数都不大,但是众多热点作品的聚合,会形成具有相当规模的阅读需求,我们可以通过服务策略调整、专题资源制作等工作,进一步发掘读者的这部分需求,提升资源利用率。

6.3.4 青少年读者专题分析

根据数据分析结果,青年读者是国家图书馆服务使用的主力军,同时近些年活跃读者群体逐步呈年轻化趋势,因此将青少年作为专题分析对象对国家图书馆业务与服务提升很有意义,具体分析如下:

1. 国家图书馆读者年龄逐渐呈年轻化趋势

从总体分布看,老年人趋于平稳,青年自 2013 年以来行为量突出,读者年龄逐渐呈年轻化趋势。

"90后"读者逐步成为新注册用户主力军。在 2014 年的注册人群中,"90 后"占 47.53%,2015 年的注册人群中,"90 后"占比 45.02%,居注册人群结构的首位。

同时,在对国家图书馆资源的访问数量上,按读者访问时间进行划分,"90 后"近两年呈上升趋势,近两年的访问比率占其所有访问年份比率的 82.1%;"80 后"小于"90 后",近两

年的访问比率占其所有访问年份比率的 21.34%。"90 后"逐步成为国家图书馆资源使用的主力人群。

2. 青年读者中,"90 后"读者更喜欢电子资源

"90 后"读者,在阅读习惯上更喜欢通过网络阅读电子资源,借阅传统文献的比例少于"80 后"读者。随着数字图书馆的建设与发展,线上阅读成为国家图书馆提供服务的重要渠道。"90 后"读者作为有很强网络习惯的群体,是数字图书馆服务推广最适合的人群。

表 6-12 "80 后""90 后"读者行为对比分析

序号	资源库名称	数量(本)
1	馆藏中文资源	36 077
2	维普中文科技期刊数据库	27 564
3	知网·中国学术期刊全文数据库	22 901
4	知网·中国工具书网络出版总库	6955
5	知网·中国重要报纸全文数据库	6945
6	龙源电子期刊	6913
7	知网·中国重要会议论文全文数据库	6815
8	知网·中国优秀硕士论文全文数据库	6563
9	知网·中国年鉴全文数据库	4277
10	方正阿帕比电子书	3373

"80"后读者访问资源库

序号	资源库名称	数量(本)
1	维普中文科技期刊数据库	44 992
2	知网·中国学术期刊全文数据库	39 430
3	馆藏中文资源	30 558
4	龙源电子期刊	12 860
5	知网·中国重要报纸全文数据库	12 555
6	知网·中国优秀硕士论文全文数据库	12 429
7	知网·中国重要会议论文全文数据库	11 259
8	知网·中国工具书网络出版总库	10 761
9	知网·中国年鉴全文数据库	6814
10	方正阿帕比电子书	4706

"90"后读者访问资源库

3. 总结和建议:青少年读者属于最适合发展群体

对于国家图书馆的读者来说,从图书馆获取知识是一种长期养成的习惯。而一个习惯的养成,从少年时期培养最为有效。少年和小龄青年多数处于学校学习状态,日常任务就是获取知识,图书馆所拥有的优质资源,正是这些群体所需要的知识源,培养这些群体的图书馆习惯也正符合他们的需求。因此,大力培养和拓展青少年读者群体,是国家图书馆在读者服务、阅读推广方面行之有效的策略之一。具体建议策略如下:

根据青年读者的阅读偏好,结合中小学和大中院校的教学、教辅方向,为国家图书馆文献采访提供策略参考;有针对性地在青少年群体中做服务推广和优秀资源推介,也是一种可选方式;可以选择优质教育服务渠道商合作,共同将国家图书馆优质资源输送至青少年手中。

7 文化大数据创新开放共享支撑服务关键技术研究

文化大数据的应用离不开技术创新和开放共享。只有加强技术研发,提高数据的组织、整合、分析与应用水平,才能实现数据价值的最大化,推动以"数据驱动"的个性化服务和知识化服务,满足社会各界的文化需求。

7.1 第三方服务平台总体架构

大数据的应用和发展,对文化产业的发展具有深远的影响。现代信息技术已将公共文化服务带入了数字化和互联网时代,不同的文化机构和文化业态正在不断地创建出种类丰富、极富特色的文化内容,特别是我国的公共文化单位,经过长期的实践和积累,数字资源建设和服务能力显著提升,海量的数字化公共文化内容已初步具有大数据特点,知识含量更高,文化价值更大。然而,不同机构所拥有的文化资源格式各异、技术规范不相统一,造成了我国文化资源整合程度较低,规模化服务能力不足,资源和平台的共享互通还有待加强。此外,我国公共文化服务以及公共文化产业发展过程中产生的运营数据、消费数据、管理数据等数据对于监控我国文化业态、掌握用户需求、改进服务模式具有非常重要的作用。如何对这些文化大数据进行有效管理和分析,为我国文化产业发展提供技术指导和支持对于提升我国文化发展,进而推动社会和经济发展具有重要意义。

由于目前的文化资源和运营数据分别掌握在不同的机构手中,数据的整合与利用离不开多部门、多机构之间的数据交换和共享。并且数据类型多且数量庞大,结构化、半结构化和非结构化数据混杂其中,数据的处理具有极大的复杂性,靠单一机构或个人能力很难完成。这就需要构建文化大数据开放信息资源共享平台,通过各部门、单位和文化产业链组成机构的人员、技术、平台的合作优化,实现资源的共享和利用,推进我国公共文化服务能力不断提升。

课题针对社会上的文化生产、文化传播等领域对大数据应用的不同需求,运用云计算、大数据等新型技术模式和架构,通过硬件系统、基础软件系统、资源建设共享系统、应用系统集成等方面的协同建设,设计文化大数据第三方资源共享和服务平台总体架构,为公共文化机构提供开放互动、共建共享的统一服务系统,支持系统环境下的应用和服务开发。以自有数据加工和外部数据集成两种模式,分别研究图书馆、博物馆、群众文化、演出、艺术品、动漫、歌舞娱乐、游艺娱乐、网络文化、网吧和文化科技等文化细分领域维度的数据服务内容建设方案,分别研究文化素材资源、文化科技服务、文化内容生产、文化产品传播、文化消费促进等产业链维度的数据服务内容建设关键技术,为最终实现平台上线和稳定服务提供技术指导,为大众创业、万众创新提供文化数据支撑。同时,提高数字文化服务网络设施的综合利用率,提升文化资源的整体共享能力与传播服务效率,以增强公共数字文化服务的针对性、便捷性、时效性。

7.1.1 总体描述

第三方服务平台以文化资源开放共享清单目录为基础,以整合公共文化机构的资源、平台、应用为目标,通过云技术对不同机构的硬件基础设施进行整合和组织,构建虚拟化资源池,实现对硬件设备和资源的统一管理,创造协同统一的工作环境和基础。构建基础软件系统,为第三方服务平台提供最基本的软件环境和系统服务支撑,不仅提供内容资源建设、信息传输、应用集成和管理,而且能够面向不同用户群体提供多种文化大数据服务,为业界提供文化大数据共享和使用,通过资源整合和有序组织建设特色专题库提高资源利用水平,以大数据技术应用为基础加强数据和资源的分析和挖掘为文化产业链相关机构和单位提供产业分析与决策服务,面向公众提供资源发现和统一检索,并根据用户需求开发个性化服务满足特定用户需求。

大数据基础框架是进行大数据运算与分析的基石。分布式处理技术是大数据时代的主角,随着 Hadoop 及其相关技术的发展和完善,分布式处理技术也成为打开大数据之门的钥匙。目前主要相关技术及概念如下:

Hadoop 是一个能够对大量数据进行分布式处理的分布式软件平台,是一种可靠、高效、可扩展的软件框架。Hadoop 的可靠性体现在它能维护多个工作数据副本,确保能够针对失败的节点重新分布处理。Hadoop 的高效性体现在它以并行的方式工作,通过并行处理加快处理速度。Hadoop 还是可扩展的,能够处理 PB 级数据。此外,Hadoop 依赖于低端服务器甚至是普通计算机,因此它的成本比较低,任何人都可以使用,是作为分布式搜索引擎的理想平台[1]。

HDFS(The Hadoop Distributed File System)是建立在大型集群上可靠存储大数据集的文件系统。HDFS 与 MapReduce 紧密集成,是 Hadoop 分布式计算的存储基石[2]。它有自己明确的设计目标,那就是支持大到 T 级的数据文件,并且这些文件以顺序读取为主,以文件读取的高吞吐量为目标。

MapReduce 不仅是一项重要技术,它更是一个编程模型,用以进行大数据量的计算[3]。对于大数据量的计算,通常采用的处理手法就是并行计算,MapReduce 就是一种简化并行计算的编程模型,它让那些没有多少并行计算经验的开发人员也可以开发并行应用,降低了开发并行应用的入门门槛。

Memcached 是高性能、分布式的内存对象缓存系统,用于在动态应用中将数据库负载大幅度降低,合理分配资源,加快访问速度[4]。Memcached 使用内存管理数据,当服务中断时数据便会丢失,所以不能用来持久保存数据。

HBase 是一个在 HDFS 上开发的面向列的分布式数据库,在 Hadoop 之上提供了类似于 Bigtable 的能力。如果需要实时地随机读/写超大规模数据集,就可以使用 HBase。

ZooKeeper 是一个集中式服务,用于维护配置信息、命名、提供分布式同步和群组服务,这些服务通常用来处理各种分布式应用程序[5]。ZooKeeper 的目标就是封装好复杂易出错的关键服务,将简单易用的接口和性能高效、功能稳定的系统提供给用户。

Hive 是基于 Hadoop 的一个数据仓库工具,可以将结构化的数据文件映射为一张数据库表,并提供简单的 SQL 查询功能,可以将 SQL 语句转换为 MapReduce 任务进行运行。其优点是学习成本低,可以通过类 SQL 语句快速实现简单的 MapReduce 统计,不必开发专门的 MapReduce 应用,十分适合数据仓库的统计分析。

Impala 是 Cloudera 公司主导开发的新型查询系统,它提供 SQL 语义,能查询存储在 Hadoop 的 HDFS 和 HBase 中的 PB 级大数据。已有的 Hive 系统虽然也提供了 SQL 语义,但由于 Hive 底层执行使用的是 MapReduce 引擎,仍然是一个批处理过程,难以满足查询的交互性。相比之下,Impala 的最大特点也是最大卖点就是它的快速。

文化大数据第三方服务平台以分布式文件处理系统为基础,其总体架构和功能描述如图 7-1。

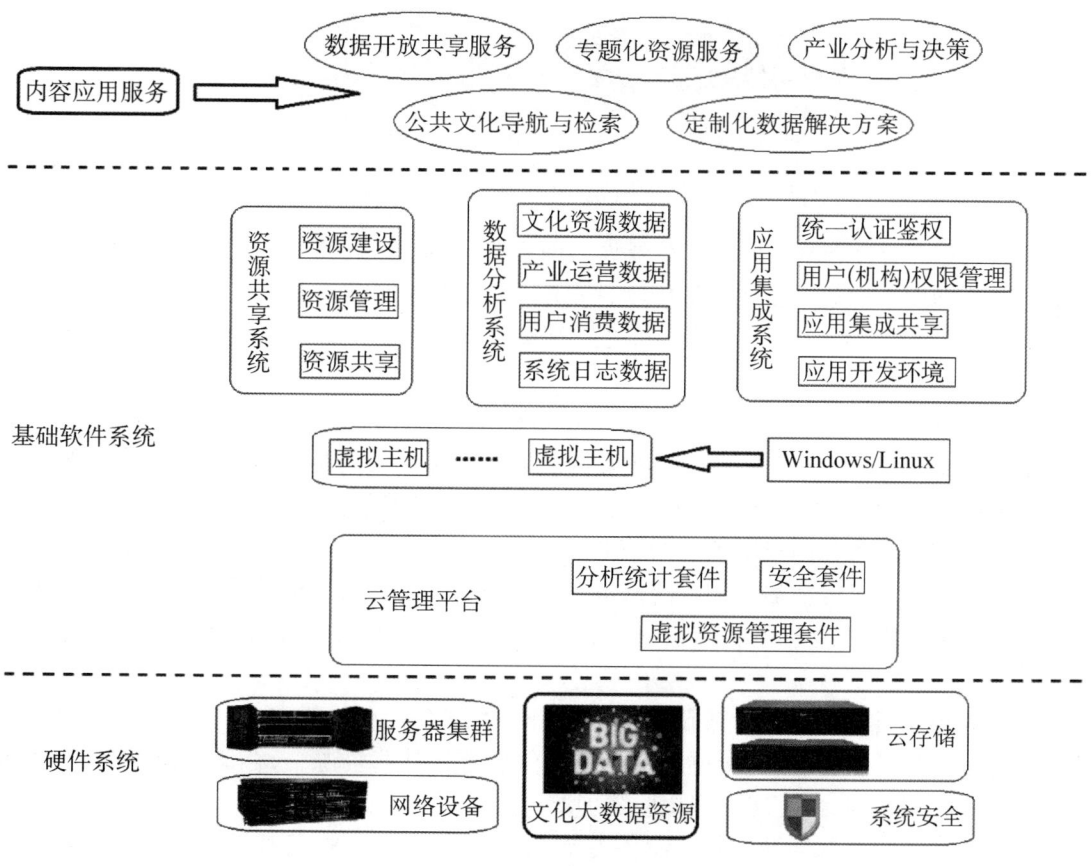

图 7-1 文化大数据第三方服务平台技术架构图

第三方服务平台主要由硬件系统、基础软件系统和发布服务系统组成,其中,硬件系统和基础软件系统的具体组成和技术框架如下所述：

7.1.2 硬件架构

提供最基本的物理资源,包括计算、存储、数据和网络设备,通过虚拟化技术和集群技术把内存、I/O 设备、存储和计算能力汇集起来成为一个虚拟的资源池,以虚拟化环境提供支撑平台硬件系统统一的管理能力。硬件系统处于支撑平台技术体系的最底层,包括硬件设备和虚拟化组成。硬件设备由现有的各类数字资源管理服务器、存储设备、网络设备等构成;虚拟化则是运用虚拟化技术对物理硬件层进行管理,向上提供计算、数据存储和网络通信等虚拟资源,其主要目的是将异构的底层物理资源整合成相同类型的资源池,如计算资源池、存储资源池等,以便创造协同统一的工作基础。

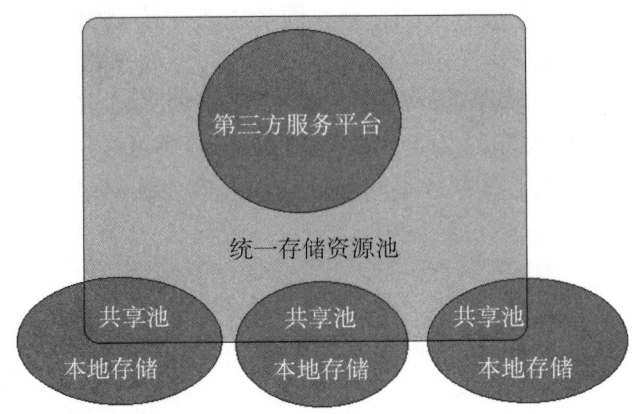

图7-2　第三方服务平台硬件系统共享示意图

大数据第三方服务平台硬件系统建设方面主要包括计算资源(服务器等)建设和存储建设。计算资源用于运行支撑平台基础软件系统、应用服务集成及未来扩展系统等。支撑平台以这些共享的"云存储池"为基础,通过基础软件系统中的云管理系统实现对全国硬件系统资源的统一管理和调度。

平台采用基础设施即服务(Infrastructure as a Service,IaaS)理念,负责提供核心计算、网络传输、数据存储等云服务的基础设施架构。IaaS 云基础设施的安全、可靠性与系统可用性,决定了文化大数据第三方服务平台基础软件系统与应用服务的健壮性和友好性,是关系文化大数据服务质量与用户满意度的关键因素[6]。

IaaS 涵盖了从机房基础设施硬件设备到云应用平台所有的基础设施资源层面。依据云平台 IaaS 基础设施功能与组织结构划分,可分为资源层、虚拟化层、管理层与服务层4个部分[7]。

云资源层主要由各种云计算服务器、数据中心内部网络传输设备、云存储设备及其他云基础设施相关硬件设备组成,通过虚拟化技术将所有云计算资源、云存储资源、网络资源统一划分为虚拟资源池,由上层虚拟化层管理调度。

虚拟化层通过资源层基础物理设备支持,利用虚拟化技术将云基础设施资源和各种云应用统一划分为资源池,通过对虚拟机进行调度、管理,实现平台应用与服务效率最优化,确保云系统安全、高效、经济、低碳运营。

管理层通过对虚拟化层智能化、自动化的管理,实现对云系统资源的监控、报警、调度和优化,确保云基础设施资源和云应用服务的高效管理和负载均衡。按照用户对整个云资源的调度请求,按需从平台管理的资源中为用户分配所需的资源(如云计算、云存储和网络资源等),并通过初始设置后将资源访问路径返回给用户。

服务层是 IaaS 的高级应用层,负责用户的账户管理、服务目录管理、服务部署以及用户情况报告,通过用户自动服务门户与管理门户,实现用户云服务按需分配的自助服务,为应用和服务提供有效的基础设施服务保障。

系统安全方面,IaaS 云平台安全架构主要由 IaaS 安全结构、IaaS 安全机制、IaaS 安全服务3部分组成：

依据平台系统云基础设施资源建设模式、读者云服务提供方式与云安全需求，IaaS云平台安全结构可划分为6个层次，依次为物理安全、设备安全、网络安全、管理安全、虚拟化安全与数据安全。针对云信息流所处位置与信息状态模式特点，IaaS云平台安全机制分为信息加密、访问控制、云网络安全、云虚拟化安全、管理策略科学、数据冗余备份6个方面。同时，针对云平台IaaS安全机制特点，分别采用了相应的IaaS云安全服务措施，主要有防盗、防火、防雷击、设备高性能、冗余、防火墙、传输防护、补丁与配置管理、用户隔离、口令、备份、加密等。

7.1.3 软件架构

文化大数据第三方服务平台软件架构主要由平台基础软件系统，即云管理系统组成，分别在国家公共文化领域不同层级和机构进行部署，形成一一对接，实现对公共文化大数据服务的基础支撑作用。云管理系统要实现对不同层级文化机构和单位硬件系统的综合使用管理，并形成统一视图，平台管理结构如图7-3所示。

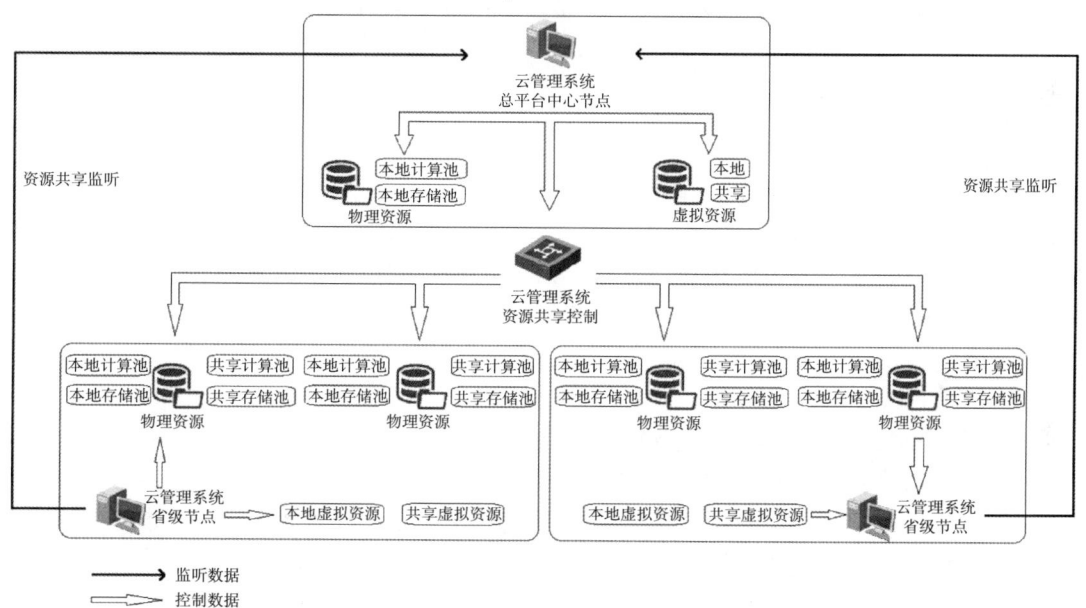

图7-3 云管理系统关系图

云管理系统主要有以下功能要求：

1. 总体要求

● 方便的资源申请：允许用户方便地请求具有各种资源（CPU、磁盘、内存、网络等）的虚拟主机。用户可以方便地利用云资源，而不需要考虑计算能力、带宽、存储等问题。

● 集中的管理：CPU、磁盘、内存、网络等资源的管理全部由云管理系统完成。

● 统一的调度：CPU、磁盘、内存、网络等资源的调度全部由云管理系统来完成。

● 统一的维护：CPU、磁盘、内存、网络等资源的维护全部由云管理系统来完成。

● 良好的兼容性：支持硬件的多样化，即不同型号、品牌的服务器。

● 未来可扩展性：支持可灵活扩展基础云环境的规模或部署模型。如果出现计算资源不足时，可以很方便地实现资源池的扩容。

- 支持本地私有区与共享区计算资源、存储资源的隔离与分别管理等。
- 支持省(市、区)云管理系统与国家中心云平台对接,形成全国范围内的统一云管理视图。

2. 物理机管理
- 提供物理机配置功能,如对物理节点的维护、物理机的自动开关机等。
- 提供物理机监控功能,如物理机的 CPU、内存、硬盘、网络等性能指标的监控。
- 提供物理机数据统计功能,如实时查询物理机下的虚拟机情况、物理机资源的使用情况等。
- 提供物理机方便地加入资源池功能,即不需要过多的人工干预,即可以将一台裸设备直接加入资源池。

3. 虚拟机管理
- 虚拟机管理基本功能应包括:启动虚拟机、克隆虚拟机、虚拟机快照、销毁虚拟机、重启虚拟机、停止虚拟机、停止的虚拟机恢复运行、虚拟机挂接虚拟存储、虚拟机 IP 管理、设置用户访问密钥并通过密钥获取机器密码、修改虚拟机基本信息、查看虚拟机所在物理机器。
- 虚拟机监控应包括:虚拟机资源使用情况、CPU 性能指标监控、网络 IO 指标监控、虚拟机磁盘 IO 指标监控等。
- 虚拟机展现视图应包括:虚拟机统一视图、查看虚拟机资源引用关系、查看资源详细信息、根据各项参数查询汇总虚拟机信息等。
- 虚拟机运行维护功能应包括:虚拟机迁移、根据阈值弹性调度基础资源创建管理虚拟机、虚拟机高可用、虚拟机镜像管理、虚拟机另存为镜像、虚拟机模板管理、虚拟机模板规模属性设置、虚拟机操作日志功能、虚拟机元数据(实体、属性、关联关系、表单和视图、业务规则)管理等。

4. 存储管理
- 存储基本要求:冗余要求、SONAS 扩展要求、低成本要求。
- 云平台应支持多种存储类型:分布式云存储、SAN 存储、NAS 存储等。
- 存储管理基本功能应包括:创建空白存储、从快照中创建存储、查看存储物理挂接位置、将存储挂接到虚拟机、创建(热)快照。

5. 网络管理
- 网络管理的基本功能应包括:虚拟交换机管理、虚拟交换机 Vlan 管理、虚拟防火墙管理、负载均衡管理、添加负载节点。
- 网络监控功能应包括:网络带宽管理、网络 IO 指标监控。
- IP 管理应包括:(从资源池中)获取 IP、IP 绑定虚拟机、释放 IP(到资源池)。
- 负载均衡管理功能应包括:创建负载均衡、添加负载节点、添加负载地区、均衡负载器监控配置、策略配置、根据负载均衡自动调配应用所需资源、增加/减少应用服务器。

6. 质量管理

数据质量管理是指对数据从计划、获取、存储到共享、维护、应用直至消亡的生命周期的每个阶段里可能引发的各类数据质量问题,进行识别、度量、监控、预警等一系列管理活动,并通过改善和提高组织的管理水平使得数据质量获得进一步提高。数据质量管理是循环管理过程,其终极目标是通过可靠的数据提升数据在使用中的价值,并最终赢得社会及经济效益。

7. 其他

• 系统管理功能应包括：用户管理、权限认证、限额管理。
• 应用自动化部署功能应包括：部署方案管理、应用版本管理、应用部署/卸载、应用监控、应用（热）升级、应用分类管理。

云管理系统性能要求见表 7-1。

表 7-1 平台云管理系统性能要求

类型	性能指标	要求
基本性能	虚拟机性能	与物理服务器相比，虚拟化软件自身的性能损耗不大于服务器性能的 5%
	新资源加入资源池	要求不能超过 30 分钟，一台新的物理服务器即可加入资源池
	管理平台访问性能	支持不小于 200 并发管理登录请求。允许注册管理用户数不小于 2000，每个账号不得复用
	存储 IO 要求	存储访问的 IO 要求不应小于 100IOPS
	容灾性能要求	不得因云平台故障导致业务中断。本地虚拟主机热迁移时间不得超过 2 分钟。具有虚拟主机 HA，且两台 HA 虚拟主机能够数据同步、虚拟主机热备功能
安全性能	平台安全	所有云管理系统的管理节点都必须容灾，保证虚拟机可以移动到其他节点，保证操作任务不会丢失
	网络安全	（1）要求云虚拟网络必须有访问控制功能 （2）云管理系统具有虚拟网络管理功能 （3）虚拟网络针对不用用户可以划分不同 VLAN （4）用户可自行配置自己 VLAN 的网络访问权限 （5）基础云环境的管理网络和应用网络必须是分离的
	数据安全	（6）保证数据存储机制的冗余性 （7）随机生成虚拟机管理员密码，并只能通过个人证书解密获得 （8）云平台用户不能够跨越自己的权限和配额访问其他资源 （9）所有虚拟机模板（AMI）都需经过安全加固
兼容性能	硬件兼容性	（1）要求云管理系统支持 X86 架构服务器 （2）云管理系统不能限定特定硬件品牌 （3）云管理系统不能限定 CPU 品牌，至少支持 Intel 和 AMD 品牌
	虚拟机兼容性	（1）要求云管理系统支持多种虚拟化引擎，如支持 KVM、XEN、VMware 等 （2）要求虚拟机操作系统支持目前所有主流操作系统，如 Windows 系列、Linux 系列等
质量保障	功能	云管理系统软件功能测试达到要求
	性能	对云管理系统性能、并发等实施测试达到要求
	可靠性	可靠性验证测试达到要求

7.1.4 功能架构

从实现功能上划分,文化大数据第三方服务平台系统可分为三个层次,分别为:基础资源层、数据处理层、应用服务层。

基础资源层依托全国公共文化数字资源统一目录,通过文化领域各层级、各机构所藏资源的建设和管理,打通文化大数据和资源的共享通道,实现数据和资源的智能调度及传输控制,为数字资源的共享访问、优质供给、高效传输提供支持。

数据处理层以全国共享文化大数据和资源为基础,通过并行实时计算和规模化离线计算,实现共享数据和资源的分析、关联和整合。运用大数据技术和人工智能化算法,进行数据的深度挖掘和提炼,为文化产业决策和知识化服务提供数据支持。

应用服务层由应用集成系统和发布服务系统完成。应用集成系统实现资源和应用访问的多终端导航入口;实现用户/机构管理和统一认证鉴权,实现文化数据共享应用的接入。发布服务系统实现对文化大数据和资源内容的发布和服务,通过多媒体手段和平台对内容进行发布显示,运用可视化技术实现数据资源的关联和分析,提供资源的导航和检索服务,并提供定制化数据服务满足用户个性化的需求。

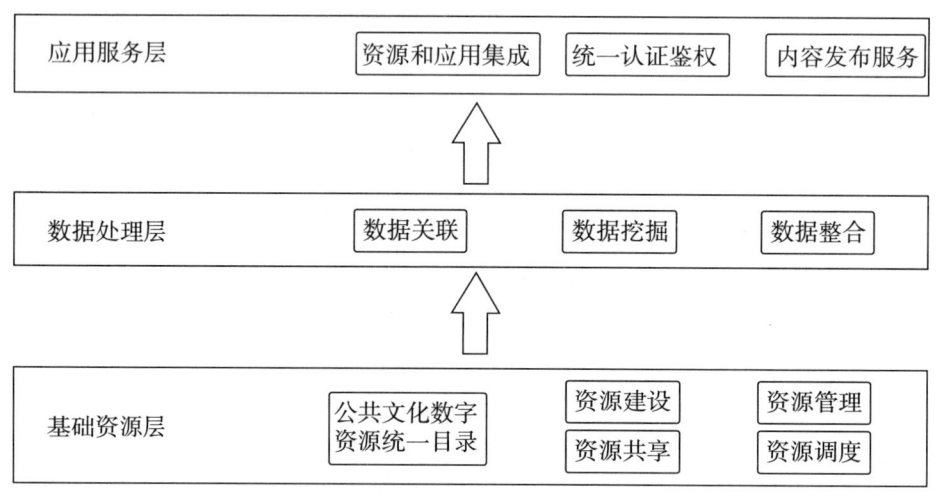

图7-4 第三方服务平台功能架构图

1. 基础资源层

基础资源层为第三方服务平台提供文化大数据内容和资源。资源来源包括国家文化领域各层级单位和机构以及文化产业链各环节组成部门。各文化机构分别负责文化素材的收集和资源加工制作,资源分别保存在本地系统中,通过层状体系将不同级别的资源进行关联,各机构分别构成资源体系的分节点。不同机构的文化数据资源纳入国家公共文化数字资源统一目录,资源元数据和实体数据由元数据库和分布式对象数据系统进行统一管理和共享。系统提供外部接口,能够实现不同平台数据和资源的传输和交换。通过网络分发系统实现平台内全网数字资源的分发调度,将全国公共文化领域分布存储的数字资源进行统一和高效的管理。整个资源的调度和管理通过质量控制系统进行安全质量保障,并提供容灾功能和跨网调度,为各类网络终端和公共文化机构使用文化大数据内容提供资源的底层支持。

2. 数据处理层

文化大数据的分析和处理是第三方服务平台的关键环节。各文化机构和单位建设的文化资源和服务运营数据种类繁杂、格式不一,数字化资源方面包括:图书馆的数字化文献、音像多媒体、网络资源、照片图片、缩微资源、数据库资源;博物馆的数字化文物模型、图片、研究文档;美术馆的数字图片、数字化非遗资源;共享工程和文化馆的音视频讲座和影像等。数据类型包括:文化资源元数据、对象数据、用户数据、系统运行数据、服务运营数据、产业数据等。第三方服务平台需要在保证数据资源共享和调用的基础上,进一步统一数据模型、规范数据格式,在元数据层面加强数据的关联,通过大规模在线运算和离线分析,对数据和资源进行挖掘和整合,依据不同的应用需求,形成多种特色化的文化内容体系。通过人工智能化技术和大数据技术对文化大数据内容进行深入加工和处理,构建知识集群,发现数据中潜在的价值,为文物保护、产业发展、规划决策、知识发现提供技术保障。

3. 应用服务层

第三方服务平台面向国内公共文化领域,支持图书馆、博物馆、群众文化、演出、艺术品、动漫、歌舞娱乐、游艺娱乐、网络文化、网吧和文化科技等文化细分领域维度的数据服务,能够实现文化素材资源的收集与加工、文化内容生成、文化科技服务、文化产品传播、文化消费促进等功能的技术实现。通过应用集成和数据集成将国内文化机构的资源和服务进行汇总,支持文化大数据的开放共享和资源统一检索。能够通过可视化手段为用户呈现文化大数据内容的关联关系和发展趋势,为文化产业发展和创新创业提供数据支持。根据不同应用需求提供定制化技术服务,为产业分析和规划提供决策参考。平台设计基于互联网开放环境,支持第三方应用的开发和接入,便于其他机构进行数据和资源的调用,进一步完善文化大数据内容的开放共享和对外服务。

基于不同层次的功能架构,平台主要由4个关键技术系统构成:资源共享系统、数据分析系统、应用集成系统和内容应用服务系统。其中,资源共享系统为平台底层功能,为上层功能系统提供数据和资源支持,数据分析系统承接数据资源和服务应用,通过数据计算和分析为服务提供技术保证,应用集成系统和内容应用服务系统通过数据和应用集成负责提供第三方文化服务,以及资源展示、发现和参考决策,为文化产业发展提供支撑。

平台关键技术具体如下文所述。

7.2 资源共享技术

资源共享技术主要包括,资源创建和加工、资源数据管理、资源交互传输、资源分发调度等,主要内容如下:

7.2.1 资源创建加工

资源共享系统将实现国家各级文化部门和机构数字资源建设的统一管理和充分共享。涉及我国文化领域的各级公共图书馆、博物馆、群众文化、演出、艺术品、动漫、歌舞娱乐、游艺娱乐、网络文化、网吧和文化科技等,各文化领域的数字资源建设流程统一如图7-5所示。

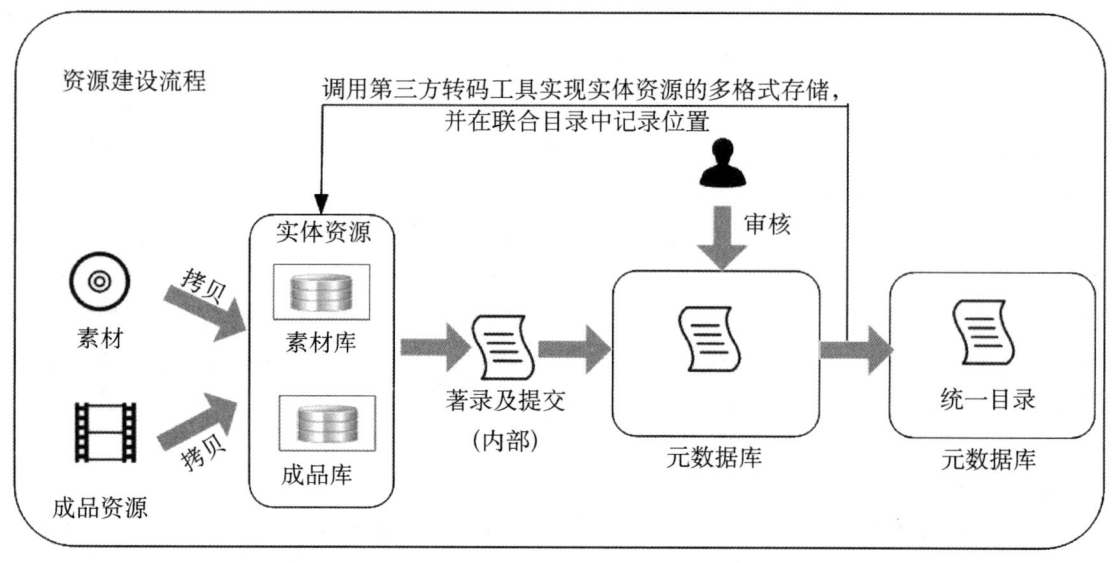

图 7-5 文化数字资源建设流程

文化领域数字资源建设流程一般包括：资源采集、资源著录、资源辅助加工等。各文化机构资源系统，将数字资源最终同步到全国统一目录中，经审核后，供全国使用。

7.2.2 资源数据管理

资源管理包括4个基本资源库的管理，即成品资源库、素材资源库、元数据库以及统一目录库。

资源管理的基本功能有：资源分类管理、编辑、删除、查询、标签管理、评论管理、评分管理以及下载、在线播放等。

资源管理还包括资源版权管理、资源专题管理。另外备份、日志、统计等常规数据管理也包含在内。

7.2.3 资源交互传输

资源建设好后需要在文化领域各机构间实现共享使用，使用平台的用户群有：横向的文化机构用户和公众用户，他们通过平台来访问和使用资源。另外还包括第三方应用，他们作为共享应用。通过平台也可以使用资源。

通过统一的接口，向资源传输系统、应用集成系统、内容应用系统提供双向的交互，实现资源的合理调配、检索、使用统计，提升公共文化大数据资源服务的质量。资源共享的主要接口如下：

1. 著录任务接口

国家中心通过此接口下发著录任务给各级文化部门和机构。

2. 元数据上传接口

各级文化部门和机构元数据可以上传到国家统一目录系统，接口采用 Web Service 形式。

3. 元数据审核接口

上传到国家中心的元数据需要审核，审核后，通过本接口将审核情况反馈给各级文化部门和机构。

4. 元数据的导入、导出接口

此接口专为资源著录工具使用,通过此接口可以导入著录工具生成的元数据 XML 文件,也可以导出文件给著录工具用。

5. 资源的导入接口

通过此接口可以从媒资系统里导入资源到资源库里。媒资系统导出的资源,除了资源实体文件外,还要按照本接口定义提供一个 XML 文件来描述资源。导入接口可以提供多种导入方案,如中间文件包形式、Web Service 接口形式等,以适应各地不同的资源系统。

6. 分发任务发布接口

资源共享系统形成的数字资源下发表单,指导网络分发系统的资源下发行为。

7. 鉴权认证接口

资源共享系统向应用集成系统中鉴权认证模块的工作人员提供接口,实现单点登录功能。

8. 统一目录服务接口

给应用导航、特色应用、定制应用(如手机 APP)以及共享应用提供资源访问服务,接口采用 Web Service 形式。

9. 资源使用统计接口

资源共享系统日志模块具备资源使用记录能力,即设计相应字段对使用情况进行记录,管理系统可以调用相关资源,对资源使用情况、用户行为进行统计。

10. 规范表单接口

此接口为实现全国共享的规范表单变更时,可做全网自动更新同步。

7.2.4 资源分发调度

网络分发系统要实现支撑平台内全网数字资源的分发调度功能。通过资源调度请求及资源调度策略和内容加速技术,将全国各地分布存储的数字资源进行统一、合理、高效的调度,通过对资源调配过程进行监控、统计,实现资源传输过程的质量控制,以及资源异地备份的容灾功能和跨网(互联网、移动通信网、有线电视网、政务外网等)资源调度的功能(将资源推送到其他网络的相应资源服务器上),为各类网络终端和公共文化服务机构提供数字资源共享的底层支持。

网络分发系统全国管理结构如图 7-6 所示。

网络分发系统包含"资源调度""资源传输控制"以及"接口"3 个部分的功能,具体如下:

1. 资源调度

①资源请求:下级中心查找到资源后提出资源申请,审批通过后下载资源。

②资源收割:各级基层中心制作资源后上传给上级中心,审核通过后进行资源入库(收割)。

③资源调度:网络分发系统要实现资源的异地跨域调度,使用户就近访问资源,提高资源利用率和访问速度。资源调度通过创建资源镜像的方式实现。

④资源调度策略:资源在国家中心和文化领域各机构间通过可定制的策略来自动调度,策略是通过资源的访问频次统计来制定的。

⑤资源推送：各资源共享系统之间可以将资源推送到对方，还可以向第三方机构推送资源，资源包通过在线下载或离线光盘的方式传送给对方。

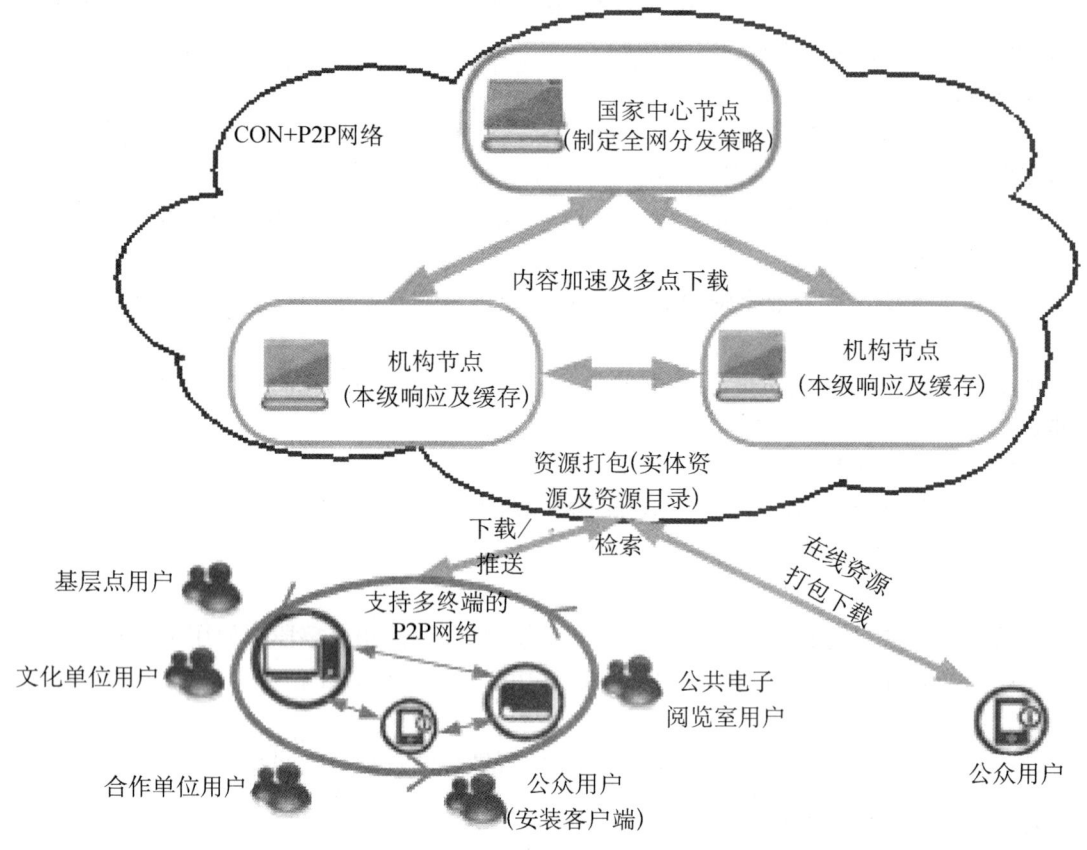

图7-6 网络分发系统示意图

2. 资源传输控制

①资源传输：文化大数据第三方服务平台采用集中控制的方式来进行资源传输，所有资源传输请求都是通过网络分发系统来实现的。资源传输支持断点续传、多线程下载等。

②资源播放：网络分发系统集中控制资源播放，在资源的所有镜像中选择离用户最近的资源来播放。

③资源码流适配：对资源请求进行客户端适配，选择合适的格式和码流。

④传输监控：列出正在传输中的资源列表，传输比例以及实时传输速度等信息。统计总传输资源占用带宽。资源传输过程暂停、停止、继续等操作。

⑤负载监控：文化领域各机构分发平台向国家平台报告负载情况，国家中心统一监控。

⑥分发统计：对资源在平台间的调度做统计，并分析资源的调度效果，优化调度策略。分发统计包括资源的上传、下载、播放统计等。

3. 系统对外接口

网络分发系统统一控制支撑平台的资源上传、下载、播放等资源传输操作。分发平台对外提供传输接口供客户端应用使用。主要的接口有：鉴权接口、列表接口、查询接口、上传接口、下载接口、播放接口。

7.3 数据分析技术

数据分析是提炼知识价值,促进服务效益的重要基础,文化大数据的分析主要包括以下几种:

7.3.1 资源的关联整合与知识发现

数据分析系统以各地文化机构共享资源和数据为基础,通过数据关联、资源整合和知识发现对共享文化大数据内容进行深入分析与加工,通过对文化内容数据的有序组织与提炼,为面向不同用户需求开展形式多样的文化大数据服务提供支撑。

1. 资源关联

网络技术的发展使文化机构所藏资源的环境由传统文件网络环境向充满语义关联资源的新环境转变。这为知识发现活动越来越多地基于网络资源展开提供了新的发展机遇。我国各级公共文化机构和单位是文化数字资源和文化运营数据的聚集地,从迅速增长的文化数据资源中发现有效的知识,与知识服务的趋势正相符合,而对文化数据资源关联知识发现过程的研究,正好为知识服务的知识推送提供了实现路径。因此,寻求资源关联对知识发现效率和能力的影响,优化二者之间的关系,促进资源关联背景下的知识发现,实现发现知识对用户需求的针对性,提升服务平台的知识服务能力,成为实现文化数据资源关联知识发现过程的目的[8]。文化大数据资源关联技术主要分为三种[9]:

(1)网页获取

网页抓取技术主要是对 HTML 页面的抓取和分析,配合 HTML connector 即网页连接器一起使用,抓取双层链接并保存页面内容。常见的网页抓取方法有三种,一是 URL(Uniform Resource Locator,统一资源定位符)地址中包含分页信息;二是通过 Asp.net 开发的网站分页控件,通过 POST 方式提交分页信息到后台代码;三是翻页过程中找不到页码信息,所以只能用代码模拟手动翻页,然后抓取。

(2)文本资源挖掘

文本资源挖掘是利用路径分析技术、关联规则、序列模式、分类聚类等技术,挖掘出有效的、可被理解的资源和知识。常用的方法有贝叶斯方法、遗传算法、神经网络等。在此基础上,利用可视化技术、知识查询技术等,将得到的资源转换为读者可以理解的资源,并删除无用资源。

(3)索引技术

索引技术是文化数据资源库与用户需求之间的桥梁,贯穿于整个资源发现过程中,它包括内容索引和结构索引。结构索引是将网页中的页面和链接作为索引的节点和边的有向图,有了节点和边的有向图就可以对超链接创建索引。内容索引主要是 Web 页面的文本资源,是在资源挖掘时查询内容相关度的主要技术。

文化大数据资源关联主要有以下几种方法[10]:

(4)语义聚焦爬虫发现法

语义聚焦爬虫发现法分为发现目标的定义和描述、发现策略的分析与制定、页面语义标注和分析三步。首先,以事先遴选好的 URL 作为种子样本来决定爬行的起点,从而达到对爬虫为发现新目标页面 URL 而进行漫游的深度控制和引导;其次,采用传统的深度优先、广度优先和启发式搜索等策略,对提取到的 URL 列表进行链接排序和下载,得到不含任何语义关联信息的数据和相关的元数据;最后,对得到的资源进行分析和分类,从语义化的网页或文件格式中(如 URL 文件、OWL 文件、XTM 文件、XML 文件)嵌入相关语义标记(如 RDF、Microdata 的 HTML 和 XHTML),并从文件中提取和分离出语义标注信息。常采用的方法是编写自定义的解析程序或者采用语义分离器 RDF API 等。对非语义化标注的网页文档,此方法则通过一些自动化语义标注软件或人工辅助标注方式补充语义信息,实现对获取到相关实体数据和元数据语义标注的完善,最终根据语义标注信息发现新知识。

(5)领域本体发现法

领域本体发现法与语义聚焦爬虫发现方法有相同之处,由于它增加了领域本体库的支持,因而也增加了多道处理工序,主要表现有:其一,在页面语义标注和分析环节,并不仅仅是对当前页面进行语义分析,而是结合领域本体库的知识对页面进行扩展解析。其二,在完成页面解析后,能够把得到的相关语义标注信息重新返回给领域本体库,由领域本体库进行基于三元组的拆解和保存,从而达到扩展和丰富现有本体库的目的。其三,在资源存储和索引环节,利用本体映射技术对本体库中新增的异构本体进行本体和实体的映射,同时利用实体融合技术对映射结果库中相同或相似的实体进行实体融合或实体关联,然后将最终形成的实体关系和数据交给索引分析模块进行处理,从而形成索引库以进行存储和索引。

(6)RDF 查询语言发现法

在数据结构上,语义网主要采用"资源—属性—值"的 RDF 三元组形式去描述网络知识源。一个 RDF 三元组又可以表示为一个 RDF 有向图。因此,对于微机来说,一个有效的语义网资源站点可以被定义为一个或多个 RDF 有向图组成的集合。因而基于 RDF 的查询,该方法能够借助于 RDF 数据模型和语义网自身的优势,对查询需求进行明确语义和强结构化的表达,从而查询到精确满足特定目标需求的数据,而返回的查询结果仍然是一个 RDF 三元组的集合,这有利于进一步的语义关联和语义挖掘。目前,国际上具有代表性的 RDF 查询语言主要包括 SPARQL、RQL、RDQL、SERQL、N3、TRIPLE、Versa 等。

(7)关联数据发现法

该方法首先利用语义搜索引擎或关联数据源提供的接口,在根据应用需求遴选出的相关关联数据源中,通过访问这些数据源中的 RDF 链接发现更多的相关资源数据。其次,实现关联数据(不同的关联数据通常采用不同的本体或叙词表来标注同一实体概念的语义信息)、不同本体或叙词表中对同一个实体进行定义或描述,并能够将其全部转换或使用某种统一的目标规范格式进行表示,由此形成关联映射标准。最后,通过实体[不同的关联数据源也通常采用不同的 URI(Uniform Resource Identifier,统一资源标识符)去标示同一个实体]融合,对实体中所有使用标记指向的数据源进行资源获取和审核,用于对当前实体关系的语义补充和完善,并产生和分配给该实体一个主体的新的 URI,形成一个新的关于该实体的 RDF 声明,同时将通过审核的 RDF 链接作为来源数据源仍然使用标记在新的 RDF 声明中。同时也为了保证知识资源发现的可靠性，尽可能地摒弃无效的 RDF 链接和实体关联信息。

2. 资源整合

公共文化资源整合需要图书馆、博物馆、档案馆、文化馆、美术馆、科技馆等多个公共文化服务机构主体的共同参与，所整合的信息资源对象囊括了众多学科门类，数量极其巨大，类型特别繁多。主客体的复杂性必然导致公共数字文化整合中多种元数据标准并存、不同信息系统的互操作难以进行等问题。然而在网络环境下，用户更希望建立一个统一检索平台，"一站式"地获取各类公共文化服务机构的数字资源。纷繁复杂的元数据标准与公共文化资源需求接口单一性之间的冲突，使得元数据互操作问题的解决势在必行[11]。

文化资源整合的类聚、融合、重组涉及资源的汇聚、互操作和语义关联，从元数据层面和其他研究者提及的相关技术方法中归纳出第三方服务平台的文化资源整合技术与方法[12]，如图 7-7 所示：

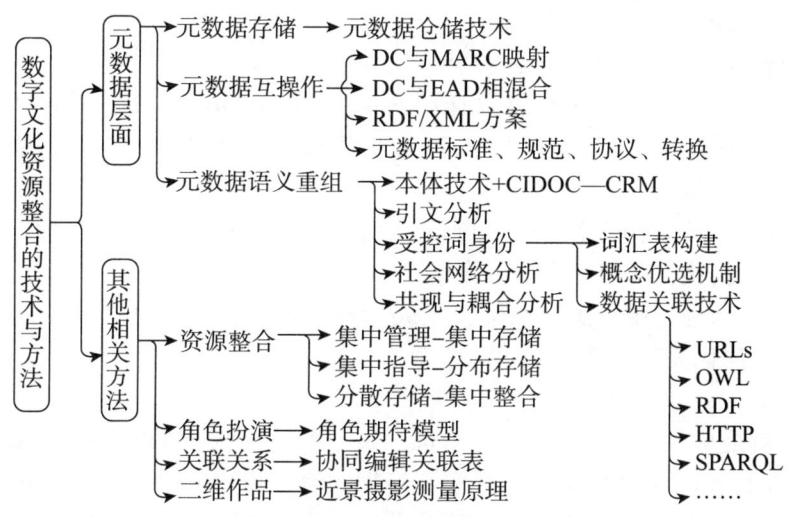

图 7-7　文化数据资源整合的技术与方法

(1) 元数据层面

元数据可赋予文化资源以身份或标签，便于存储、管理、检索和利用，用于识别、评价、追踪、保存资源。文化资源整合关于元数据层面的技术可从元数据存储、元数据互操作、元数据语义重组 3 个角度予以解读：

① 元数据仓储技术

元数据仓储的流程为：资源数据化—采集元数据—利用数据抽取技术抽取和规范元数据—运用数据转换技术调节异构资源间的差异—装载到元数据仓储中—接收到应用请求—反馈结果给用户—根据结果中的链接从原资源库中获取信息[13]。利用元数据仓储技术令分散、海量的文化资源变得容易存储且节约空间。

② 元数据互操作技术

由于数据类型和格式不同，对其描述的元数据之间存在操作上的障碍。为了解决该问题，需制定元数据标准、元数据规范和实行元数据转换，如根据 DC 构建元数据标准与 MARC 数据相映射，形成元数据规范[14]，或利用 DC 和 EAD（编码档案著录）相混合的元数据描述方式作为图书档案资源融合的元数据方案,并试图与其他元数据标准形成映射、转换(一对一、多对一等转换)[15]。元数据互操作上还可采用 RDF(资源描述框架)/XML(可扩展标记语言)方案、元数据协议或服务等[16],其中可扩展标记语言 XML 因具有灵活性、可拓展性、共享性等优势,可将其作为中间件(实现数据格式标准化)整合资源,满足异构数据库之间的访问[17]。

③元数据的语义揭示技术

数据异构包括语法异构和语义异构,采用元数据的映射、协议和集成等弥补的是语法异构,为了实现元数据互操作中存在的语义异构,可用基于语义网的核心技术即本体技术解决语义互操作问题[18],通过元数据采集、本体构建及语义检索等过程,利用 CIDOC-CRM(面向对象的概念参考模型)设计文化资源整合的语义互操作模型。除了运用语义和本体,还可从引文分析、社会网络分析、共现与耦合分析等角度挖掘与构建文化资源整合的关联关系[19-20]。

(2)其他技术方法

文化资源整合的相关技术方法还包括:

在资源整合上,从机构合作和资源管理的角度,分为"集中管理—集中存储""集中指导—分布存储""分散存储—集中整合"3 种文化资源整合模式[21],实现文化资源的集中管理、集中指导和集中整合。

在二维作品上,针对静态平面的字画等二维作品,利用近景摄影测量的原理实现文化资源的高精度数字化,确保几何色彩的保真度[22]。

在关联关系上,采用用户协同编辑关联表的资源统一组织策略[23],利用用户驱动文化资源整合,丰富、深化关联关系。

3. 数据挖掘

数据挖掘就是从大量的、不完全的、有噪声的、模糊的、随机的实际应用数据中,提取隐含在其中的、人们事先不知道的,但又是潜在有用的信息和知识的过程。数据挖掘能发现的知识有如下几种:广义型知识,反映同类事物共同性质的知识;特征型知识,反映事物各方面的特征知识;差异型知识,反映不同事物之间属性差别的知识;关联型知识,反映事物之间依赖或关联的知识;预测型知识,根据历史的和当前的数据推测未来数据;偏离型知识,揭示事物偏离常规的异常现象。所有这些知识都可以在不同的概念层次上被发现,随着概念树的提升,从微观到中观再到宏观,以满足不同用户、不同层次决策的需要。数据挖掘当前主流的技术主要有:分类、聚类、关联性分析、预测分析、偏差检测等。

(1)分类技术:分类是用一个函数把各个数据项映射到某个预定义的类,或者说是得出关于该类数据的描述或模型。分类算法中,为建立模型而被分析的数据元组组成的数据集合称为训练数据集,训练数据集中的单个样本(或元组)称为训练样本,是将一个未知样本分到几个已存在类的过程[24]。它可以应用到用户的分类、用户的属性和特征分析、用户支付能力分析、用户满意度分析、用户的使用和购买趋势预测等。常用的分类技术有决策树分类法、统计法、神经网络、粗糙集、支持向量机等。

(2)聚类技术:所谓聚类,就是把拥有大量数据的集合分成若干簇,在同一个簇中的数据对象之间最大程度的相似,而在不同簇中的数据对象之间具有最大程度的不同[25]。它可以应用到用户样体的分类、用户背景分析、用户效益分类分析和预测、市场的细分及用户的细分等。与分类的不同之处在于：分类事先确定了某一标准进行分类，而聚类事先没有确定某一分类标准，而是找出数据样本中的相似性。

（3）关联性分析技术：关联性分析是指从一个大型的数据集中发现有趣的关联关系，即从数据集中识别出频繁出现的属性值集，也称为频繁项集，简称频繁集，然后利用所得的频繁集创建描述关联规则的过程。简言之，关联规则库，根据最小支持度和最小置信度来寻找合适关联规则的过程[26]。关联性分析广泛应用于交易数据分析，最典型的应用是购物篮分析，它主要用于了解顾客的购买习惯和偏好，有助于决定市场商品的摆放和产品的捆绑销售策略。

（4）协同过滤技术：协同过滤技术是个性化推荐系统中最广泛使用的数据挖掘技术。基于协同过滤的推荐算法，它理论上可以推荐世界上的任何一种东西，图片、音乐等。协同过滤算法主要是通过对未评分项进行评分预测来实现的。

（5）预测分析技术：通过对数据的分析处理，估计一组数据中的某些丢失数据的可能值或一个数据集合中某种属性值的分布情况。一般是利用数理统计的方法，找出与所要预测的属性值，并根据相似数据的分析估算属性值的分布情况。通过预测可以把握和分析事物对象发展的规律，对未来的趋势做出预见。

（6）偏差检测技术：主要是对偏差数据进行检测与分析。在要处理的海量数据中，常常存在一些异常（异构）数据，它们与其他数据在一般行为或模型上存在一些不一致。偏差包括很多潜在的知识，如不满足常规类的异常例子、分类中出现的反常实例、在不同时刻发生了显著变化的某个对象或集合、观察值与模型推测出的期望值之间有显著差异的事例等。偏差产生的原因可能是某种数据错误造成的，也可能是数据变异所存在的结果。因此，从数据集中检测出这些偏差很有意义，例如在欺诈探测中，偏差可能预示着欺诈行为。

4. 知识发现

知识发现就是对大量不完全的、模糊的、随机的实际应用数据，提取隐含在其中的潜在有用的知识，以最终可以理解的模式显示的一系列处理过程。公共文化机构获取资源主要包括三个来源：一是文化机构自建资源，二是通过购买等手段获取的专业、专题数据库，三是来自互联网等途径的外部信息。这三类信息构成了文化机构的基础资源，通过对这些信息资源进行深入分析与数据挖掘，建立文化知识系统，形成完整的知识脉络结构，并提供各种智能化的知识服务。知识发现系统的建设内容主要包括以下方面[27]：

（1）梳理文化知识脉络。系统将各类信息按照用户需求、各种专业主题进行分类整理与保存，建立资源组织知识库、个人知识库、专业专题知识库以及其他知识库，有利于知识共享与交流。系统对建立的各类知识库提供语义检索。在检索中，根据知识内容的相似度，将内容聚合成不同的类别，并对每一个聚合的类别，给出精确的类别主题词。同时，系统将高频词、行业热词等主题词加载到数据库中形成自建语义词库。词库的建立将为用户以自然语言进行检索提供参考。

（2）加强资源知识分析。系统为用户提供各种学术趋势分析，跟踪各类学术动态与前沿。系统对不同用户关注度进行分析提取，并将各种知识库中与此关联的主题信息进行推送。系统实现用户之间的信息资源共享，并为各自使用的信息做出客观评价。系统不仅根据个人信息需求，为用户提供更为个性的信息推送服务，而且采用信息语义分析与检索主题类似或关联的信息进行发送。

（3）知识发现系统所采用的技术路线如图7-8所示：

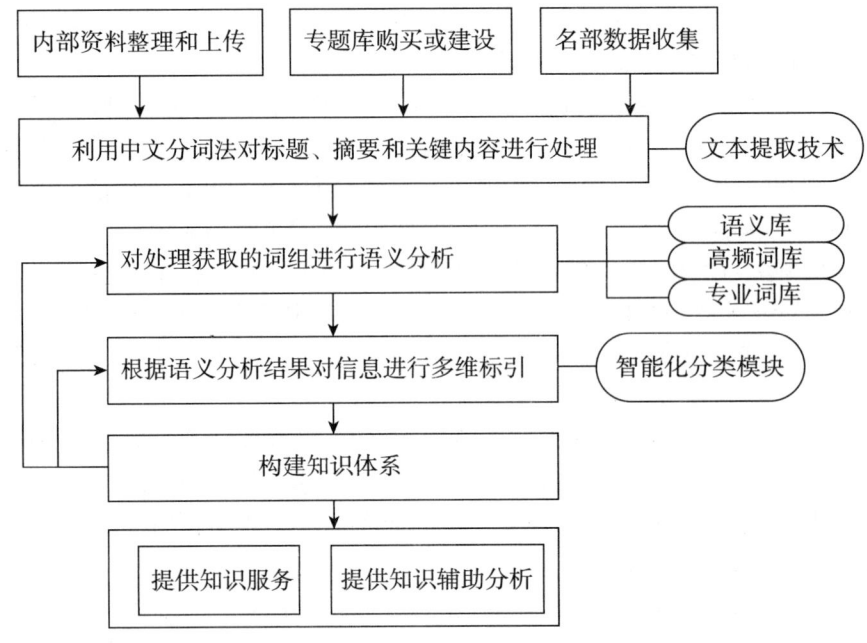

图7-8 知识发现系统技术流程图

为了满足系统的可扩展性,系统采用 JAVA 语言开发,Web 服务器可以使用 Tomcat、Resin 等,方便地在不同的平台中进行移植。

①系统的源数据主要包括三类:内部文化资源,包括单位自建文化数据资源;购买的专题、专业数据库;以网络为主的外部数据。这三部分的文化资源数据通过不同的方式进入系统。

②所有进入系统的文化资源数据都需要通过文本提取技术获取内容和标题信息,再使用中文分词法进行预处理。根据源数据的类型,选择分词处理的内容,外部信息只处理标题,内部信息处理标题和部分关键内容,专题库处理标题和文摘。

③每个源信息通过分词法获得一组词,语义分析模块对这些词进行分析,从中找出关键词:一是找出合适的分词,二是根据本机构的知识体系从合适的分词中找出关键词。这个过程中要用到系统构建的各个词库。

④使用本机构知识体系中的分类体系,根据关键词对信息进行标引。分类体系中有很多的分类标准,根据不同的分类标准,获得的分类结果都不同。每个分类的结果都是信息标引的一个属性,在多维属性的共同作用下,信息的知识化标引才全面和可用。

⑤根据信息的知识化标引结果构建系统的知识体系。对于系统初始化阶段,这个步骤的功能是初始化知识体系;在知识体系已经建立的情况下,这个步骤的功能是完善知识体系并将新的知识注入知识体系。

⑥在知识体系的支撑下,系统提供各种知识服务和辅助决策功能。同时,这些功能使用的过程中产生的反馈信息作为参数对知识体系进行修正和完善。

通过该系统的建设,在文化平台构建自主的知识体系,将各种知识融入这个体系之中,为用户提供方便快捷的知识检索和利用的平台,可以帮助用户快速准确地获取专业数据库和网络中有用的信息,通过加工将这些信息变成新的知识注入知识体系中,在知识体系的基础上进行智能化的知识挖掘,从而为用户提供知识推送、知识体系的构建、个性化知识定制、知识评价等知识服务。

7.3.2 产业运营数据的评估与分析

对基于第三方服务平台的文化产业数据进行统计和监控,掌握产业发展态势,为促进文化产业发展提供数据和技术指导。数据分析系统对大数据第三方服务体系进行分析评估,以实现进一步提升文化大数据和文化资源共享活动作用,改进文化资源内容,提升公共文化服务质量的目标。

通过对文化资源建设、文化资源共享、文化资源分发、公共文化特色应用、基础资源建设以及用户访问情况和公共电子阅览室、网吧、博物馆展览、群众文化演出、动漫、演艺娱乐、网络文化、文化科技数据收集,以及用户手工录入反馈和调查信息等情况的统计分析,为数字公共文化的管理和数字文化建设提供有效的数据参考依据。通过大数据并发处理,进行用户访问行为分析和决策数据分析,为公共文化的管理者、数字资源制作单位、文化特色应用研发单位提供决策支持,从而进一步提升公共文化服务能力。

各级文化管理部门可通过第三方服务平台提供的汇总分析数据,对数字资源建设、公共文化服务策略、公共文化单位评估考核、管理机制等方面进行有针对性的优化设计,从而科学、持续性地提高公共文化服务效能。

通过在国家中心、各省级中心,以及文化领域各机构单位部署数据分析系统,实现对不同级别文化机构大数据资源应用情况评估,增强数字公共文化服务的科学化、网络化管理能力。

文化产业运营数据分析系统功能要求:

1. 评估数据采集

(1)支撑平台各系统数据接口:为支撑平台体系内各种评估数据源系统提供接口模板定义;对数据源系统使用的模板进行统一管理;对接口升级进行版本管理;数据源根据模板的定义将各自的数据导入到数据收集服务器。

(2)数据采集加工:将评估数据采集服务器中存储的评估数据文件进行抽取、转化、最终加载到分布式数据仓库中。国家中心节点将会汇总各级文化分中心节点数据仓库中的数据和国家中心采集的数据。

(3)数据模型管理:对数据仓库和数据集市中的数据表、数据字段的定义进行管理。数据模型数据库中包含了数据仓库中数据(数据仓库字典)的描述。

(4)主题管理:对数据仓库中的数据进行分类,如按照用户对资源的访问情况、用户对网站的访问情况、文化资源建设情况等,每一个分类可视为一个主题。在评估数据分析时,为了减少对数据的处理量,根据主题生成数据集市。

(5)数据质量管理:对数据仓库中的数据进行质量检查,按照规则对问题数据进行自动或手动纠错处理,并将存在的问题记录日志。

2. 评估数据处理

(1)评估指标管理:根据各地资源建设、资源共享、网络分发、文化应用访问、用户行为等定义评估指标。由于业务要求发生变化,导致评估指标的变化,此时,可对已有评估指标进行调整,形成新的版本。

(2)指标数据处理:根据评估指标的定义,使用分布式并行计算技术定期生成指标数据,将指标计算结果统一存储在在线评估指标数据库中。

(3) 分析模型管理:结合评估管理业务需要进行多维度分析模型的创建,建立表之间的关联关系,同时生成事实表和维度表。

(4) 分析模型数据处理:根据分析模型的定义,定期生成分析模型数据,存储到在线分析数据库中。

(5) 数据挖掘:数据挖掘可以为文化管理机构、文化合作单位、资源建设单位、文化特色应用研发单位提供宏观的分析数据,为资源建设、文化特色应用研发以及文化活动开展提供强有力的数据支撑依据。数据挖掘包括用户行为分析、资源/应用访问趋势分析。

3. 评估数据分析

(1) 指标分析:按照评估指标的不同维度(例如:指标分类、指标时间和地域)形成多角度的指标透视,采用图形化的方式进行展示,并可展示环比、同比、累计值曲线、预警。

(2) 评估报表分析:根据用户需求,提供自定义报表和自定义图表,并根据要求,可将多个数据报表和数据图表展现在同一个界面上,并可设置界面布局,提供报表截图保存和打印的功能。例如资源使用情况,包含各种分类资源使用情况、各个地域时间段的资源访问情况进行资源使用情况的报表定制,存储处理后的报表,供未来访问使用。

(3) 分析结果反馈服务:通过分析结果反馈服务,可以为文化管理机构、文化合作单位、资源建设单位、文化特色应用研发单位提供宏观的分析结果数据,为资源建设、文化特色应用研发以及文化活动开展提供强有力的数据支撑依据。

4. 公共文化综合评估

(1) 群众需求反馈与调查:提供文化内容资源和应用访问过程中的反馈意见及满意度调查填写和汇总。

(2) 文化机构需求反馈与调查:提供文化共享活动计划和开展过程中,来自各级文化机构的需求建议及满意度调查,并汇总数据结果。

(3) 文化服务活动反馈与调查:各种文化活动开展过程中的意见反馈与调查,通过汇总分析,形成更有针对性的内容资源包,并监控文化服务活动的总体效果。

5. 评估管理门户和移动设备访问

(1) 用户通过评估管理门户在 PC 上使用浏览器对系统进行统一访问。

(2) 开发移动评估管理的移动客户端进行报表图形的展现。利用移动客户端的同步功能,用户可将指标数据同步到客户端,并设置各种查询条件对指标数据进行查询,查询结果可使用柱状图或饼状图进行展示;同时,也支持指标数据是否通过短信接收的设置。移动客户端支持 Android 设备。

7.3.3 网络日志数据的处理与挖掘

网络日志数据(Web 日志数据),是指在服务器上有关 Web 访问的各种日志文件,这些文件里包含了大量的用户访问信息,如用户的 IP 地址、所访问的 URL、访问日期和时间、访问方法(GET 或 POST)、访问结果(成功、失败、错误)、访问的信息大小等。Web 日志挖掘是通过对 Web 日志记录的挖掘,发现用户浏览 Web 页面的模式。它可用于分析网站流量模式,发现系统性能瓶颈,优化站点结构、提高站点效率,提高用户访问的有效性,发现用户的需要和兴趣等。Web 日志挖掘的一般过程包括[28]:

(1)数据的预处理

其中又包括:数据净化、用户识别、会话识别、事务识别。

(2)模式发现

对数据预处理所形成的文件,利用数据挖掘的一些有效算法,如关联规则,来发现隐藏的模式和规则。

(3)模式分析

主要是对挖掘出来的模式、规则进行分析,找出用户感兴趣的模式,提供可视化的结果输出。

关联规则挖掘是 Web 日志挖掘的一个重要的关键技术,它可以发现网络日志访问记录中隐含的相互关系。关联规则是描述在一个事务中事件之间同时出现的规律的知识模式,Web 挖掘的关联规则就是描述在一个用户会话中用户的浏览行为之间同时出现的规律。因此,关联规则挖掘的目的在于找出服务器资源之间隐含的相互关系。

基于关联规则的 Web 日志分析系统功能架构如图 7-9:

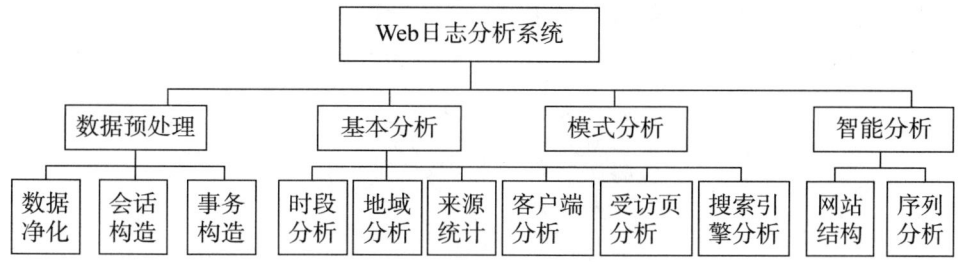

图 7-9 Web 日志分析系统功能构架

(1)数据预处理模块

将事先存放在关系数据库中的原始日志的无用或无关数据去除,接着根据包含替换排除的规则进行数据净化,将净化后的数据导入源数据库;然后以用户识别阶段的算法识别用户并产生用户表;(这里简单地默认一个 IP 就是一个用户)通过会话构造和事务构造将发现的用户会话事务导入会话事务数据库。

(2)智能分析模块

利用关联规则对 Web 站点的页面之间的链接关系、站点结构进行分析,重构 Web 站点的拓扑结构、发现相似的客户群体,开展个性化的信息服务和有针对性的电子商务活动。

(3)基本分析模块

主要是对网站的访问情况进行几方面的统计汇总,具体包括:

①时段分析模块。统计出一天 24 小时中哪些时段、每周哪天、每月哪天甚至每年哪几个时段的访问人数和具体逗留时间,进而分析出访问人群的职业和上网习惯等相关信息。

②地域分析模块。统计出访问人群所在地区分布情况,对分析出不同地域对不同商品的需求。

③来源统计模块。统计出用户到达目标网页所经过的链接路径,可帮助管理者修改、缩短访问路径,提高访问效率。

④客户端分析模块。网站设计者可根据统计出的访问群浏览器和操作系统使用情况,有针对性地对某种操作系统或浏览器进行开发。

⑤受访页分析模块。统计第一个被访问的网页数和最后离开网站的网页数,分析出通常访问者从哪一个页面进入网站以及从哪一个页面退出网站。管理者通过这些数据,就知道该在哪些网页上多费点心思来留住访问人。

⑥搜索引擎模块。从搜索引擎的热门关键字,可分析出最近哪些话题比较热门,哪些商品比较流行。

7.4 应用集成技术

应用集成系统实现对全国参与第三方服务平台建设机构各应用软件系统的"容器"作用,通过不断"装载"各种广受欢迎的文化应用软件,形成具有一定规模的"应用软件管理中心",从而推动以特色应用系统为服务"窗口"的数字资源服务形态。

应用集成系统全国管理结果如图7-10所示。

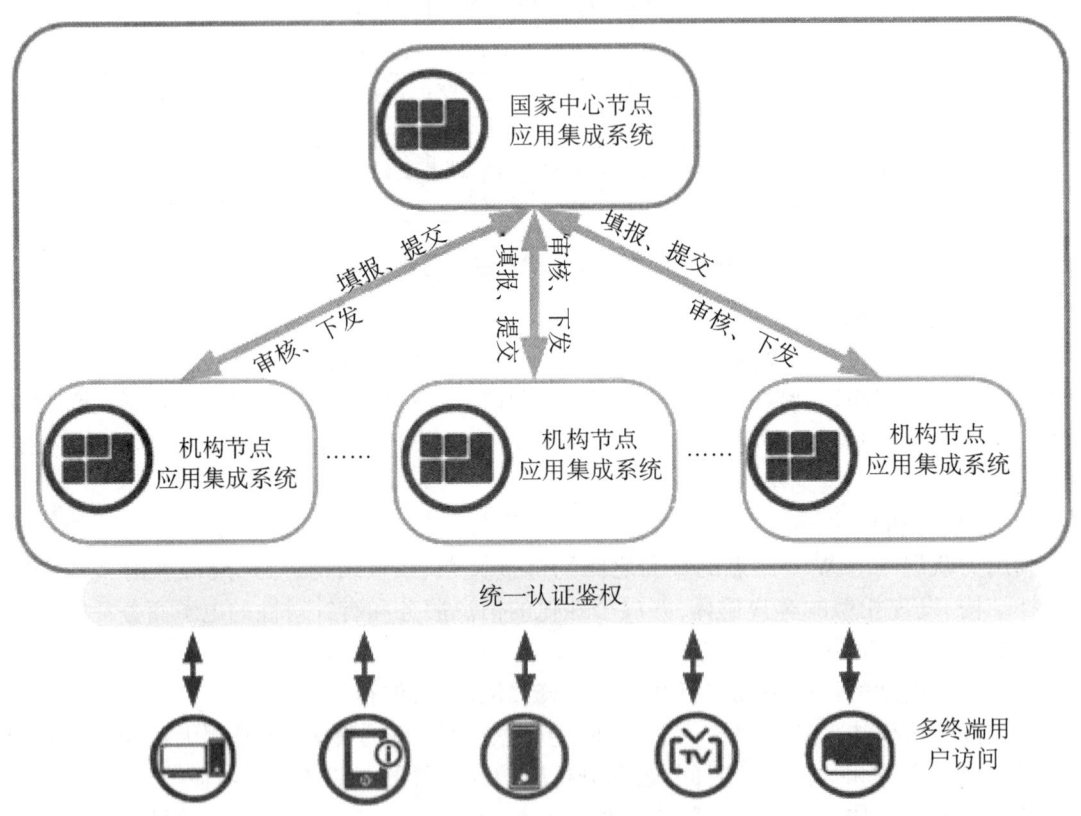

图7-10 应用集成系统示意图

7.4.1 统一认证鉴权

统一认证鉴权系统主要是对管理用户和公众用户实现统一的用户认证功能,为现存的和即将开发的各应用系统提供一个跨系统的认证平台,解决系统间用户管理混乱、用户使用不便、安全性差等问题。用户只需登录一次,就可访问接入统一认证的不同业务系统和各地特色应用。

7.4.2 用户(机构)权限管理

建设文化大数据资源和文化应用访问的统一用户/机构/权限管理系统,实现对各种公共文化数字资源的有效共享和管理。公众用户、各级文化共享机构需要在平台上注册,登记用户和机构信息(同时平台也保留匿名访问功能)。系统管理员可授权用户和机构不同的访问或管理权限。

后台管理提供自定义前端、后端桌面,海量的图片、图标管理,系统的详细日志和备份恢复等。主要包括:后台管理桌面、前端桌面创建和维护、背景库管理、图标库管理、日志管理和系统备份等。

7.4.3 应用集成共享

系统平台的架构应该满足3个方面的应用整合需要,它们分别是:整合基本用户业务之间的业务流程和数据资源;整合基本业务与其他系统之间的数据资源;整合新建的信息系统与原有信息系统之间的软、硬件及数据资源。新一代的互联网技术 Web Service 是构建这种架构的最佳方案。

Web Service 是下一代的万维网,它允许在 Web 站点上放置可编程的元素,能进行基于 Web 的分布式计算和处理。Web Service 是封装成单个实体并发布到网络上供其他程序使用的功能集合。Web Service 是用于创建开放分布式系统的构件。

合作单位用户可在导航子系统上申请应用的发布,经过相应的审核人员审核通过后,应用可在应用集市上显示,并可添加到相应的桌面上,经授权后,用户则可在导航子系统上进行应用的访问。导航子系统管理员也可对应用集市上的应用进行管理,包括新增、编辑、下架等操作。

建设面向互联网或移动互联网的前端用户访问的应用和资源导航系统,采用 B/S 架构、最大限度降低客户端维护工作;采用多桌面形式、便于未来在导航子系统中通过滑屏显示很多资源;根据用户登录注册的身份形态访问不同主题的内容桌面,方便使用者快速访问自己需要的内容。

7.4.4 应用开发环境

为文化资源的创作者和加工者,提供应用构建工具库。开发者可以使用应用构建工具按照应用规范开发出各类应用组件,并发布到内容展现门户或应用门户中,供公众或者其他创作、加工者使用。

同时,为提高文化大数据资源共享能力,系统提供接入国家、省、市、县,以及其他文化机构的文化应用系统的能力,包括为各种应用系统提供受控的运行环境(由云平台基础资源提供),应用的监控和管理,应用的自动化部署和监控,系统门户整合、业务处理整合、数据交换和数据整合等。

7.5 内容应用服务技术

内容应用服务是文化大数据第三方服务平台对外承接文化服务和数据提供的重要功能,通过数据和内容的集成、分析、发现,为文化科技服务、文化产品传播、文化消费促进等提供资源和决策支持,从而促进大众创业、万众创新。根据文化大数据应用需求,平台主要提供5方面的服务技术:数据开放共享、专题资源服务、产业分析决策、文化导航检索、定制化文化数据服务等。具体说明如下:

7.5.1 数据开放共享服务

文化大数据是我国公共文化领域以及文化产业从事文化服务和消费过程中建设的大量具有文化和知识价值的数字资源以及运营数据等,涉及图书馆、美术馆、博物馆、档案馆、文化馆、文保单位、演艺娱乐、网络文化、动漫产业、文化科技等众多行业,具有时空动态性、复杂性、异构性、海量性等大数据特点,是构成我国文化体系的重要基础资源,也是促进我国文化大繁荣和大发展的宝贵财富。随着现代信息技术、互联网、物联网、大数据技术的应用与深入,不同文化机构正源源不断地生产和积累的文化数据资源,获取难度日益提高,成本加大,不同单位之间的数据资源难以充分利用和共享,严重制约了文化规模化发展和整体效益的发挥。文化大数据第三方服务平台旨将现有已建立的文化领域数据资源进行整合,全面盘活文化产业链所急需的数据资产,建立支持文化应用系统、可提供跨部门及社会化共享的分布式资源系统,构筑核心数据共享和应用服务平台,促进文化大数据内容的广泛应用,最大限度满足社会需求。

文化大数据开放共享基于网络的分布式数据管理与服务平台,通过对文化细分领域各机构的文化数据资源分布管理,依托第三方服务平台网络,通过互联网门户为相关部门和社会公众提供数据服务支持。数据开放共享技术体系如图7-11所示。

1. 元数据目录服务

元数据目录服务是在第三方服务平台建立元数据管理系统,网络用户通过访问该系统可以快速了解文化领域资源数据集的有关信息,为"在线""离线"索取数据提供信息服务。文化资源开放共享清单目录目前已初步建立,随着各类文化资源元数据的不断建设,元数据库内容将更加全面。

2. 文化资源共享服务

文化资源共享服务是利用WebGIS技术,使用户可以对各机构文化资源(文本、图片、影像等不同类型资源)进行浏览、编辑、分析、更新和下载等操作。文化资源共享服务系统采用数据库技术,提供对异构数据的统一管理和集中发布服务。该服务可根据用户需求定制数据,并通过网络分发给用户。

3. 产业数据共享服务

产业数据共享服务系统是为网络用户提供文化素材、产业运行、目录数据、文化科技、文化消费、相关文档等信息服务。产业数据共享服务是利用适合于开发基于 Web 的分布式系统的 Web Services 技术并和 XML、SOAP、WSDL、UDDI 等标准来实现不同系统之间的数据交换和集成，提供对产业数据的浏览、查询、下载等功能。

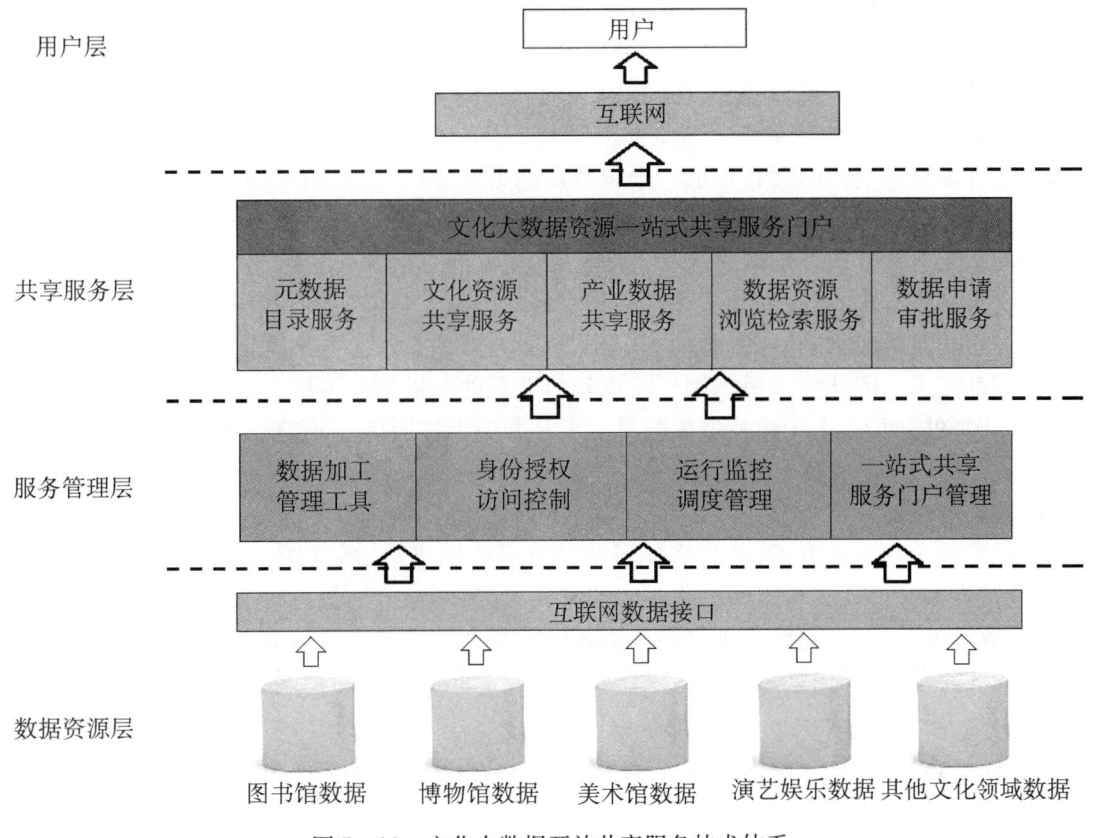

图 7-11 文化大数据开放共享服务技术体系

4. 数据资源浏览检索服务

该服务是基于导航的文化资源数据网上发布系统。该系统以元数据统一仓储为模式，预先对各机构文化资源数据进行处理与制作，生成发布数据，应用金字塔和网格地图技术对发布进行存储、管理和发布。网络用户通过该系统可以快速地检索、定位和访问到不同文化机构资源数据，并可对数据做查询、批量化下载等操作。

5. 数据申请审批服务

该服务模式针对一些属于非公开或涉密的文化资源数据，不能直接在互联网上提供，需要通过规定的程序办理手续后到资源数据管理部门获取数据。该系统是基于互联网建立一个网上数据申请、审批的流程，使用户与资源数据管理部门不直接接触而是通过网络来办理数据申请手续，然后，以"离线"方式去领取数据。

7.5.2 内容发现与检索

随着数字技术的迅速发展和网络环境的形成，一种公共文化服务的新形态——公共数字文化服务应运而生,并显示出越来越强大的生命力。公共数字文化服务是公共文化服务与数字文化相结合的产物,它以满足社会的公共文化需求为目的,以政府公共财政为支撑,以数字化资源为依托,以网络化传播为载体,向全体社会公众提供公共文化产品和服务,是利用信息技术提高公共文化服务效能的重要途径。近年来,公共数字文化服务可谓风生水起,各种不同类型的公共文化服务机构都在致力于开展公共数字文化服务,图书馆、博物馆、文化馆、美术馆、非物质文化遗产管理机构等纷纷将各自的文献或文化资源加工转化为数字资源,为社会公众提供各种不同形式的数字文化服务。然而,在网络环境下,公众更需要一个功能强大的信息服务系统,能够在同一平台上检索不同来源的文化资源,获取更为方便快捷的"一站式"文化和信息服务。这就要求要对公共文化服务机构分散无序、相对独立的数字对象进行类聚、融合和重组,形成一个服务效能更好、效率更高的新的数字资源体系,这成为公共数字文化服务中的一个重要课题[29]。

公共文化机构应该在明确需求和目的基础上,不断扩展文化资源整合内容和类型,满足不同层次的文化需求,丰富公共文化产品和服务的内容。目前来看,我国由于在公共文化资源整合方面的实践较少,整合资源内容、形式还比较单一,远远不能满足公众不断变化的数字文化信息需求。因此应该根据用户需求和内部条件积极拓展不同模式的文化资源内容类型整合。国家层面上,由于面临资源数量庞大和服务群体范围过于宽泛等障碍,很难做到兼顾各个方面的内容。在这种情况下,限定主题或学科领域,或提高整合资源的遴选标准都是解决问题的方法之一[30]。

在资源整合和发现方面,公共文化资源整合需要图书馆、博物馆、档案馆、文化馆、美术馆、科技馆等多个公共文化服务机构主体的共同参与,所整合的信息资源对象囊括了众多学科门类,数量极其巨大,类型特别繁多。主客体的复杂性必然导致公共数字文化整合中多种元数据标准并存、不同信息系统的互操作难以进行等问题。然而在网络环境下,用户更希望建立一个统一检索平台,"一站式"地获取各类公共文化服务机构的数字资源。纷繁复杂的元数据标准与公共文化资源需求接口单一性之间的冲突,使得元数据互操作问题的解决势在必行[31]。

元数据的互操作是指在由不同的组织制定与管理且技术规范不尽相同的元数据环境下,要向用户提供一个统一的数据检索界面,确保系统对用户的一致性服务。也就是说,元数据互操作问题就是不同元数据格式间的信息共享、转换和跨系统检索等相关问题[32]。元数据的互操作是分层次的,因此互操作问题也必须分层次解决。第三方服务平台应当基于以下模式实现不同机构文化内容元数据的互操作:

1. 模式级元数据互操作

(1)建立统一的元数据标准

采用统一的元数据标准是指在一个联盟内或一个知识库内采用统一的元数据标准,以获得高度的一致性。理论上讲,这是一种从根本上解决元数据互操作问题的方法[33]。每一个条目固定的元数据应当包括标题、描述、地点、时间、主题、条目类型、机构及语言等,附加字段提供了条目的物理特性或其他相关主题信息。这种方法适合于资源类型相似或同类文化领域的资源元数据整合,在不用耗费过多人力物力的前提下,有效地确保了各合作伙伴在资源组织过程中的一致性。但是在不同应用领域和应用层次已存在多达四十余种元数据格式的开放信息环境下,对于资源整合量达数以亿计的其他资源整合项目而言,这种方法并不总是可行或现实的。很多公共文化服务机构的数字资源已经采用了不同的元数据描述方式,在对其进行整合的过程中若采取一种统一的元数据标准,将不利于充分利用合作机构已有资源,从而耗费巨大的人力、物力和财力[34]。这种情况下,就有必要采用其他的元数据互操作方式和技术。

(2)应用规范

元数据应用规范(Application Profiles)是一种元数据标准规范的应用形式,也可以看成是一种规范的元数据方案。允许在应用中采用组合来自多个不同的元数据标准中的数据元素,并对"混合型"数据方案从内容和形式上进行规范,保证具有相似的基本结构和通用元素[35]。可以将都柏林核心集 DC 作为数字资源描述与保存的基本格式,在这个基本格式的基础上通过组合自建元数据等元数据格式,建立专门的元数据应用规范,确保各机构采用的元数据格式具有相似的基本结构和共同元素,并具有不同深度和细节以满足不同的需要。

(3)映射

元数据映射(Metadata Mapping/Metadata Crosswalks)又称元数据对照,是从一个元数据格式的元素、语义和语法到另一种元数据格式的元素、语义和语法的映射,通过一对一、多对一及多对多等多种方式映射,以解决语义互换及统一检索问题。相较于其他互操作方式,元数据映射在项目创建的初始阶段应用,可以从根本上提高互操作的范围,且采用这一方式的简易程度高于采用统一的元数据标准这一方式,因此适合于公共文化资源整合项目广泛采用。元数据映射转换准确、转换效率高,是一种比较有效的元数据互操作方式,但同时也有其局限性:一是元素之间无法做到避免完全映射带来的信息丢失问题;二是这种映射方法在涉及的元数据格式数量较少时可以很好地发挥作用,但随着元数据格式数量的增多,映射的工作量将大大增加,应用效率从而明显降低。

2. 记录级元数据互操作

公共文化资源整合项目通常是对已采用不同元数据描述标准的多种公共文化服务机构的数字资源进行整合,在项目建设过程中,很多元数据记录已经产生,映射等模式级互操作方式无法有效满足已赋值的元数据互操作需求,这就需要借助复用、集成等方式,实现各机构的元数据记录间的整合。复用与集成方式遵循元数据组织模块化原则,一条元数据记录的各个组成部分可以被当作不同的独立单元,按需要将不同元数据源的这些单元组合在一起,或重新应用这些单元来产生新的记录。在模块化的元数据环境中,各种标准、词表、应用规范和其他模块中的不同类型的元数据元素,都可以按互操作的方式组合在一起[36]。公共文化资源整合实现复用与集成的方式以 RDF/XML 为主。RDF 是 W3C 提出的基于 XML 的用于描述 Web 资源的标准,它提出了一个简单的模型用来表示任意类型的数据,即"资源—属性—值"三元组。RDF 通过这个三元组来提供元数据的基本使用模式,并通过 XML Namespace 机制引用已有的元数据格式中的元素定义,从而直接使用合适的元素作为属性名来描述相应的资源。因此,只要有一个系统能解析 RDF 的标准描述框架,就能解读相应的元数据格式。

3. 仓储级元数据互操作

(1)互操作协议

公共文化资源整合通常由多个机构合作完成,整合的数字资源多为分布式存储,且存在由于规划导致的异构状态。此时跨库检索面临的一个主要问题是检索结果无法以系统一致的格式显示,同时分布式独立元数据资源还存在另一个问题,即每一个元数据源的提供者都可能各自使用不同的元数据标准来建立数据记录。解决这种问题可以通过定义一个公认的、彼此遵循的检索协议开展仓储级的元数据互操作。此协议应该满足以下基本条件:本身具备互操作性;允许用户在协议范围内建立满足自己特殊需要的元数据格式;具有可操作性,简单、灵活且易于遵循[37]。

支持元数据互操作的协议有很多种,如 OAI-PMH(Open Archives Initiative Protocol for Metadata Harvesting,开放档案元数据收割协议)、Z39.50、ZING(SRU/SRW)等,公共文化资源整合根据建设的需求可选择应用。

(2)API

公共文化服务机构为了支持远程和平台调用自身资源,还可以通过提供本机构的 API 来实现元数据记录的互操作。API(Application Program Interface,应用程序接口)功能是将系统原有的登录方式、数据的检索与浏览、数据管理与更新等操作及参数按照某种协议进行封装,外部程序就可以按照封装后的调用方式通过 API 实现与系统的数据交互。

利用 API 开展元数据互操作的优势在于:API 是对操作及操作参数和功能调用的封装,与内容无关;服务提供方通过调用 API 进行解析和链接而获取资源与服务,不必再根据内容的变化而不停地维护资源链接,从而大大降低了工作负担[38]。

综上,公共文化资源整合的参建机构性质多样,所采取的元数据标准存在很大差异。即使机构的性质相同,由于自身一些固有的特点,所采用的标准也不尽相同,在这种情况下,建立一个统一的元数据模型十分必要。同时,以某种单一的方式彻底解决元数据互操作问题是不大现实的。我国公共文化资源整合采用的元数据互操作方式主要集中在映射和协议等方面,单一的方式会直接影响到互操作的广度和深度,所以丰富元数据互操作方式是我国公共文化资源整合面临的主要问题。综合采用映射、应用规范、RDF/XML、协议、API 等多种方式促进或实现模式级、记录级、仓储级各级别的元数据互操作尤为重要。

7.5.3　产业分析与决策

经过多年的发展,我国文化产业已经由探索、起步、培育的初级阶段步入快速发展新时期,在理论探索、政策部署与实践总结方面都取得了不俗的成就。而且,做大文化产业的愿景已成为各地发展现代服务产业、实现经济结构调整和城市功能升级的必然路径依赖[39],从这个新的起点出发,文化大数据第三方服务平台应当在汇聚文化产业数据基础上为政府部门提供产业分析和决策支持。

目前,由于计算机网络技术的快速发展,人工智能、数据库等技术也日趋成熟,这给产业智能决策支持系统的研究和发展提供了相应的技术支持。本平台充分利用人工智能技术和大数据技术,实现对产业运营数据进行汇集、分析和挖掘,促进文化产业更快更好发展。平台采用的智能化决策支持系统采用数据仓库技术,主要包括三大主体[40]:

第一个主体是决策支持的基础——模型库系统和数据库系统的结合。数据仓库从大量的事务性数据中抽取数据为决策问题提供定量分析的辅助决策信息,同时将数据清洗转换为新的数据格式,给智能决策分析提供数据基础。

第二个主体是数据仓库和 OLAP(Online Analytical Processing,联机分析处理)的结合。OLAP 从数据仓库中提取综合数据和信息,并对这些数据做进一步的深加工,反映所提取的数据的内在本质,解决了对大量数据进行数值计算的问题。

第三个主体是数据仓库与数据挖掘专家系统的结合。数据挖掘利用数据挖掘技术,从数据库和数据仓库中挖掘知识,然后把挖掘到的知识放入专家系统的知识库中,由进行知识推理的专家系统实现定性辅助决策。

集成系统结构如图 7-12 所示。

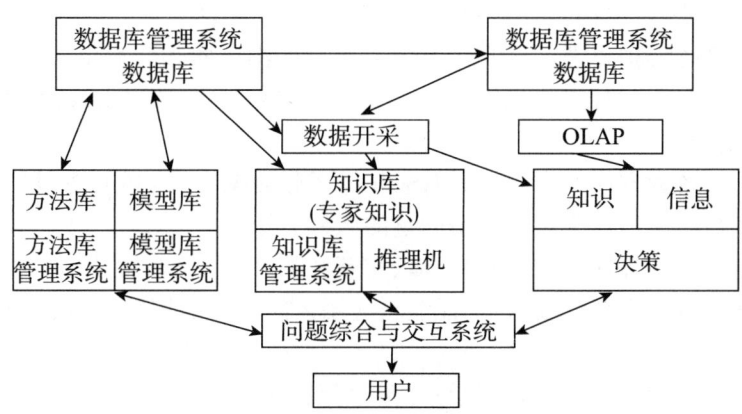

图 7-12 智能决策支持系统架构

数据仓库、联机分析处理和数据挖掘技术为文化产业智能决策支持系统的建设提供了技术支持。基于数据仓库的决策支持系统是以数据仓库为基础,以联机分析处理与数据挖掘为工具的新型产业决策支持系统。其中,数据仓库是对源数据库中抽取的数据进行综合、集成和转换,从而得到面向全局的数据视图;联机分析处理以数据仓库中的内数据为发起点,进行多维数据分析;数据挖掘功能是自动地挖掘数据中隐藏的信息模式,并基于此预测未来的发展趋势。数据仓库、联机分析处理和数据挖掘三者是相辅相成的,彼此相互结合、相互补充、相互依赖,共同支持文化产业的决策。基于数据仓库的决策支持系统以知识和模型为主体,结合大量数据,针对决策问题既可以进行定量分析,又可以进行定性分析,形成定量和定性相结合的辅助决策支持信息;而数据仓库和数据挖掘技术既能处理来自不同系统、不同数据格式的数据,又能够进行复杂数据的计算,从而能够更好地完成辅助决策任务。

7.5.4 定制化数据解决方案

定制化数据解决方案是为满足社会和用户个性化文化服务需求而构建特色应用系统,应用系统能够在本地发挥较好文化服务作用,是受本地区公众用户认可度较高、具有全国推广服务价值的服务性应用软件系统。

定制化数据解决方案的构建包括需求调研、服务定位、功能设计、技术实现及与服务平台基础软件系统中应用集成系统的对接等工作。在开发定制特色应用系统过程中,应循序如下原则:

(1)在分析需求和充分调研论证的基础上,开展特色应用系统建设;
(2)应结合本地优势和特点进行特色应用系统的选建工作;
(3)所建特色应用系统应具有全国示范推广意义;

（4）原则上与服务平台项目中已规划建设系统不可相同或相类似；

（5）鼓励建设适合多种移动终端设备（如手机、平板电脑）及多种操作系统的特色应用。

特色应用系统的建设主要包括两种方式：

一是遵循特色应用系统开发标准和规范自行建设，并在服务平台上部署和应用。二是建设服务平台特色应用系统开发环境，使用服务平台应用开发工具包进行建设和部署。

对于第一种方式，需要约定开发的标准和规范，目前包括：

①特色应用系统架构要求：采用 B/S 架构，支持的浏览器和分辨率参考应用集成系统的多终端子系统的浏览器和分辨率规格要求。如必须采用 C/S 结构实现，须支持多终端子系统的多种终端规格要求。

②特色应用系统数据库要求：采用 MySQL 等开源数据库，如必须使用其他收费数据库，须自提供应用的数据库适用于大用户访问量的版权。

③特色应用系统的界面要求：简单易懂、交互性强。

④特色应用系统的安全性要求：不能泄露应用访问的其他用户信息，不能泄露敏感的内容信息。

⑤特色应用系统数据内容版权要求：除数字支撑平台提供的素材库或资源库等已经具备版权的内容外，其他内容资源须提供相应的自主版权。

⑥特色应用系统数据维护要求：特色应用须提供自维护或同步等方式的数据维护和内容更新功能。

⑦特色应用系统需满足对接平台的统一认证规范及接口、应用接入规范及接口、应用数据统计接口等。

对于第二种方式，可基于服务平台的应用开发环境创建、调试和部署应用，在满足以上应用开发要求的同时，还需实现应用接口的匹配。

特色应用系统与服务平台的对接包括界面、功能、流程和数据等 4 个部分。

①界面对接：服务平台的导航应用或其他应用融合另外一个应用的操作界面。

②功能对接：相关应用互相调用对方系统提供的功能，或者调用服务平台内公共的基础服务功能。

③流程对接：对多个基于流程的应用（基于工作流引擎或者 Hard Code），将其流程连接成整体性的流程，并且可以进行整体性的监控和管理。

④数据对接：对接分布在不同系统中的信息和数据，进行综合性数据应用。

7.6 系统的建设与开发

系统的建设与开发要以高效的模块化工作方式进行，系统兼容性和扩展性良好，主要开发模式和关键技术有以下几种：

7.6.1 基于构件技术的系统搭建模式

面向构件技术整合了传统的构件技术、模型驱动技术和面向服务技术。构件的意义超越了技术层面的代码集合,而是真正做到与业务层面的内容相映射。构件将成为表达业务需求的最小单元,在特定行业中,通过积累可以形成相对完备的客户业务需求构件库,以构件组装的形式快速搭建客户的应用;以构件修改和构件增减的方式快速满足客户业务需求的变化。另外,从构件的技术实现角度来说,可以用四个要素来陈述软件构件模型:构件本身、该构件的插口、构件与其他构件协作的能力以及构件的使用者。

面向构件的开发是一种软件开发手段,在开发周期的不同阶段和不同方面,包括需求分析、结构、设计、建立、测试、上线、支撑性技术架构、项目管理等,都以构件为基础,同时为了使构件可随时用于组装,这些构件必须作为项目的零件来建造。

建议采用面向构件的系统分析与设计方法,以减少代码量和复杂性,增加构件的可重用性,从而增加系统的灵活性和扩展性,使得系统能够稳定运行。

7.6.2 基于组件模型的系统内核结构

组件模型是系统架构的一种形式,软件开发过程包括功能模型、面向对象模型和组件模型。广义上讲,组件就是实现一类业务功能的、可重用的、可独立部署和设计的程序集合,这些程序有明确和完善的接口定义,通过接口完成功能请求,具体实现则通过封装机制屏蔽,而内部通过多种设计模式,保证组件的合理性。

采用组件模型可以通过业务功能封装在不同的组件中,实现功能分解,降低系统的耦合度,保证系统中的各个组件能够独立地修改和扩展。同时,组件模型还支持通过组件扩展系统功能,保证系统能够可持续地进行扩展。

在本平台的设计过程中,通过提炼业务功能需求和系统需求,分解业务处理流程,把系统划分为若干通用组件和若干业务功能组件。通过系统平台提供的组件管理工具实现组件的配置和管理,通过流程和功能把组件整合成相应的系统功能,这样,可以从两个方面保证系统的可持续扩展能力:

(1)充分利用已有的成熟通用组件,加快系统的开发速度,通过更换这些通用组件,可以实现基本功能层面的功能扩展;

(2)抽象并实现业务功能组件,实现业务功能的快速搭建,通过扩展业务组件,可以实现业务功能扩展。

通用组件和业务组件是应用系统稳定、持续、高效运行的核心组成部分。总的来说是将逻辑及应用的同类或相似的概念和方法抽象出来,以类的形式加以约束和实现,并定义相应的接口,也即定义数据的输入输出的规范;再将逻辑或功能相关的类集合在一起构成一个组件(类包),来完成一个或一组功能的实现;最后是将各个组件统一进行封装,给表示层提供清晰明确的接口,并通过自身相对数据层的访问接口与其进行通信。

7.6.3 基于门户服务的用户访问

门户服务为系统用户提供信息登记、审核、查询、浏览的窗口。它是工作人员工作的平台。

门户服务为各类应用提供集成与展现的平台,通过门户强大的管理功能将各个应用系统的信息有机的整合起来。将各个应用系统包装成服务,作为门户的模块,进行统一的单点登录认证,极大地简便了操作,提高了应用间的协同工作能力。

门户服务提供一个信息交互中心,为信息提供个性化和便携访问的单一入口点,把各类应用的信息资源展示出来,实现资源的最大利用。门户服务允许用户通过网络访问个性化的界面和应用来获取自己所需要的信息。通过信息门户用户并不需要深入地了解各个烦琐的业务系统就可以进行自我服务。

利用门户服务丰富的内容展现,灵活的系统结构,有效的安全机制,可以为领导、工作人员、社会公众提供信息展现服务,为广大的用户提供更加全面的信息服务,使之成为信息资源集中展现、访问集中控制、权限集中管理、应用系统集中操控的单一门户。

参考文献

[1] White T. Hadoop:the definitive guide[M]. USA:O'REILLY' Media,1988.
[2] Chansler R, Kuang H, Radia S, et al. The Hadoop distributed file system:the architecture of open source applications[EB/OL]. [2017-07-07]. http://www.aosabook.org/en/hdfs.html.
[3] Dean J, Ghemawat S. MapReduce:Simplified data processing on large clusters[J]. Commanicetions of the ACM, 2008, 51(1):107-113.
[4] Dormando. About Memcached[EB/OL]. [2017-07-07]. https://www.memcached.org/about.
[5] Apache. What is ZooKeeper[EB/OL]. [2017-07-07]. http://zookeeper.apache.org/.
[6] 房秉毅.云计算国内外发展现状分析[J].电信科学,2010(8A):1-6.
[7] 马晓亭,陈臣.云计算环境下图书馆 IaaS 平台的技术架构与安全策略[J].图书馆理论与实践,2012(11):1-3.
[8] 刘学平.馆藏数字资源关联知识发现过程的实现路径[J].图书馆建设,2015(6):37-42.
[9] 许微.基于知识发现机制的企业决策支持系统构建研究[D].湘潭:湘潭大学公共管理学院,2013:11-16.
[10] 王思丽,刘巍,祝忠明,等.语义化的知识资源发现方法探析[J].图书馆学研究,2014(9):2-6
[11] 杨蕾,李金芮.国外公共数字文化资源整合元数据互操作方式研究[J].图书与情报,2015(1):15-21.
[12] 王萍,陈为东,黄新平.国内数字文化资源整合研究进展[J].2016(6):6-13.
[13] 肖希明,刘巧园.基于元数据仓储的公共数字文化资源整合研究[J].图书馆,2015(9):17-21,26.
[14] 沈妍,肖希明.我国公共数字文化资源整合现状与实现条件——对几个典型项目的剖析[J].图书馆,2015(9):6-10,40.
[15] 赵红颖.图书档案资源数字化融合服务实现研究[D].长春:吉林大学,2015.
[16] 秦雪平.图书馆、档案馆与博物馆数字资源整合研究:以世界数字图书馆为例[J].情报探索,2013(1):69-72.
[17] 刘巧园,肖希明.基于 XML 中间件的公共数字文化资源整合研究[J].图书情报知识,2015(5):82-88.
[18] 肖希明,完颜邓邓.基于本体的公共数字文化资源整合语义互操作研究[J].国家图书馆学刊,2015(3):43-49.
[19] 王雨.基于社会网络分析的数字图书馆资源聚合研究[D].长春:吉林大学,2014.
[20] 陈兰杰,侯鹏娟.数字文献资源关联关系揭示方法研究[J].图书馆,2015(2):42-45.
[21] 肖希明,张芳源.公共数字文化资源整合中行为主体的角色及职能研究[J].图书情报工作,2015,59(11):21-27.
[22] 王凤,李英成,丁晓波.静态平面文化资源数字化方法研究[J].北京测绘,2015(1):62-65,137.
[23] 穆向阳.图书馆数字资源整合策略研究[J].图书馆学研究,2015(2):46-53.
[24] Quinlan J R. Induction of decision tree[J]. Machine Learning,1986,1(1):81-106.
[25] 刘俊,刘希玉.关于数据挖掘中聚类分析的研究进展[J].网络安全技术与应用,2010(8):63-65.

[26] 石正喜,葛科奇,曹财耀.基于关联规则的数据挖掘算法研究[J].计算机与网络,2013(6):62-64.
[27] 王婷.面向知识服务的企业知识挖掘系统设计[J].科技创业月刊,2015(21):113-115.
[28] 胡静芳.基于关联规则的Web日志数据分析系统[J].电脑知识与技术,2008(16):1190-1191.
[29] 肖希明."国外公共数字文化服务资源整合研究"专题引言[J].图书与情报,2015(1):1.
[30] 肖希明,李金芮.国外公共数字文化资源整合模式及其借鉴[J].图书与情报,2015(1):9-14.
[31] 杨蕾,李金芮.国外公共数字文化资源整合元数据互操作方式研究[J].图书与情报,2015(1):15-21.
[32] 陈虹涛,李志俊.元数据的标准规范及其互操作性[J].情报杂志,2005(7):93-95.
[33] 申晓娟,高红.从元数据映射出发谈元数据互操作问题[J].国家图书馆学刊,2006(4):51-55.
[34] 秦雪平.图书馆档案馆与博物馆数字资源整合研究——以世界数字图书馆为例[J].情报探索,2013(1):69-72.
[35] 韩夏,李秉严.元数据的互操作研究[J].情报科学,2004(7):812-814.
[36] Zeng M L, Chan L M. Metadata interoperability and standardization-A study of methodology, Part II [EB/OL].[2017-07-07]. http://mirror.dlib.org/dlib/june06/zeng/06zeng.html.
[37] 孔庆杰,宋丹辉.元数据互操作问题技术解决方案研究[J].情报科学,2007(5):754-758.
[38] 宋琳琳,李海涛.大型文献数字化项目元数据互操作调查与启示[J].中国图书馆学报,2012(9):27-37.
[39] 祝碧衡.加强文化产业决策中的情报服务[J].图书情报工作,2011增刊(1):253-257.
[40] 李晓东.面向大数据的企业智能决策支持系统发展趋势分析[J].企业科技与发展,2016(1):11-14.

8 文化大数据创新应用与人才培养机制研究

计算机诞生、互联网的出现,推动人类文明进入了信息时代,近年来信息技术的不断积累,全球数据量有了爆发式增长,奠定了大数据技术的基础。对于各个行业来说,数据的作用越来越明显,大数据思维作为一种全新的方法论,有别于传统机械思维强调确定性和因果关系。在无法确定因果关系时,数据为我们提供了解决问题的新方法[1],也就是从海量的数据中发现相关性来探究事物规律,并利用大数据促进行业创新发展。

我们对于文化大数据这个概念有个基本共识,也就是公共文化服务领域的资源和行为数据。纵观大数据在文化领域的研究和应用现状,各国都意识到"文化+"大数据可能产生的巨大影响,开始挖掘公共服务服务需求、配置资源和服务等环节[2]。总体来说,我国文化大数据研究还在起步阶段,因为文化数据存量和分布差异巨大等因素,一些公共文化机构所开展的探索,还只是冰山一角,更广泛的文化资源和活动有待数据化,现存巨量的文化数据有待挖掘。

2015年我国发布《促进大数据发展行动纲要》(以下简称《纲要》),对大数据发展和创新提出指导性、前瞻性的发展战略,《纲要》中明确优先推动20个行业领域的大数据开放共享,其中文化行业排在第八位,要求构建文化传播大数据综合服务平台。《纲要》中也提出了大数据"数据开放共享不足、缺乏顶层设计和统筹规划、创新应用领域不广"等问题。习近平总书记曾指出:文化延续着我们国家和民族的精神血脉,既需要薪火相传、代代守护,也需要与时俱进、推陈出新[3]。如何培育文化大数据创新应用环境,已经成为文化行业在大数据时代面临的策略性、机制性问题。

综合上述情况,文化大数据创新应用策略研究聚焦文化大数据的发展问题,找到影响我国文化大数据创新应用的客观因素,并分析其他行业领域大数据创新应用策略,提出现阶段适宜我国国情的促进文化大数据创新应用的若干机制。

8.1 文化大数据创新应用与人才培养机制的研究意义

文化大数据创新应用与人才培养机制研究,核心目标就是找到促进文化大数据创新应用的系列策略,促进文化大数据资源目录体系、标准规范体系、开放共享研究、综合服务等重要领域的发展,鼓励研究成果向文化服务、文化产业转移转化,提升整个文化大数据的技术能力和制度保障。

8.1.1 解决开放共享的核心问题

文化的大数据的关键问题就是促进数据资源的开放共享。综观《纲要》的内容架构,其核心是推动各部门、各地区、各行业、各领域的数据资源共享开放[4]。在《纲要》正文中,"共享"共出现59处"开放"共出现36处,主要任务中的第一条就是"加快政府数据开放共享",充分显示了数据共享开放对国家大数据发展的极端重要性。虽然,我国各行业信息化建设开展多年,但"不愿共享开放""不敢共享开放""不会共享开放"的情况依然较为普遍。通过文化大数据创新应用机制的建立,首先完善数据开放的法律法规、制度建设基础,形成对政府部门和公共机构的刚性约束、考核评价,提高对数据开放共享的认识程度和动力;其次加快文化大数据创新应用,让公共机构切实看到数据开放共享的价值,以创新应用带动文化数据的信息化,加快文化资源的数字化进程;最后建立数据开放标准和安全保障体系,明确数据开放标准和数据权责、明确数据安全边界,打消对数据开放共享的担忧。

8.1.2　促进文化大数据创新应用

现阶段文化行业大数据发展缓慢,其根本原因在于文化大数据创新应用不足。数据时代不仅仅意味着大数据在信息技术领域带来的变革,更意味着数据驱动带来的种种创新。大数据的价值,不仅是大数据技术本身,更是应用创新产生的经济社会价值[5]。《纲要》明确指出,"坚持创新驱动发展,加快大数据部署,深化大数据应用,已成为稳增长、促改革、调结构、惠民生和推动政府治理能力现代化的内在需要和必然选择",并将"深化大数据在各行业创新应用"作为《纲要》的指导思想。

8.1.3　顺应时代发展的紧迫要求

开展大数据应用创新,是互联网时代对文化行业提出的要求和挑战。一方面,互联网改变了人们的生活方式和思维习惯,用户不仅仅是文化产品的消费者,同样也是内容生产的参与者甚至决定者。另一方面,大数据正在改变着文化行业的运营模式。传统文化产业中,科技研发与创新应用的作用并不凸显。而在"互联网+"环境下,网络、信息技术的创新应用直接决定着产品生产速度,大数据分析引导决定着市场效果和占有率。此外,科技的日新月异造成新产品融入市场和淘汰的周期越来越短,这些都迫使文化行业从业者们必须把握时机,开展大数据创新应用的探索与实践,只有这样才能在"互联网+"时代有所作为,持续发展。

8.1.4　通过机制的完善促进行业发展

开展大数据应用创新,也是繁荣文化产业、提升文化价值、推进文化创新和发展的宝贵机遇。数字化技术革新将持续推动文化资源和数据建设,提高存储能力,丰富文化内容;海量数据将极大地降低文化产品的生产成本,进而推动文化成果全民共享;用户数据的收集、挖掘和分析将更好地把握用户文化需求,提高文化生产资源配置效率,激发文化创造活力;大数据创新应用将进一步加速传统文化行业优化升级;利用大数据开展管理模式创新,将为文化产品和文化市场增添新的活力;开展文化大数据创新应用,将进一步推动我国文化与科技融合发展,促进"大众创业、万众创新",传承弘扬中华优秀传统文化,推动中华文化走出去。

8.2　大数据创新应用实践与策略分析

大数据在公共文化服务领域的研究和应用才刚刚起步,其创新应用机制的建立仍处在探索阶段。在大数据应用较早、实践较为充分的如医疗、交通、教育等行业,在过去几年的实践中,陆续开始进行本行业内创新应用机制的探索。由于行业内容的差异,具体的创新应用机制各有侧重,但其也显示出一些共性的策略,可以为文化大数据创新应用机制的建立提供借鉴。

8.2.1 数据驱动视角不同行业创新应用实践

1. 医疗行业

(1) 重视数据的开放与共享

各国相继制定医疗大数据开放共享政策,搭建大数据开放平台,保障医疗数据在行业间能更好地互通共享。

美国联邦政府制定健康数据计划(Health Data Initiative),发布标准化格式数据,保障相关利益方能获得标准格式的数据[6]。

英国数据战略委员会将英国国民医疗服务系统的数据进行整理并分类开放,这些数据对医学研究、医药制造以及全英乃至全球的医疗健康服务体系都有着极其重要的价值。

2016年6月,我国发布《国务院办公厅关于促进和规范健康医疗大数据应用发展的指导意见》,提出坚持开放融合、共建共享,鼓励政府和社会力量合作,推动形成各方支持、依法开放、便民利民、蓬勃发展的良好局面[7]。

(2) 大力发展医疗大数据应用研究

临床医学实践中积累着大量宝贵的医疗数据。各国都建立了专门的医疗大数据研究机构,通过学术研究、信息收集、医学项目等形式,对医疗大数据的发展应用进行分析,用以更好地服务于临床治疗。

2013年5月,全球第一个综合运用大数据技术的医药卫生科研机构成立,该科研机构致力于破解新药开发过程中遇到的瓶颈,未来还将汇集各种医药学科及计算机科学等领域高端人才,对医疗数据进行集中分析[8]。

2016年3月,由华东理工大学、上海梅斯医学、上海市经济与信息化委员会及上海市经济与信息化委员会共同打造的"华理-梅斯生物医药开放链接大数据研究中心"成立。这是我国首个生物医疗开放大数据研究中心,旨在通过对开放链接大数据的研究,实践"开放·链接·服务"的理念,为政府提供政策参考,为医院提供知识库查询等辅助服务[9]。

(3) 重视医疗大数据专业人才培养

《国务院办公厅关于促进和规范健康医疗大数据应用发展的指导意见》中,提出了加强健康医疗信息化复合型人才队伍建设,包括实施国家健康医疗信息化人才发展计划,强化医学信息学学科建设和"数字化医生"培育,着力培育高层次、复合型的研发人才和科研团队,培养一批有国际影响力的专门人才、学科带头人和行业领军人物;创新专业人才继续教育形式,完善多层次、多类型人才培养培训体系,推动政府、高等院校、科研院所、医疗机构、企业共同培养人才,促进健康医疗大数据人才队伍建设[10]。

2. 交通行业

(1) 共建数据开放平台,促进交通大数据深度应用

在探索交通大数据深度应用方面,各国政府交通运输部纷纷携手科研中心、企业等,对设立大数据开放平台,为各级各类机构进行大数据研究、探索交通大数据深度应用铺平了道路。

美国加利福尼亚州运输部与 IBM 研究中心及加利福尼亚大学伯克利分校加州创新运输中心合作,对交通大数据的管理进行研究[11];我国交通运输部与百度地图合作,推出首个交通大数据平台"出行云",面向全社会提供数据开放、决策支持、应用开发等功能[12]。此外,美国自然科学基金会 NSF 和国防部下属的 DARPA 也资助了不少大学的研究团队研究利用大数据从整个都市的层面优化交通的项目[13]。

(2)交通大数据分析师应运而生

随着交通数据分析和信息服务产业的发展,交通大数据分析人才的需求也越来越大。因此,培养交通数据分析师将成为交通工程专业的新任务[14]。

在我国高德、中国交通通信信息中心、深圳市城市交通规划设计研究中心有限公司等单位都于近几年开始招聘"交通大数据分析师"岗位人才,也从侧面反映出了交通领域对大数据复合人才的强烈需求。

3. 教育行业

(1)教育部牵头探索教育大数据实施应用

教育大数据对改善教学质量、提供学生个性化指导起着至关重要的作用,世界各国教育部门相继开始重视大数据在教育领域的结合与应用,并从国家层面给予了推动和扶持。

2012 年 10 月,美国教育部发布《通过教育数据挖掘和学习分析促进教与学》报告,针对数据挖掘和分析两个方面进行了解读,并提出了大数据教育应用挑战和实施建议[15]。

2013 年,法国发布《数字化线路图》,大力支持包括大数据在内的战略性高新技术。在此基础上,法国教育部首先践行大数据理念,推出了四项数字化服务[16],更好地保障教育资源的获取和利用。

我国教育部自 2009 年起开始搭建"国家教育管理信息系统",旨在实现全国数据大集中,为教育大数据挖掘及教育决策做好准备。2016 年 6 月,教育部下发《教育信息化"十三五"规划》,进一步提出配合国家《大数据发展行动纲要》等大数据政策,全面带动教育信息化发展[17]。

(2)通过研究与实践探索教育大数据创新应用

为了更好地挖掘和利用教育数据,高校、教育产品公司、教育研究机构等通过设立教育大数据研究所、启动教育大数据项目、实验课题等方式探索教育大数据的创新应用内容及模式。

2015 年,我国成立中国教育大数据研究院,领衔十余家高校和教育研究机构发起《中国教育大数据发展促进计划》,率先提出推动中国教育大数据发展的"路线图",并针对大数据在教育行业的应用进行了一系列分析研究。

此外,各高校和教育研究机构也纷纷建立了实践课题和研究项目,探索大数据给教育教学、学生管理、心理筛查等多个维度的创新应用模式,为面向学生提供更好的教育和服务提供了新的思路和方法。如电子科技大学"寻找最孤独的人"项目,通过收集学生使用校园卡数据,分析学生的生活状态、与其他学生的互动情况、朋友关系,从而筛查出行为轨迹相对孤僻的学生,进行及时的心理筛查和干预[18]。

8.2.2 共性策略对文化大数据创新应用的启示

通过对其他行业大数据驱动创新应用实践的梳理可以看出,不同行业与大数据融合形式不同,但其本质上推动创新应用行为的策略是大致相同的,这也侧面反映出行业大数据创新应用制度设计、人才培养等方面的建设对行业大数据发展及创新应用的重要性和必要性。

在整体大数据环境的带动下,各行业领域开始根据自身需求和特点,逐步形成了开放共享的系列机制,为行业大数据资源的统一战略部署、资源共享、学术研发等提供坚实的政策保障。在此基础上,各国政府及相关领域管理部门纷纷对行业大数据融合进行统一战略部署,对行业大数据进行统一平台搭建、实现数据开放共享。与高校、科研单位合作建设国家级大数据研究中心,与企业联手开展行业大数据实践项目,设立全国行业大数据开放共享平台,为大数据在行业内的共享和流动提供支持,有效推动了整体行业大数据探索与应用的联动和发展。

在行业大数据人才培养方面,各个行业都意识到劳动力结构正在发生变化,大数据人才将在行业内将扮演更为重要的角色。在一些行业内,开始制定如专门数据科学家等行业大数据人才培养方案,以期将大数据人才引入相关领域,更好地带动数据驱动视角下行业的发展。面对逐年扩大的大数据人才需求缺口,众多高校已经意识到大数据人才建设的紧迫性,开始将大数据相关课程纳入高等教育学科建设中,以培养适应大数据时代需求的复合型人才。

目前,我国文化大数据应用刚刚起步,还有许多层面仍待研究、探索。在这个过程中,可以以其他行业中总结出来的创新应用策略作为参考,结合文化大数据本身的特点去论证、分析文化领域的大数据应用路径,推动文化大数据更好的发展和应用。

8.3　文化大数据创新应用机制

创新应用机制建设不是一个单一的过程,需要从顶层设计、体系搭建、人才培养等方面共同发力,从多个维度为创新应用策略的指定和实施提供保障,推动行业整体发展。对于文化大数据创新应用机制的建立,需要从建立组织实施机制、完善开放共享支撑服务体系、成立文化大数据创新研究中心、加强文化大数据安全保障、建立文化大数据人才培养机制等方面着手,全面推动大数据在公共文化事业中的创新应用。

8.3.1　建立文化大数据组织实施机制

文化大数据创新应用是一项错综复杂的系统工程,需要在科学有效的长期战略指导下、在专门领导机构的决策部署下有步骤、有计划地实施,更需要做好统筹协调,形成职责明晰、协同推进的工作格局。

制订出台文化大数据发展规划。随着大数据技术和产业的发展,我国政府出台了以《促进大数据发展行动纲要》为核心的大数据国家战略规划,明确了开展大数据推广应用的战略目标、实施内容、重点领域和保障机制等,为我国占领大数据竞争高地提供了实施路径。但其中涉及文化大数据的内容甚少且缺乏可操作性,国家层面对大数据在文化领域应用和创新的关注较少。文化行业应尽快制定文化大数据发展规划,阐释文化大数据的重要价值和意义,明确发展内容,规划重点项目,提升技术水平,做好经费、人才培养等保障措施,为文化大数据发展与创新应用提供宏观依据和行动指南。

成立文化大数据领导小组。为推动国家文化大数据建设与应用创新,强化统筹管理,建议在文化和旅游部内成立文化大数据领导小组,并下设办公室,作为专门机构统筹协调全国文化大数据发展与应用。其主要职责包括做好顶层设计,制订文化大数据发展规划及相关政策措施;推动数据开放与数据共享;指导文化大数据研究工作,持续增加经费投入,鼓励相关主体开展文化大数据创新,助力技术研发与应用转化;统筹地方政府结合自身条件,科学有序开展文化大数据建设,突出地方特色,避免重复建设,形成个性化、差异化、富有地域特色的文化大数据资源布局。

建立协调管理机制。文化大数据发展与创新应用涉及不同的公共文化机构,而这些机构隶属于不同的文化行政管理部门,且系统与地方"条块分割",缺乏宏观层次的统筹规划和协同配合。为了保障文化大数据创新应用的顺利进行,必须建立跨行政系统的大数据协调管理机制,统筹安排资源和服务,对文化大数据发展中出现的问题进行协调,明确各部门数据共享与开放的范围边界和使用方式。除公共文化机构以外,文化大数据发展还应与文化产业以及科技、信息、传媒、旅游、金融等其他行业和领域紧密合作,打破传统的行业和技术壁垒,生产新的价值链条,激发更大的创造活力。这都需要相关部门充分引导、督促各文化机构之间协同配合,推动文化大数据不断创新。

8.3.2 完善文化大数据开放共享支撑服务体系

大数据发展的核心动力在于数据共享与开放。开展文化大数据创新应用,首先要实现所有公共文化机构之间的数据共享以及文化大数据向社会、公众的开放,这就需要建立统一的标准规范体系,合理的知识产权分配制度和科学的利益分配机制,形成开放共享支撑服务体系。

制定统一的标准规范。文化大数据开放共享的基础条件是数字资源的整合,而资源整合的关键是标准化,即各公共文化机构必须按照统一的标准组织、加工、存储和传递数字资源,按照标准提交数据,或者提交的数据能够按照统一的标准实现数据格式的转换。因此,各公共文化机构开放共享必须成立标准化工作协调部门,研究和制订出适用于公共文化资源整合的元数据标准、对象数据标准和相关大数据工作的标准规范。

完善知识产权机制。文化大数据资源整合涉及的知识产权问题,包括整合前资源的知识产权归属、整合后资源的知识产权归属及整合后提供服务过程中可能带来的知识产权问题,这些问题必须通过机制建设合理解决。整合前必须依据相关法律确认拟整合资源的知识产权归属;整合后资源的知识产权是归属于参与合作的公共文化服务机构,还是确立另外的知识产权主体,则需要通过建立合理的制度来解决;资源整合后提供服务的过程中还需要建立知识产权保护机制、知识产权依法规避机制以及知识产权防范机制等。

发挥投入与评价的激励作用。开展文化大数据创新应用必然会涉及各参与主体的权利、义务以及利益的分配问题。投入与产出的不对等必然使一些机构丧失创新动力。因此,应该建立科学合理的制度,对在创新应用过程中付出较多、贡献较大的机构给予相应的补偿,对表现突出的工作人员给予奖励。此外,应当建立有效的监督与评价机制,并将评价的结果用于制定或调整相应的资金分配政策。根据我国公共文化服务绩效评估现状,文化大数据创新应用的绩效评价体系应着重强调以下两点:一是在科学可靠的研究基础上,完善指标体系的内容设计,并为每一项指标分配分值权重,突出评估的重点,细化考核标准;二是运用合适的评价方法进行评估,既要注重资源建设、经费投入等输入效益,又要兼顾服务质量、服务类型等输出成果效益。

8.3.3 成立文化大数据创新研究中心

目前,关于文化大数据的研究尚处于起步阶段,实践探索还存在着大片空白。要实现文化领域和大数据等相关学科的协同与创新,应当建设由政府主导,以各研究机构为主体,广泛整合和吸纳公共文化机构、高校、企业在内的文化大数据创新研究中心,搭建政府、文化机构和产业之间的桥梁和纽带[19]。

文化大数据创新研究中心,根据其职能定位应当具备一些客观条件。第一,研究中心定位于解决与公共文化服务直接相关,与国家大数据战略紧密联系,影响我国经济社会发展、文化传播,并需整合多学科知识的问题;第二,研究中心能够提供可行的研究计划,具备整合研究中心和外部资源达到计划设计目标的能力;第三,研究中心要和一个以上的从事文化大数据研究实践的公共文化服务机构、文化产业或其他组织对接合作;第四,研究中心能够提供文化大数据领域的课程,具有专业人才培养的能力[20]。

鉴于美国工程研究中心模式取得的瞩目成绩,以及我国工程研究中心实践经验,文化大数据创新研究中心的组建不妨以美国工程研究中心(Engineer Research Center,ERC)的运行模式为基础,并结合我国国情,借鉴我国国家工程研究中心的模式,由政府主导,遴选文化机构、高校、研究所等实体机构,承担文化大数据不同子领域的研究,提升整个文化大数据的创新应用能力。

8.3.4 加强文化大数据安全保障

在推动文化大数据创新应用的同时,如何充分保障数据安全、信息安全和网络安全也成为重要挑战。完善文化大数据安全保障体系,建立安全制度、推进相关立法、保护个人信息安全,是推动文化大数据创新应用的根本前提。

建立文化大数据安全制度。建立数据安全管理责任制度,明确责任主体和具体要求。制定信息安全等级保护、科学分类、风险评估制度。强化安全支撑,确保关键信息基础设施和核心系统自主、可控、稳定、安全。

推进文化大数据相关立法进程。推进政府公开条例修订,细化对数据资源采集、传输、存储、利用、开放等环节的管理规范,保证政府数据在安全可控的前提下最大限度地实现开放共享。加快制定和完善专门针对公共文化开放共享大数据的文化政策,并使之上升为法律法规,从而保证公共文化大数据体系的构建运行有规可循、有法可依[21]。

加强个人信息安全保护。用户信息是文化大数据的重要来源。用户在互联网上的各类行为会透露出诸如兴趣爱好、地理位置、财产情况等许多个人信息。在充分挖掘、利用这些行为数据的同时,需要明确界定哪些信息是可以公开使用的,哪些是用户的个人隐私禁止使用和传播,同时明确制定文化大数据在收集、公开、应用和交换等诸多环节相对应的法律法规和行业自律机制,严格尊重和保护公民隐私权。

8.4 文化大数据人才培养机制

大数据时代的到来,使社会生产生活模式发生了重大变革,各行各业对大数据人才的需求日益旺盛,对大数据人才的培养愈发重要。因此,文化领域需要建立科学、有效的文化大数据人才培养机制,培养一批既熟悉文化行业特点,又掌握大数据技术的复合型大数据人才队伍。

8.4.1 明确文化大数据人才需求

大数据应用对于文化领域而言尚属于新事物,传统文化行业更注重文化本体或载体的传播、保护治理与服务,对于文化数据的有意识收集和利用较少。因此,目前文化行业的人才结构中,需要进一步探索大数据与文化行业的契合点,以确定文化大数据背景下的人才需求。

国务院《促进大数据发展行动纲要》中提出,要在文化领域开展大数据应用示范,推动传统公共服务数据与互联网、移动互联网、可穿戴设备等数据的汇聚整合,开发各类便民应用,优化公共资源配置,提升公共服务水平[22]。因此,将文化大数据进行更好的应用,一是要加大对大数据发掘、分析、处理人才的供给,培养能服务于文化行业的"数据分析师"和"数据科学家",为文化领域用好大数据提供保障;二是要培养"文化—大数据"对接型人才,树立文化工作者的"大数据观",将大数据与文化行业有机结合,将大数据的思维和理念运用到图书馆、博物馆、美术馆、非物质文化遗产与民间文艺工作中去,切实提升文化事业公共服务水平。

8.4.2 加强艺术文化类院校大数据人才培养

由于大数据应用在各行业才刚刚起步,目前高校教育与学科培养方向尚未与大数据背景下社会行业需求进行有效对接,人才产出与需求之间存在着断层。艺术文化类院校应肩负起培养文化大数据人才培养的责任,进一步完善学科建设,注重大数据课程与文化相关专业的学科融合,打造文化大数据复合型人才。

一是要将大数据课程纳入通识课程,培养艺术文化类院校学生的大数据素养。各高校应将统计学、数据采集、数据分析等大数据相关课程纳入高校通识教育体系中,开设学科基础课、专业选修课,将大数据的知识和理念与学生主修专业相融合,提高文化专业学生的数据素养,了解文化行业大数据的应用方向、获取方式及数据统计技能,更好地与文化大数据市场对接。

二是要在艺术文化类院校开设具有文化艺术行业特色的数据科学类专业,培养精准把握文化行业走向的文化大数据专业人才。在数据科学学科设置的基础上,凸显文化艺术行业特色,专业基础课程向与文化行业应用相关的方面倾斜,增设文化艺术相关的基础课程,使学生具备将大数据相关知识技能与图书馆学、博物馆学、文物保护等文化艺术类行业相融合的能力。

8.4.3　加速文化大数据人才培养向产业应用有效转化

培养文化大数据人才的最终目的在于将大数据更好地应用于行业建设,推动我国文化行业更好的发展。因此,文化大数据人才的产出应与文化行业现实应用有效对接,将高校学科人才培养、专业性研究与产业应用进行及时转化,实现专业设置与产业需求、课程内容与职业标准、教学过程与生产过程"三对接"。

在培养文化大数据人才过程中,应注重政府顶层设计、高校学科建设与人才培养、学术研究与企事业单位之间的相互联通,将产、学、研、用有机结合。可以参照目前大数据人才产学研结合较为完善的其他行业领域,建立文化大数据协同创新联盟,有效整合各方资源和优势,共同探索大数据如何作用于文化领域,搭建集政策、学术探索、"订单式"教育、市场合作为一体的人才培养平台,完善文化大数据人才培养环境,促进行业快速发展。

此外,高校还应通过设立大学生创新创业竞赛、创办文化大数据相关研究实践项目、开展文化大数据学术论坛等方式,鼓励和引导学生主动探索文化与大数据的结合、大数据驱动下文化行业发展路径等现实问题,并通过参与各项科研及实践活动完成对大数据技能的补充,更好地适应大数据环境下文化行业新的人才需求。

综上所述,文化大数据创新应用策略研究是文化大数据应用规划研究的一部分,与文化大数据建设资源目录体系研究、文化大数据服务标准规范方案设计、文化大数据资源整合与对外开放服务方案研究、文化传播大数据综合服务平台方案研究、文化大数据创新开放共享支撑服务关键技术研究另外五个研究课题相互呼应,从某种意义上讲探索了对其他五个研究的支撑策略和机制保障、催化剂。

我国文化大数据创新应用的"土壤"已经具备,各类文化机构进行了一些大数据的探索应用。大数据所带来的技术革命、思维革命会不断影响各类行业的发展,会引发新旧行业的融合与重组。基于此,我们着眼于提升行业大数据创新应用的策略、机制层面,归纳了促进大数据创新应用的一般性策略:一是有效的顶层设计和规划,设立相应的组织机构,对于促进我国文化大数据发展有重要的指导意义;二是构建文化大数据创新研究中心是带动文化大数据技术创新、加快产业应用,落实政策、产业、教学、科研、应用闭环链条的有效途径;三是结构合理、后备充沛的专业人才队伍则是文化大数据金字塔的基石。

我们期待这些策略能够对推动我国公共文化服务的标准化和均等化发展,满足公众日益旺盛的文化需求,开展公共文化领域的开放化、社会化创新起到些许作用。这些策略必定存在可以完善的空间,有待进一步实践检验。当然,数据的积累是一个循序渐进和不断发展的过程,唯有跨越某个临界点,当文化数据充分体现出海量性、多维性、完备性、及时性,才会引发整个行业创新应用的爆发。

参考文献

[1] 吴军. 智能时代:大数据与智能革命重新定义未来[M]. 北京:中信出版集团,2016:89.
[2] 曹磊,马春. 国内外公共文化大数据应用实践研究[J]. 图书馆杂志,2015(12):9-15.
[3] 新华社. 习近平:在中国文联十大、中国作协九大开幕式上的讲话[R/OL]. [2016-11-30]. http://www.xinhuanet.com/politics/2016-11/30/c_1120025319.htm.

[4] 新华网.《关于促进大数据发展行动纲要》解读[R/OL].[2015-09-17].http://www.xinhuanet.com/info/2015-09/17/c_134632375.htm.
[5] 闫傲霜.大数据时代的创新资源共享[N].科技日报,2014-04-13(2).
[6] 朱彦,徐俊,朱玲,等.主要发达国家医疗健康大数据政策分析[J].中华医学图书情报杂志,2015(10):13-17.
[7] 国务院办公厅.国务院办公厅关于促进和规范健康医疗大数据应用发展的指导意见[EB/OL].[2016-06-24].http://www.gov.cn/zhengce/content/2016-06/24/content_5085091.htm.
[8] 本刊编辑部.国外大数据政策环境一瞥[J].中国建设信息,2015(3):46-49.
[9] 华东理工大学新闻网.华理-梅斯生物医药开放链接大数据研究中心成立[EB/OL].[2016-03-14].https://news.ecust.edu.cn/news/37190?important=1.
[10] 国务院办公厅.国务院办公厅关于促进和规范健康医疗大数据应用发展的指导意见[EB/OL].[2016-06-24].http://www.gov.cn/zhengce/content/2016-06/24/content_5085091.htm.
[11] 陈美.大数据在公共交通中的应用[J].图书与情报,2012(6):22-28.
[12] 中国科技网.百度地图与交通运输部推出首个交通大数据平台[EB/OL].[2016-11-18].http://www.stdaily.com/wzhlw/hlw/2016-11/18/content_333564.shtml.
[13] 吴军.智能时代:大数据与智能革命重新定义未来[M].北京:中信出版集团,2016:142.
[14] 段征宇,杨东援.大数据时代的交通数据分析人才培养的思考[J].教育教学论坛,2015(29):207-209.
[15] 徐鹏,王以宁,刘艳华,等.大数据视角分析学习变革——美国《通过教育数据挖掘和学习分析促进教与学》报告解读及启示[J].远程教育杂志,2013(6):11-17.
[16] 长江商报.法国国家教育部推出四项数字化服务[EB/OL].[2013-05-08].http://www.changjiangtimes.com/2013/05/442272.html.
[17] 中华人民共和国教育部.教育部关于印发《教育信息化"十三五"规划》的通知[EB/OL].[2016-06-07].http://www.moe.gov.cn/srcsite/A16/s3342/201606/t20160622_269367.html.
[18] 电子科技大学.用大数据寻找电子科大最孤单的800个同学[OL].[2015-10-12].https://mp.weixin.qq.com/s/NJU_MtdS3_e3zf1aiDeczw.
[19] 牛栋,杨辉,田原,等.工程研究中心发展的中美差异分析及其思考和启示[J].中国科学院院刊,2015(02):257-261.
[20] 柳春,夏迪,王健.美国工程研究中心发展及模式分析[J].科技管理研究,2014(16):27-31.
[21] 肖希明,李琪.公共数字文化服务合作机制研究[J].图书与情报,2016(4):31-37.
[22] 国务院.促进大数据发展行动纲要[EB/OL].[2015-09-05].http://www.gov.cn/zhengce/content/2015-09/05/content_10137.htm.

结　语

本书首先梳理了国内外文化大数据的建设和研究现状,提出了文化大数据模型。对各地建设文化大数据的情况进行了调研,包括国家图书馆、故宫博物院以及上海、嘉兴、重庆、内蒙古等地的文化机构。进一步提出了我国文化传播大数据综合服务平台的建设方案。

目前,文化大数据的平台基础技术框架已经相对成熟,体系化的底层技术能有效地支撑文化传播大数据综合服务平台的搭建。未来可以通过构建国家数字图书馆大数据综合服务平台,着力推进大数据技术在文化传播中的应用,对全国文化资源数据进行统一汇集,并对数据进行深度的质量优化、组织与关联;通过全面收集用户数据,并通过对用户数据的挖掘实现文化资源组织与揭示形式的优化;将规范化、可开放、高质量的文化资源数据进行开放与共享,并建立引导机制,鼓励社会力量参与这些文化资源数据的开发与利用;将文化资源数据与社会数据进行共享与融合,为国家文化相关决策提供支撑。

国家数字图书馆大数据综合服务平台主要建设内容包括三个方面:

一、数据收集与融合体系。一方面建设优秀数字资源体系,针对不同的用户群体,建设优秀的资源库,形成优秀数字资源库群。另一方面建立全方位数据收集体系,面向PC、手机、可穿戴设备等终端进行全面数据收集。此外,还要积极融合其他相关领域、跨领域数据,从多方面保证数据完整性与覆盖面。

二、大数据处理中心。建立全国数字图书馆大数据处理中心,对文化资源、用户行为、关联数据、相关领域数据等各种数据进行质量提升与管理,并利用数据挖掘、关联分析、聚类、复杂网络等技术对数据进行智能化分类与处理。

三、数据开放与运营平台。统一搭建国家文化大数据运营平台。建立运营机制,并遵循统一开放标准,将文化资源数据向社会开放,与社会力量共同开发与利用文化资源数据,提高文化传播效率;选择优质的社会数据与文化资源数据进行融合,利用大数据技术进行分析与挖掘,充分激发数据的潜力与活力,推动文化传播、全民阅读、文创产业的繁荣。

我国文化大数据的研究与应用刚刚起步,仍有一些问题需进一步探讨,例如:如何进一步实现我国文化大数据价值路径,如何释放我国丰厚文化大数据的价值,如何实现社会效应和商业价值的统一。以下三方面的问题值得我们继续关注。

首先是平台建设要考虑的问题。(1)采集数据。在课题研究工作中,数据的采集与处理占据非常重要的作用,本书中作为验证性的平台收集的数据仅涵盖部分核心数据,且数据净化自动化程序处理比例不高,部分环节通过工程师手工处理来实现,因此在实际大数据建设工作需要在数据的采集与处理方面花费更大精力。(2)扩大收集范围。除了收集文化机构中的数据之外,还应该关注社会数据的收集,将外部数据作为内部数据的重要补充和完善,并可以同社会机构合作进行用户的互相引流和交换,扩大用户群体的同时增加数据收集渠道。(3)数据质量处理。本次进行数据分析之前,对于收集的数据进行了整合、清洗等处理,但是并没有进行深度的数据质量处理,质量处理本身是一个成体系和无止境的过程,同时对于数据分析又往往起到非常重要的作用,因此在大数据建设工作中需要建立数据质量管理体系,对收集来的数据进行数据一致性、完整性、精确性、唯一性等方面质量提升。并且随着分析工作的开展和业务的发展,在允许的情况下,建立统一的数据质量管理体系,对数据从计划、获取、存储、共享、维护、应用、消亡生命周期的每个阶段里可能引发的各类数据质量问题,进行识别、度量、监控、预警等一系列管理活动,并通过改善和提高组织的管理水平使得数据质量获得进一步提高。(4)实时分析与离线分析相结合。数据分析方式有实时动态分析、离线静态分析等几种。本书中论及的试验平台目前是对所有所收集数据进行离线分析,这样分析出来的结果势必存在一定的时滞性。在实际大数据建设中需要对数据分类,时效性要求较强的数据,利用流数据分析等技术进行数据的实时入库和数据的实时计算,对于时效性要求不强的数据,根据业务类型制定数据定期更新策略,通过实时分析与离线分析相结合的模式实现文化大数据分析。(5)与其他系统的连接。大数据平台应当与其他系统建立双向连接,一方面是数据的采集和收集,尤其是对于有实时分析需求的数据,应当建立起来实时映射;另一方面分析平台分析出的数据结果集及可视化图形,应能应用于其他系统,如排行、推荐、个人画像、资源画像等。

其次是建立大数据发展与保障机制。(1)建立反馈机制。数据分析的目的是为了推动业务发展和服务优化,因此要建立完善问题反馈机制,将数据分析出来的优化建议、决策支持、问题,顺利、及时地反馈至业务和服务,同时根据业务与服务需求进行总结归纳,形成数据模型作用于数据分析,从而形成一个完整的闭环。(2)组建数据分析与运营团队。数据分析与运营工作需要有专人进行潜心研究和发展,因此应当在全国范围组建专业的数据分析与运营团队,一方面保证数据工作的开展,另一方面从数据运营角度对数据提出需求,促进各业务环节和服务环节的数据建设。

最后一个关键问题是数据运营。对数据进行分析,对这些数据中所蕴含的价值进行深入挖掘,以运营的思路和方式使这些数据资产活起来。主要从对内和对外两个角度说明数据运营思路。(1)对内进行数据运营,一方面实现决策支持、业务调整和服务优化,例如扩大用户群体、提高用户活跃度、减少用户流失、提高资源利用、优化资源结构、资源推荐、专题推送、对青少年群体进行阅读推广等。(2)面针对不同业务方向和行业建立多种分析模型,挖掘其中深层次的价值。例如:由于图书馆的特殊性,行为数据中隐含着非常权威的文化关注方向和科研走向,如果对这些价值点进行深入挖掘,以指数、报告等形式发布出去,对文化行业甚至是其他各行业来说都能起到非常有价值的支持作用。(3)数据开放。将资源数据进行一定程度的开放,基于文化数据资源系统建立 API 接口,使外部机构能够对文化资源数据进行推广、宣传、二次开发等合作;将用户数据进行一定程度开放,与社会机构合作,进行用户共享与互相导流,共同扩大用户群,提升用户黏度和活跃度。(4)合作运营。目前不少行业大数据发展较为迅速,也有社会机构专于大数据分析与运营,可以探索国家文化数据与社会机构合作进行数据运营的模式,发挥公共文化服务机构的行业优势和数据优势,借鉴其他机构的经验和运营能力,共同投入人力、物力和资金,发掘文化大数据的价值。

附 录

附录1 国内已经发布或在研的大数据标准规范一览表

序号	标准编号	标准名称	状态
1	20141191-T-469	信息技术大数据术语	在研
2	20141190-T-469	信息技术大数据技术参考模型	在研
3	GB/T 18142—2000	信息技术数据元素值格式记法	已发布
4	20101507-T-469	信息技术数据元素值表示—格式记法	准备报批
5	GB/T 18391.1—2009	信息技术元数据注册系统(MDR) 第1部分:框架	已发布
6	GB/T 18391.2—2009	信息技术元数据注册系统(MDR) 第2部分:分类	已发布
7	GB/T 18391.3—2009	信息技术元数据注册系统(MDR) 第3部分:注册系统元模型与基本属性	已发布
8	GB/T 18391.4—2009	信息技术元数据注册系统(MDR) 第4部分:数据定义的形成	已发布
9	GB/T 18391.5—2009	信息技术元数据注册系统(MDR) 第5部分:命名和标识原则	已发布
10	GB/T 18391.6—2009	信息技术元数据注册系统(MDR) 第6部分:注册	已发布
11	GB/Z 21025—2007	XML使用指南	已发布
12	GB/T 23824.1—2009	信息技术实现元数据注册系统内容一致性的规程 第1部分:数据元	已发布
13	GB/T 23824.13—2009	信息技术实现元数据注册系统内容一致性的规程 第3部分:值域	已发布
14	GB/T 32392.1—2015	信息技术互操作性元数据模型框架(MFI) 第1部分:参考模型	已发布
15	GB/T 32392.2—2015	信息技术互操作性元数据模型框架(MFI) 第2部分:核心模型	已发布
16	GB/T 32392.3—2015	信息技术互操作性元数据模型框架(MFI) 第3部分:本体注册元模型	已发布
17	GB/T 32392.4—2015	信息技术互操作性元数据模型框架(MFI) 第4部分:模型映射元模型	已发布
18	GB/T 32392.5—2015	信息技术互操作性元数据模型框架(MFI) 第5部分:过程模型注册元模型	在研
19	GB/T 32392.7—2015	信息技术互操作性元数据模型框架(MFI) 第7部分:服务模型注册元模型	在研
20	GB/T 32392.8—2015	信息技术互操作性元数据模型框架(MFI) 第8部分:角色与目标模型注册元模型	在研
21	GB/T 32392.9—2015	信息技术互操作性元数据模型框架(MFI) 第9部分:按需模型选择	在研

续表

序号	标准编号	标准名称	状态
22	GB/T 30881—2014	信息技术元数据注册系统(MDR)模块	已发布
23	GB/T 30880—2014	信息技术通用逻辑(CL):基于逻辑的语言族框架	已发布
24	2010-3325T-SJ	信息技术元数据属性	在研
25	20141201-T-469	信息技术数据交易平台通用功能要求	在研
26	20141200-T-469	信息技术数据交易平台交易数据描述	在研
27	20141172-T-469	多媒体数据语义描述要求	在研
28	20141203-T-469	数据质量评价指标	在研
29	20141194-T-469	信息技术科学数据引用	在研
30	20141202-T-469	信息技术数据溯源描述标准	在研
31	20141204-T-469	信息技术通用数据导入接口规范	在研
32	GB/T 12991—2008	信息技术数据库语言SQL 第1部分:框架	已发布
33	GB/T 28821—2012	关系数据管理系统技术要求	已发布
34	GB/T 30994—2014	关系数据库管理系统检测规范	已发布
35	GB/T 32633—2016	分布式关系库服务接口规范	已发布
36	20121409-T-469	非结构化数据表示规范	已报批
37	20121410-T-469	非结构化数据访问接口规范	已报批
38	GB/T 32630—2016	非结构化数据管理系统技术要求	已发布
39	20141183-T-469	实时数据库通用接口规范	在研
40	20141184-T-469	数据能力成熟度评价模型	在研
41	GB/T 20009—2005	信息安全技术数据库管理系统安全评估准则	已发布
42	GB/T 20273—2006	信息安全技术数据库管理系统安全技术要求	已发布
43	GB/T 22080—2008	信息技术安全技术信息安全管理体系要求	已发布
44	GB/T 22081—2008	信息技术安全技术信息安全管理实用规则	已发布
45	GB/T 31496—2015	信息技术安全技术信息安全管理体系实施指南	已发布
46	20130323-T-469	信息安全技术个人信息保护管理要求	在研
47	20130338-T-469	信息安全技术移动智能终端个人信息保护技术要求	在研
48	无	信息安全技术个人信息保护指南	已立项
49	GB/Z 28828—2012	信息安全技术公共馆及商用服务信息系统个人信息保护指南	已发布

注:本附录整理时间截止到2017年2月底。

附录2 国内已经发布的文化行业标准规范一览表

标准号	中文标准名称	标准状态
GB/T 7713.3—2009	科技报告编写规则	现行
GB/T 7713.1—2006	学位论文编写规则	现行
WH/T 26—2007	舞台灯具光度测试与标注	现行
QB/T 1599—2006	书画纸	现行
JGJ 25—2010	档案馆建筑设计规范	现行
WH/T 25—2007	剧场等演出场所扩声系统工程导则	现行
WH/T 0302—2000	歌舞厅灯具通用技术条件	现行
GB 7000.217—2008	灯具 第2—17部分：特殊要求舞台灯光、电视、电影及摄影场所（室内外）用灯具	现行
GB/T 6161—2008	缩微摄影技术 ISO2号解像力测试图的描述及其应用	现行
GB/T 5795—2002	中国标准书号	已废止
GB/T 5702—2003	光源显色性评价方法	现行
GB/T 4963—2007	声学标准等响度级曲线	现行
GB/T 3792.4—2009	文献著录 第4部分：非书资料	现行
GB/T 9999—2001	中国标准连续出版物号	现行
GB/T 9705—2008	文书档案案卷格式	现行
WH 0301—1993	歌舞厅扩声系统的声学特性指标与测量方法	已废止
GB/T 9468—2008	灯具分布光度测量的一般要求	现行
GB/T 9384—1997	广播收音机、广播电视接收机、磁带录音机、声频功率放大器（扩音机）的环境试验要求和试验方法	已废止
GB/T 9002—1996	音频、视频和视听设备和及系统词汇	现行
GB/T 17739.2—2006	技术图样与技术文件的缩微摄影 第2部分：35mm 银—明胶型缩微品的质量准则与检验	现行
GB/T 8987—2008	缩微摄影技术缩微摄影时检查负向光学密度用测试标板	现行
GB/T 7922—2008	照明光源颜色的测量方法	现行
GB/T 788—1999	图书和杂志开本及其幅面尺寸	现行
GB/T 7714—2005	文后参考文献著录规则	现行
GB/T 7518—2005	缩微摄影技术在35mm卷片上拍摄古籍的规定	现行
GB/T 7517—2004	缩微摄影技术在16mm卷片上拍摄古籍的规定	现行
GB/T 7516—2008	缩微摄影技术缩微拍摄用图形符号	已废止
GB/T 2900.65—2004	电工术语照明	现行
GB/T 7002—2008	投光照明灯具光度测试	现行
GB/T 6161—1994	缩微摄影技术2号测试图的特征及其在缩微摄影技术中的应用	已废止
GB/T 6160—2003	缩微摄影技术源文件第一代银—明胶型缩微品密度规范与测量方法	现行
GB/T 6159.6—2003	缩微摄影技术词汇 第6部分：设备	现行

续表

标准号	中文标准名称	标准状态
GB/T 6159.3—2003	缩微摄影技术词汇 第3部分:胶片处理	现行
GB/T 6159.4—2003	缩微摄影技术词汇 第4部分:材料和包装物	现行
GB/T 6159.1—2003	缩微摄影技术词汇 第1部分:一般术语	现行
GB/T 5795—2006	中国标准书号	现行
GB/T 4894—2009	信息与文献术语	现行
GB/T 4129—2003	声学用于声功率级测定的标准声源的性能与校准要求	现行
GB/T 3860—2009	文献主题标引规则	现行
GB/T 3792.7—2008	古籍著录规则	现行
GB/T 3792.3—2009	文献著录 第3部分:连续性资源	现行
GB/T 3792.2—2006	普通图书著录规则	现行
GB/T 3792.1—2009	文献著录 第1部分:总则	现行
GB/T 3179—1992	科学技术期刊编排格式	已废止
GB/T 3179—2009	期刊编排格式	现行
GB/T 2901—2012	信息与文献信息交换格式	现行
GB/T 20501.2—2013	公共信息导向系统导向要素的设计原则与要求 第2部分:位置标志	现行
GB/T 20501.6—2013	公共信息导向系统导向要素的设计原则与要求 第6部分:导向标志	现行
GB/T 18503—2008	缩微摄影技术 A6透明缩微平片影像的排列	现行
GB/T 18405—2008	缩微摄影技术 ISO字符和ISO 1号测试图的特征及其使用	现行
GB/T 18358—2009	中小学教科书幅面尺寸及版面通用要求	现行
GB/T 17933—2012	电子出版物术语	现行
GB/T 17739.4—2008	技术图样与技术文件的缩微摄影 第4部分:特殊和超大尺寸图样的拍摄	现行
GB/T 17739.6—2012	技术图样与技术文件的缩微摄影 第6部分:35mm缩微胶片放大系统的质量准则和控制	现行
GB/T 17693.6—2008	外语地名汉字译写导则 阿拉伯语	现行
GB/T 17693.5—2009	外语地名汉字译写导则 西班牙语	现行
GB/T 17693.4—2009	外语地名汉字译写导则 俄语	现行
GB/T 17693.3—2009	外语地名汉字译写导则 德语	现行
GB/T 17693.1—2008	外语地名汉字译写导则 英语	现行
WH 0201—94	歌舞厅照明及光污染限定标准	现行
SJ/T 11441—2012	喷墨打印纸媒体通用规范	现行
JGJ 57—2000	剧场建筑设计规范	现行
GB/T 17294.2—2008	缩微摄影技术字母数字计算机输出缩微品质量控制 第2部分:方法	现行

续表

标准号	中文标准名称	标准状态
GB/T 17294.1—2008	缩微摄影技术字母数字计算机输出缩微品质量控制 第1部分:测试幻灯片和测试数据的特征	现行
GB/T 17293—2008	缩微摄影技术检查平台式缩微摄影机系统性能用的测试标板	现行
GB/T 17292—2008	缩微摄影技术第一代银—明胶型缩微品的质量要求	现行
GB/T 17147—2012	声音广播中音频噪声电平的测量	现行
WH/T 32—2008	DMX512-A 灯光控制数据传输协议	现行
GB/T 16571—2012	博物馆和文物保护单位安全防范系统要求	现行
GB/T 16431—2008	中国盲文音乐符号	现行
GB/T 15737—2005	缩微摄影技术 银—明胶型缩微品的冲洗与保存	现行
GB/T 15418—2009	档案分类标引规则	现行
GB/T 15120.2—2012	识别卡记录技术 第2部分:磁条—低矫顽力	现行
GB/T 17739.1—2008	技术图样与技术文件的缩微摄影 第1部分:操作程序	现行
GB/T 14531—2008	办公家具阅览桌、椅、凳	现行
GB/T 13984—2005	缩微摄影技术银盐、重氮和微泡拷贝片视觉密度技术规范和测量	现行
GB 13961—2003	灯具用电源导轨系统安全要求	已废止
GB/T 13417—2009	期刊目次表	现行
GB/T 13396—2009	中国标准录音制品编码	现行
GB/T 13191—2009	信息与文献图书馆统计	现行
GB/T 13187—2012	磁带录放音系统一般条件与要求	现行
GB/T 12451—2001	图书在版编目数据	现行
GB/T 12450—2001	图书书名页	现行
GB/T 12356—2008	缩微摄影技术 16mm 平台式缩微摄影机用测试标板的特征及其使用	现行
GB/T 12355—2008	缩微摄影技术有影像缩微胶片的连接	现行
GB/T 12106—2007	电子琴的环境试验要求和试验方法	现行
GB/T 12105—2007	电子琴通用技术条件	现行
GB/T 11822—2000	科学技术档案案卷构成的一般要求	已废止
GB/T 11821—2002	照片档案管理规范	现行
GB/T 10335—1995	铜版纸	已废止
GB/T 10335.1—2005	涂布纸和纸板涂布美术印刷纸(铜版纸)	现行
GB/T 10001.1—2012	公共信息图形符号 第1部分:通用符号	现行
GB 9669—1996	图书馆、博物馆、美术馆、展览馆卫生标准	现行
GB 9664—1996	文化娱乐场所卫生标准	现行
GB/T 9397—1996	直接辐射式电动锥形扬声器通用规范	现行

续表

标准号	中文标准名称	标准状态
GB/T 9396—1996	扬声器主要性能测试方法	已废止
GB/T 9383—1999	声音和电视广播接收机及有关设备抗扰度限值和测量方法	已废止
GB 8898—2001	音频、视频及类似电子设备安全要求	已废止
GB/T 7516—1996	缩微摄影技术图形符号	已废止
GB 7000.9—2008	灯具 第2—20部分:特殊要求灯串	现行
GB 7000.7—2005	投光灯具安全要求	现行
GB 7000.6—2008	灯具 第2—6部分:特殊要求带内装式钨丝灯变压器或转换器的灯具	现行
GB 7000.1—2007/IEC 60598—1:2003	灯具 第1部分:一般要求与试验	现行
GB/T 4959—1995	厅堂扩声特性测量方法	已废止
GB/T 4013—1995	录音录像术语	已废止
GB/T 3947—1996	声学名词术语	现行
GB/T 3860—1995	文献叙词标引规则	已废止
GB/T 9704—2012	党政机关公文格式	现行
GB 3259—1992	中文书刊名称汉语拼音拼写法	现行
GB/T 50356—2005	剧场、电影院和多用途厅堂建筑声学设计规范	现行
WH/T 16—2002	互联网上网服务营业场所计算机经营管理系统技术规范	现行
GB/T 4645—1994	室内影院和鉴定放映室的银幕亮度	已废止
GB/T 3557—1994	电影院视听环境技术要求	现行
GB/T 28430—2012	数字电视系统数据广播技术规范	现行
GB/T 28227.5—2011	文化服务质量管理体系实施指南 第5部分:音像及电子出版物复制	现行
GB/T 28227.4—2011	文化服务质量管理体系实施指南 第4部分:音像制品销售和出租	现行
GB/T 21048—2007	电影院星级的划分与评定	现行
GB/T 20051—2006	无动力类游乐设施技术条件	现行
GB/T 20050—2006	游乐设施检验验收	现行
GB/T 20049—2006	游乐设施代号	现行
SJ/T 9526—93	家用电子游戏机质量分等标准	已废止
GA 27—2002	文物系统博物馆风险等级和安全防护级别的规定	现行
WH/T 46—2012	图像数据加工规范	现行
GB/T 10335.3—2004	涂布纸和纸板涂布白卡纸	现行
GB/Z 18906—2002	开放式电子图书出版物结构	现行
GB/T 14532—1993	图书用品设备木制书柜、图纸柜、资料柜技术条件	已废止
GB/T 14197—1993	声系统设备互连的优选配接值	现行

续表

标准号	中文标准名称	标准状态
GB/T 13417—1992	科学技术期刊目次表	已废止
GB/T 13418—1992	文字条目通用排序规则	现行
GB/T 13143—1991	情报与文献工作词汇传统文献	已废止
GB/T 12356—1990	缩微摄影技术 16mm 平台式缩微摄影机用测试标板的特征及其使用	已废止
GB/T 12355—1990	缩微摄影技术有影像缩微胶片的连接	已废止
GB/T 9388—1988	无线传声器系统测量方法	现行
GB/T 9400—1988	直接辐射式扬声器尺寸	已废止
WH/T 53—2012	手机动漫文件格式	现行
GB/T 29356—2012	烈士纪念设施保护单位服务规范	现行
WH/T 52—2012	管理元数据规范	现行
WH/T 47—2012	图书馆数字资源统计规范	现行
MZ/T 033—2012	地名文化遗产鉴定	现行
MH/T 1047—2012	艺术品及博物馆展(藏)品航空运输规范	现行
WH/T 43—2012	图书馆—射频识别—数据模型 第1部分:数据元素设置及应用规则	现行
WH/T 44—2012	图书馆—射频识别—数据模型 第2部分:基于 ISO_IEC 15962 的数据元素编码方案	现行
GB/T 28227.3—2011	文化服务质量管理体系实施指南 第3部分:室外博物馆	现行
GB/T 28227.2—2011	文化服务质量管理体系实施指南 第2部分:室内博物馆	现行
WH/T 40—2011	舞台灯光系统工艺设计导则	现行
WH/T 41—2011	舞台灯具通用技术条件	现行
WH/T 42—2011	演出场所安全技术要求 第2部分:临时搭建演出场所舞台、看台安全技术要求	现行
GB/T 25601—2010	中国文化遗产标志	现行
GB/T 25600—2010	博物馆讲解员资质划分	现行
建标 136—2010	文化馆建设标准	现行
GB/T 24422—2009	信息与文献 档案纸 耐久性和耐用性要求	现行
GB/T 24424—2009	馆藏说明	现行
GB/T 3792.9—2009	文献著录 第9部分:电子资源	现行
GB/T 24423—2009	信息与文献 文献用纸 耐久性要求	现行
GB/T 24435—2009	中国手语基本手势	现行
GB/T 23731—2009	GEDI—通用电子文档交换	现行
GB/T 23730.1—2009	中国标准视听作品号 第1部分	现行
GB/T 23730.2—2009	中国标准视听作品号 第2部分:版本标识符	现行

续表

标准号	中文标准名称	标准状态
GB/T 23732—2009	中国标准文本编码	现行
GB/T 23733—2009	中国标准音乐作品编码	现行
GB/T 23863—2009	博物馆照明设计规范	现行
GB/Z 23283—2009	基于文件的电子信息的长期保存	现行
GB/T 23284—2009	缩微摄影技术 16mm和35mm卷式缩微胶片使用的影像标记(光点)	现行
GB/T 23285—2009	缩微摄影技术 开窗卡增厚区厚度的测量方法	现行
GB/T 23286.1—2009	文献管理 长期保存的电子文档文件格式 第1部分	现行
GB/T 23269—2009	信息与文献 开放系统互连 馆际互借应用服务定义	现行
GB/T 23270.1—2009	信息与文献 开放系统互连 馆际互借应用协议规范 第1部分:协议说明书	现行
GB/T 23270.2—2009	信息与文献 开放系统互连 馆际互借应用协议规范 第2部分:协议实施一致性声明(PICS)条文	现行
GB/T 19688.5—2009	信息与文献书目数据元目录 第5部分:编目和元数据交换用数据元	现行
WH/T 36—2009	舞台机械台下设备安全要求	现行
WH/T 37—2009	舞台机械操作与维修导则	现行
WH/T 38—2009	舞台扩声系统跳线柜、综合接线箱、地板接线盒设置规范	现行
WH/T 35—2009	演出场馆设备技术术语舞台机械	现行
WH/T 39—2009	专业音频和扩声用扬声器组件实用规范	现行
WH/T 34—2009	网络DVD播放机设备技术规范	现行
GB/T 22907—2008	灯具的光度测试和分布光度学	现行
GB/T 23146—2008	十二平均律的频率与音分的计算	现行
GB/T 23110—2008	投光灯具光度测试	现行
GB/T 22806—2008	白卡纸	现行
GB/T 22828—2008	书画纸	现行
GB/T 22832—2008	涂布美术印刷纸原纸(铜版原纸)	现行
GB/T 17693.8—2008	外语地名汉字译写导则 蒙古语	现行
GB/T 11822—2008	科学技术档案案卷构成的一般要求	现行
SJ/T 10360—1993	家用电子游戏机通用技术条件	现行
GB/T 19731—2005	盒式光盘(ODC)装运包装以及光盘标签上的信息	现行
GB/T 18169—2008	碰碰车类游艺机通用技术条件	现行
GB/T 22466—2008	索引编制规则(总则)	现行
GB/T 22528—2008	文物保护单位开放服务规范	现行
GB/T 22527—2008	文物保护单位标志	现行

续表

标准号	中文标准名称	标准状态
GB/T 22373—2008	标准文献元数据	现行
GB/T 16573—2008	缩微摄影技术在16mm和35mm银明—胶型缩微卷片上拍摄文献的操作程序	现行
WH/T 33—2008	流动舞台车车载装置通用技术条件	现行
建标 128—2008	文化馆建设用地指标	现行
JGJ 156—2008	镇(乡)村文化中心建筑设计规范	现行
GB/T 21712—2008	古籍修复技术规范与质量要求	现行
WH/T 30—2008	卡拉OK内容管理服务系统技术标准	现行
WH/T 31—2008	舞台灯光设计常用术语	现行
JGJ31—2003	体育建筑设计规范	现行
建标 103—2008	档案馆建设标准	现行
GB/T 21373—2008	知识产权文献与信息分类及代码	现行
WH/T 29—2007	卡拉OK节目制作规范	现行
建标 108—2008	公共图书馆建设标准	现行
GB/T 18168—2008	水上游乐设施通用技术条件	现行
WH/T 28—2007	舞台机械台上设备安全要求	现行
WH/T 27—2007	舞台机械验收检测程序	现行
GB/T 18167—2008	光电打靶类游艺机通用技术条件	现行
GB/T 50412—2007	厅堂音质模型试验规范	现行
GB/Z 20648—2006	电子成像 擦除记录在一次写入光学介质上的信息的推荐方法	现行
GB/Z 20649—2006	电子成像 在WORM光盘上记录证据文件的电子记录系统的推荐管理方法	现行
GB/Z 20650—2006	缩微摄影技术 缩微品的法律认可性	现行
GB/T 20647.3—2006	社区服务指南 第3部分:文化、教育、体育服务	现行
GB/T 19363.2—2006	翻译服务规范 第2部分口译	现行
GB/T 20493.1—2006	电子成像办公文件黑白扫描用测试标板 第1部分:特性	现行
GB/T 20493.2—2006	电子成像办公文件黑白扫描用测试标板 第2部分:使用方法	现行
GB/Z 20495—2006	电子成像 成功实施电子影像管理涉及的人及组织的问题	现行
GB/T 20494.1—2006	缩微摄影技术使用单一内显示系统生成影像的COM记录器的质量控制 第1部分:软件测试标板的特性	现行
GB/T 20494.2—2006	缩微摄影技术使用单一内显示系统生成影像的COM记录器的质量控制 第2部分:使用方法	现行
WH/T 20—2006	古籍定级标准	现行

续表

标准号	中文标准名称	标准状态
WH/T 21—2006	古籍普查规范	现行
WH/T 22—2006	古籍特藏破损定级标准	现行
WH/T 23—2006	古籍修复技术规范与质量要求	现行
WH/T 24—2006	图书馆古籍特藏书库基本要求	现行
JGJ/T131—2000	体育馆声学设计及测量规程	现行
GB/T 20247—2006	声学混响室吸声测量	现行
GB/T 20233—2006	缩微摄影技术 A6 尺寸开窗卡	现行
GB/T 20232—2006	缩微摄影技术条码在开窗卡上的使用规则	现行
GB/T 20225—2006	电子成像词汇	现行
GB/T 17739.5—2006	技术图样与技术文件的缩微摄影 第5部分:开窗卡中缩微影像重氮复制的检验程序	现行
GB/Z 20227—2006	缩微摄影技术 缩微记录的清除、删除、校正或修正	现行
GB/T 20226.1—2006	缩微摄影技术缩微胶片 A6 尺寸封套 第1部分:16mm 缩微胶片用五片道封套	现行
GB/T 20226.2—2006	缩微摄影技术缩微胶片 A6 尺寸封套 第2部分:16mm 和 35mm 缩微胶片用其他类型封套	现行
GB/T 20163—2006	中国档案机读目录格式	现行
GB 50371—2006	厅堂扩声系统设计规范	现行
GB/T 18166—2008	架空游览车类游艺机通用技术条件	现行
GB/T 18165—2008	小火车类游艺机通用技术条件	现行
GB/T 18164—2008	观览车类游艺机通用技术条件	现行
GB/T 19954.2—2005	电磁兼容专业用途的音频、视频、音视频和娱乐场所灯光控制设备产品类标准 第2部分:抗扰度	现行
GB/T 19954.1—2005	电磁兼容专业用途的音频、视频、音视频和娱乐场所灯光控制设备的产品类标准 第1部分发射	现行
GB/T 6800—1986	半导体集成音响电路音频功率放大器测试方法的基本原理	已废止
GB 50357—2005	历史文化名城保护规划规范	现行
GB/T 19729—2005	电子成像数字数据光盘存储数据验证用介质错误监测与报告技术	现行
GB/Z 19736—2005	电子成像 文件图像压缩方法选择指南	现行
GB/T 19730—2005	缩微摄影技术期刊的缩微拍摄操作程序	现行
GB/Z 19737—2005	缩微摄影技术银—明胶型缩微品变质迹象的检查	现行
GB/T 18163—2008	自控飞机类游艺机通用技术条件	现行
GB/T 19682—2005	翻译服务译文质量要求	现行

续表

标准号	中文标准名称	标准状态
GB/T 19689—2005	信息与文献交互式文本检索命令集	现行
GB/T 3792.6—2005	测绘制图资料著录规则	现行
GB/T 19688.1—2005	信息与文献书目数据元目录 第1部分:互借应用	现行
GB/T 19688.2—2005	信息与文献书目数据元目录 第2部分:采访应用	现行
GB/T 19688.3—2005	信息与文献书目数据元目录 第3部分:情报检索	现行
GB/T 19688.4—2005	信息与文献书目数据元目录 第4部分:流通应用	现行
GB/T 19658—2005	反射灯中心光强和光束角的测量方法	现行
GB 7000.19—2005	照相和电影用灯具(非专业用)安全要求	现行
GB/T 19523—2004	缩微摄影技术 16mm与35mm缩微胶片防光片盘与片盘技术规范	现行
GB/T 19476—2004	工程图样硬拷贝输出控制文件结构规范	现行
GB/T 17739.3—2004	技术图样与技术文件的缩微摄影 第3部分:35mm缩微胶片开窗卡	现行
GB/T 19475.1—2004	缩微摄影技术开窗卡扫描仪制作影像质量的测量方法 第1部分:测试影像的特征	现行
GB/T 19475.2—2004	缩微摄影技术开窗卡扫描仪制作影像质量的测量方法 第2部分:质量要求和控制	现行
GB/T 19474.1—2004	缩微摄影技术图形COM记录仪的质量控制 第1部分:测试画面的特征	现行
GB/T 19474.2—2004	缩微摄影技术图形COM记录仪的质量控制 第2部分:质量要求和控制	现行
GB/T 19363.1—2003	翻译服务规范 第1部分:笔译	已废止
GB 7000.17—2003	限制表面温度灯具安全要求	现行
GY 5070—2003	电视演播室灯光系统施工及验收规范	现行
WH/T 19—2003	扩声系统的图符代号及制图规则	现行
WH/T 18—2003	演出场所扩声系统的声学特性指标	现行
GB/T 18162—2008	赛车类游艺机通用技术条件	现行
GB/T 6159.8—2003	缩微摄影技术词汇 第8部分:应用	现行
GB/T 19110—2003	缩微摄影技术检查轮转式缩微摄影机系统性能用的测试标板	已废止
GB/T 3451—1982	标准调音频率	现行
GB/T 6159.10—2006	缩微摄影技术词汇 第10部分:索引	现行
GB/T 17693.7—2003	外语地名汉字译写导则 葡萄牙语	现行
WH/T 17—2003	舞台灯光用单相三极插头插座和联接器型式、基本参数与尺寸	现行
GB/T 18894—2002	电子文件归档与管理规范	现行
GB/T 28227.7—2011	文化服务质量管理体系实施指南 第7部分:剧院	现行

续表

标准号	中文标准名称	标准状态
GB/T 17739.6—2002	技术图样与技术文件的缩微摄影 第6部分:35 mm缩微胶片放大系统的质量准则和控制	现行
GB/T 18730—2002	文献成像应用在35 mm胶片上缩微拍摄非彩色地图	现行
GB/T 18503—2001	缩微摄影技术 A6透明缩微平片影像的排列	已废止
GB/T 18405—2001	缩微摄影技术 ISO字符和1号测试图的特征及其使用	已废止
GB/T 18358—2001	中小学教科书幅面尺寸及版面通用标准	已废止
GB/T 28227.6—2011	文化服务质量管理体系实施指南 第6部分:影院	现行
GB/T 18160—2008	陀螺类游艺机通用技术条件	现行
GB/T 18123—2000	音频、视频及视听系统视频系统Y/C连接器的应用和优选电配接值	现行
GJB 4010—2000	联机联合编目技术要求	现行
GB/T 17247.1—2000	声学户外声传播衰减 第一部分:大气声吸收的计算	现行
GB/T 6159.22—2000	缩微摄影技术词汇 第二部分:影像的布局和记录方法	已废止
GB/T 6159.7—2000	缩微摄影技术词汇 第七部分:计算机缩微摄影技术	已废止
GB/T 6159.5—2000	缩微摄影技术词汇 第五部分:影像的质量、可读性和检查	已废止
WH/T 0204—1999	舞台灯具光学质量的测试与评价	现行
GB 17743—1999	电气照明和类似设备的无线电骚扰特性的限值和测量方法	已废止
GB/T 17739—1999	缩微摄影技术特殊和超大尺寸图样的拍摄	已废止
GB/T 17696—1999	声学测听方法 第3部分:语言测听	现行
GB/T 17693.6—1999	外语地名汉字译写导则 阿拉伯语	已废止
GB/T 17693.3—1999	外语地名汉字译写导则 德语	已废止
GB/T 17693.4—1999	外语地名汉字译写导则 俄语	已废止
GB/T 17693.2—1999	外语地名汉字译写导则 法语	现行
GB/T 17693.5—1999	外语地名汉字译写导则 西班牙语	已废止
GB/T 17693.1—1999	外语地名汉字译写导则 英语	已废止
WH/T 0505—1999	信息交换用汉字28×28点阵字模数据集	现行
WH/T 0504—1999	信息交换用汉字22×22点阵字模数据集	现行
GB/T 20306—2006	游乐设施术语	现行
GB/T 17292—1998	缩微摄影技术第一代银—明胶型缩微品的质量要求	已废止
GB/T 8989—1998	缩微摄影技术技术图样和技术文件缩微摄影的质量标准与检验	已废止
GB/T 17293—1998	缩微摄影技术检查平台式缩微摄影机系统性能用的测试标板	已废止
GB/T 17294.2—1998	缩微摄影技术字母数字计算机输出缩微品质量控制 第二部分:方法	已废止
GB/T 17294.1—1998	缩微摄影技术字母数字计算机输出缩微品质量控制 第一部分:测试幻灯片和测试数据的特征	已废止

续表

标准号	中文标准名称	标准状态
GB/T 17276—1998	无线传声器系统通用规范	现行
GB/T 17247.2—1998	声学户外声传播的衰减 第2部分一般计算方法	现行
GB/T 17155—1997	胶印印版尺寸	现行
GB/T 17147—1997	声音广播中音频噪声电平的测量	已废止
WH/T 0102—1996	舞台电动单点吊机	现行
GB/T 16573—1996	缩微摄影技术在16mm和35mm银明—胶型缩微卷片上拍摄文献的操作程序	已废止
GB/T 16571—1996	文化系统博物馆安全防范工程设计规范	已废止
GB/T 16518—1996	电子琴音乐性能评价规范	现行
GB/T 16463—1996	广播节目声音质量主观评价方法和技术指标要求	现行
GB/T 16431—1996	中国盲文音乐符号	已废止
GB/T 16296—1996	声学测听方法 第二部分：用纯音及窄带测试信号的声场测听	已废止
WH/T 0203—1996	调光设备常用术语	现行
GB/T 16159—1996	汉语拼音正词法基本规则	已废止
WH/T 0503—1996	中国机读目录格式	现行
GB/T 15835—1995	出版物上数字用法的规定	已废止
GB/T 20090.5—2012	信息技术先进音视频编码 第5部分：参考软件	现行
GB/T 15737—1995	缩微摄影技术 银—明胶型缩微胶片的冲洗与保存	已废止
GB 15734—1995	电子调光设备无线电骚扰特性限值及测量方法	已废止
GB/T 15693—1995	印刷型文献价格指数标准	现行
QB/T 2134—1995	影视舞台用聚光灯具技术条件	已废止
GB/T 15640—1995	调音台通用技术条件	现行
GB/T 15485—1995	声学语言清晰度指数的计算方法	现行
GB/T 15508—1995	声学语言清晰度测试方法	现行
GB/T 15397—1994	电影录音控制室、鉴定放映室及室内影院A环、B环电声频率响应特性测量方法	现行
GB/T 15381—1994	会议系统电及音频的性能要求	现行
GB/T 15418—1994	档案分类标引规则	已废止
GB/T 15417—1994	文献多语种叙词表编制规则	现行
GB/T 15416—1994	中国科学技术报告编号	现行
GB/T 15294—1994	高保真调频广播调谐器最低性能要求	现行
GB/T 15173—1994	声校准器	已废止
GB/T 15158—1994	音响设备用连接器系列和品种	已废止

续表

标准号	中文标准名称	标准状态
GB/T 15021—1994	缩微摄影技术用35mm卷片拍摄技术图样和技术文件的规定	已废止
GB/T 14947—1994	声系统设备互连用连接器的应用	现行
GB/T 18159—2008	滑行车类游艺机通用技术条件	现行
GB 3102.7—1993	声学的量和单位	现行
GB/T 14533—1993	图书用品设备木质书架、期刊架技术条件	已废止
GB/T 14531—1993	图书用品设备阅览桌椅技术条件	已废止
GB/T 14476—1993	客观评价厅堂语言可懂度的RASTI法	现行
GB/T 14474—1993	号筒扬声器通用技术条件	现行
GB/T 14471—1993	头戴耳机通用技术条件	现行
GB/T 14277—1993	音频组合设备通用技术条件	现行
GB/T 14218—1993	电子调光设备性能参数与测试方法	现行
GB/T 14221—1993	广播节目试听室技术要求	现行
GB/T 14220—1993	视听、视频和电视设备及系统音频盒式系统	现行
GB/T 14198—1993	传声器通用技术条件	现行
GB/T 14200—1993	高保真声频放大器最低性能要求	现行
GB/T 13984—1992	缩微摄影技术重氮和微泡胶片视觉密度技术规范	已废止
QC/T 29100—1992	图书馆车技术条件	现行
GB/T 13582—1992	电子调光设备通用技术条件	现行
GB/T 13581—1992	高保真头戴耳机最低性能要求	现行
GB/T 13190—1991	汉语叙词表编制规则	现行
GB/T 13191—1991	情报和文献工作机构统计标准	已废止
JGJ 66—1991	博物馆建筑设计规范	现行
GB 12641—1990	视听视频和电视设备及系统维护与操作的安全要求	已废止
GB/T 12060—1989	声系统设备一般术语解释和计算方法	已废止
GB/T 12058—1989	扬声器听音试验	已废止
GB/T 11668—1989	图书和其他出版物的书脊规则	现行
GB/T 10240—1988	电声产品声音质量主观评价用节目源编辑制作规范	现行
GB/T 9705—1988	文书档案案卷格式	已废止
GB/T 9401—1988	传声器测量方法	现行
GB/T 8988—1988	缩微摄影技术检验技术图纸缩微摄影质量测试标板的制作	已废止
GB/T 8990—1988	缩微摄影技术用于"检验技术图纸缩微摄影质量测试标板"的反射率灰板	已废止
GB/T 8987—1988	缩微摄影技术缩微摄影时检验负像光学密度用测试标板	已废止

续表

标准号	中文标准名称	标准状态
GB/T 9001—1988	声频放大器测量方法	已废止
GB/T 9003—1988	调音台基本特性测量方法	现行
GB 7713—87	科学技术报告、学位论文和学术论文的编写格式	现行
GB/T 7714—1987	文后参考文献著录规则	已废止
GB/T 7610—1987	音频脉冲编码调制特性	现行
GB/T 7519—1987	缩微摄影技术冲洗后的缩微胶片中硫代硫酸盐残留量的测定亚甲蓝光度法	已废止
GB/T 7400.5—1987	广播电视名词术语声音广播通用部分	已废止
GB/T 7313—1987	高保真扬声器系统最低性能要求及测量方法	现行
GB/T 3792.7—1987	古籍著录规则	已废止
GB/T 20090.4—2012	信息技术先进音视频编码 第4部分:符合性测试	现行
GB/T 3792.6—1986	地图资料著录规则	已废止
GB/T 6448—1986	人工混响装置测量方法	已废止
GB/T 6278—1986	模拟节目信号	现行
GB 5819.1—1986	音响设备用圆形连接器详细规范 YS1型圆形连接器	已废止
GB/T 3792.5—1985	档案著录规则	已废止
GB/T 3792.4—1985	非书资料著录规则	已废止
GB/T 3792.3—1985	连续出版物著录规则	已废止
GB/T 3792.2—1985	普通图书著录规则	已废止
GB/T 4894—1985	情报与文献工作词汇基本术语	已废止
GB/T 3793—1983	检索期刊条目著录规则	现行
GB 3792.1—83	文献著录总则	已废止
GB 3468—83	检索期刊编辑总则	现行
GBJ 47—83	混响室法吸声系数测量规范(试行)	已废止
GB/T 20090.1—2012	信息技术先进音视频编码 第1部分:系统	现行
GB 3240—82	声学测量中的常用频率	现行
GB 3238—82	声学量的级及其基准值	现行
无	公共图书馆建设用地指标	现行
JGJ 38—99	图书馆建筑设计规范	现行
GB/T 18158—2008	转马类游艺机通用技术条件	现行
GB/T 28227.1—2011	文化服务质量管理体系实施指南 第1部分:总则	现行
GB/T 17934.5—2012	印刷技术网目调分色片、样张和印刷成品的加工过程控制 第5部分:网版印刷	现行

续表

标准号	中文标准名称	标准状态
GB/T 18170—2008	电池车类游艺机通用技术条件	现行
GB/T 18161—2008	飞行塔类游艺机通用技术条件	现行
GB/T 29766—2013	信息安全技术网站数据恢复产品技术要求与测试评价方法	现行
GB/T 29767—2013	信息安全技术公钥基础设施桥CA体系证书分级规范	现行
GB/T 29768—2013	信息技术射频识别 800/900MHz空中接口协议	现行
GB/T 20501.1—2013	公共信息导向系统导向要素的设计原则与要求 第1部分:总则	现行
GB/T 17497.3—2012	柔性版装潢印刷品 第3部分:瓦楞纸板类	现行
GB/T 29194—2012	电子文件管理系统通用功能要求	现行
GB/T 29191—2012	共性服务信息描述规范	现行
GB/T 29261.3—2012	信息技术自动识别和数据采集技术词汇 第3部分:射频识别	现行
GB/T 15120.6—2012	识别卡记录技术 第6部分:磁条—高矫顽力	现行
GB/T 17311—1998	标准音量表	现行
GB/T 16767—2010	游乐园(场)服务质量	现行
GB/T 15839—1995	64—1920 kbit/s 会议电视系统进网技术要求	现行
GB/T 28177.3—2012	识别卡柔性薄卡 第3部分:测试方法	现行
GB/T 29182—2012	信息与文献图书馆绩效指标	现行
GB/T 29270.1—2012	信息技术编码字符集测试规范 第1部分:蒙古文	现行
GB/T 29270.2—2012	信息技术编码字符集测试规范 第2部分:藏文	现行
GB/T 29270.3—2012	信息技术编码字符集测试规范 第3部分:维吾尔文、哈萨克文、柯尔克孜文	现行
GB/T 28925—2012	信息技术射频识别 2.45GHz空中接口协议	现行
GB/T 28926—2012	信息技术射频识别 2.45GHz空中接口符合性测试方法	现行
GB/T 17497.2—2012	柔性版装潢印刷品 第2部分:塑料与金属箔类	现行
GB/T 17497.1—2012	柔性版装潢印刷品 第1部分:纸张类	现行
WH 0101—1996	舞台升降式刚性防火幕	现行
WH 0502—96	公共图书馆建筑防火安全技术标准	现行
QB/T 2135—1995	影视舞台灯具用单相三极插头插座和联接器技术条件	已废止
QJ 2777.2—1995	航天文献编目规则图书编目规则	现行
WH 0501—1995	图书馆行业条码	现行
WH 0202—1995	舞台灯光图符代号及制图规则	现行
GB 8408—2008	游乐设施安全规范	现行
GB 16895.26—2005	建筑物电气装置 第7—740部分:特殊装置或场所的要求游乐场和马戏场中的构筑物、娱乐设施和棚屋	现行

续表

标准号	中文标准名称	标准状态
GB 13837—2012	声音和电视广播接收机及有关设备无线电骚扰特性限值和测量方法	现行
GBJ 76—84	厅堂混响时间测量规范	现行
JGJ 41—87	文化馆建筑设计规范	现行
QX189—2013	文物建筑防雷技术规范	现行
GB 19195—2003	普及(娱乐)类卡丁车通用技术条件	现行
GB/T 23862—2009	文物运输包装规范	现行
WW/T 0024—2010	文物保护工程文件归档整理规范	现行
WW/T 0025—2010	馆藏纸质文物保护修复方案编写规范	现行
WW/T 0026—2010	馆藏纸质文物病害分类与图示	现行
WW/T 0027—2010	馆藏纸质文物保护修复档案记录规范	现行
WW/T 0028—2010	砂岩质文物防风化材料保护效果评估方法	现行
WW/T 0041—2012	室外铁质文物封护工艺规范	现行
WW/T 0046—2012	馆藏文物保存环境检测气体扩散采样测定方法甲酸和乙酸的测定	现行
WW/T 0047—2012	馆藏文物保存环境检测气体扩散采样测定方法氨的测定	现行
SB/T 10538—2009	文物艺术品拍卖规程	现行
WW/T 0002—2007	石质文物病害分类与图示	现行
WW/T 0022—2010	陶质彩绘文物保护修复方案编写规范	现行
WW/T 0023—2010	陶质彩绘文物保护修复档案记录规范	现行
WW/T 0020—2008	文物藏品档案规范	现行
WW/T 0019—2008	馆藏文物展览点交规范	现行
WW/T 0018—2008	馆藏文物出入库规范	现行
WW/T 0017—2008	馆藏文物登录规范	现行
WW/T 0002—2007	石质文物病害分类与图示	现行
WW/T 0003—2007	馆藏出土竹木漆器类文物病害分类与图示	现行
WW/T 0005—2007	馆藏铁质文物病害与图示	现行
WW/T 0007—2007	石质文物保护修复方案编写规范	现行
WW/T 0008—2007	馆藏出土竹木漆器类文物保护修复方案编写规范	现行
WW/T 0009—2007	馆藏金属文物保护修复方案编写规范	现行
WW/T 0010—2008	馆藏金属文物保护修复档案记录规范	现行
WW/T 0011—2008	馆藏出土竹木漆器类文物保护修复档案记录规范	现行
WW/T 0012—2008	石质文物保护修复档案记录规范	现行
WW/T 0016—2008	馆藏文物保存环境质量检测技术规范	现行

注:本附录整理时间截止到2017年2月底。